Gerhard Lohfink

Wie hat Jesus Gemeinde gewollt?

Gerhard Lohfink

Wie hat Jesus Gemeinde gewollt?

Kirche im Kontrast

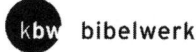

Aktualisierte Neuausgabe
© 2015 Verlag Katholisches Bibelwerk GmbH, Stuttgart
Alle Rechte vorbehalten

Für die Texte der Einheitsübersetzung der Heiligen Schrift:
© 1980 Katholische Bibelanstalt, Stuttgart

Umschlaggestaltung: Finken & Bumiller, Stuttgart
Umschlagmotiv: © Panka Chirer-Geyer, „Übergänge 6", 2005 (Detail)
Satz: Barbara Herrmann, Freiburg
Druck und Bindung: finidr s.r.o., Český Těšín
Printed in the Czech Republic

www.bibelwerk.de

ISBN 978-3-460-30034-7

Inhalt

TEIL III
Die neutestamentlichen Gemeinden in der Nachfolge Jesu

TEIL IV
Die Alte Kirche in der Nachfolge Jesu

Vorwort

„Wie hat Jesus Gemeinde gewollt?" wurde 1982 zum ersten Mal gedruckt[1]. Es erreichte hohe Auflagen. Übersetzungen erschienen in den USA, Frankreich, Italien, Spanien, Brasilien, Ungarn, Tansania und Südkorea. Jetzt hat Jürgen Schymura vom Verlag Katholisches Bibelwerk angeregt, das Buch neu herauszubringen. Ich bin ihm dafür sehr dankbar.

Zwar habe ich in den letzten Jahren die Botschaft Jesu und seine Reich-Gottes-Praxis anderswo ausführlicher behandelt. Vor allem in den beiden Büchern „Braucht Gott die Kirche?" und „Jesus von Nazaret. Was er wollte, wer er war". Doch das Entscheidende und Unterscheidende von „Wie hat Jesus Gemeinde gewollt?" lag darin, dass hier ein großer Bogen gespannt wurde: von Jesus über seine Jüngergemeinde und die frühen nachösterlichen Gemeinden bis hin zur vorkonstantinischen Kirche. „Wie hat Jesus Gemeinde gewollt?" suchte gerade zu zeigen, wie das Spezifische der Botschaft Jesu in der frühen Kirche weitergegangen ist.

Noch immer nistet ja in vielen Köpfen die Vorstellung, erst Paulus habe das Christentum gegründet. Aber das ist ein Märchen. Es möchte Jesus zu einem schlichten Rabbi und Paulus zu einem Religionsgründer machen. Das Buch „Wie hat Jesus Gemeinde gewollt?" zeigt etwas völlig anderes: Paulus griff in einer unglaublichen Sensibilität auf, was Jesus in die Welt gebracht hatte – und was Jesus in die Welt gebracht hatte, war keine neue Religion, sondern die konsequente Erfüllung dessen, was Gott mit Abraham begonnen hatte, und darüber hinaus die Reinigung und Vollendung aller Religion. Schon allein deswegen scheint es mir sinnvoll, das Buch von damals neu herauszubringen.

Es gibt aber noch einen anderen Grund. Inzwischen hat sich der Islam überall in der Welt nicht nur stärker ausgebreitet. Er tritt auch mit einem neuen Selbstbewusstsein auf. Dagegen wäre nichts zu sagen. Doch leider entstehen innerhalb des weiten Geländes des Islam in zunehmender Wucht *islamistische* Bewegungen, die nicht nur „heilige Kriege" führen, sondern die Gewalt ausdrücklich im Programm haben und sich dafür auf den Koran berufen. Mord wird von diesen Bewegungen als Gottesdienst ausgegeben.

Derartige menschenverachtende Gewalt lässt bei vielen aufgeklärten Frauen und Männern den Widerwillen gegen Religion, den sie sowieso schon in sich tragen, noch wachsen. Das Christentum (und Israel) werden in diesen Widerwillen miteinbezogen. In Wirklichkeit ist bei Jesus die absolute Gewaltlosigkeit eine Grundkonstante seiner Botschaft; ohne diese Grundkonstante kann man ihn überhaupt nicht verstehen. Dasselbe gilt für die frühe Kirche. Trotz allem Streit, trotz allem Versagen hat sie versucht, die Gewaltlosigkeit Jesu und sein Gebot der Feindesliebe zu leben. Der Nachweis dafür durchzieht dieses Buch wie ein roter Faden. Das ist ein weiterer Grund, es in einer neuen Situation neu herauszubringen.

Ich hoffe aber, dass auch die Veränderungen an den Pfarrstrukturen, die zur Zeit in der katholischen Kirche in vielen Bistümern vorgenommen werden, von dem Buch profitieren. Zu diesen oft schmerzhaften Veränderungen gibt es von allen Seiten kräftige Begleitmusik. Dialogisch habe die Kirche zu sein, kommunikativ, diskursiv, evolutiv, partnerschaftlich, geschwisterlich, transparent, tolerant, offen, lernwillig, anschlussfähig. Falsch ist das alles nicht. Nur: Wenn den Christen jahraus, jahrein immer nur Wörter dieser Art um die Ohren fliegen und ihnen nichts mehr von dem vor Augen geführt wird, was im Neuen Testament über die Kirche steht, werden sie solcher Wörter und leider auch der Sache selbst eines Tages müde werden.

Es käme darauf an, neu hinzublicken, wie sich Kirche im Neuen Testament konkret abzeichnet, und vor allem in den Blick zu nehmen, was die Verkündigung Jesu für die Reform unserer Gemeinden bedeutet. Selbstverständlich hat Jesus keine Pfarreien installiert. Er hat nicht einmal eine Kirche gegründet. Er hat Jünger, Freunde und Sympathisanten um sich gesammelt, um die Gemeinde des endzeitlichen Israel zu schaffen. Daraus ist Kirche geworden, und diese Kirche trägt das, was Jesus in Israel zur Erfüllung brachte, als kostbares Gut durch die Geschichte. „Wie hat Jesus Gemeinde gewollt?" handelt von dem, was Jesus uns als die Mitte seiner Botschaft anvertraut hat. Diese Mitte gilt es immer wieder neu zu bezeugen.

Ich habe das Buch an vielen Stellen überarbeitet, erweitert und aktualisiert. Wie immer sage ich meinem Bruder Norbert von Herzen Dank für alle Gespräche, die wir geführt haben, und für alle Vorschläge, die er mir gemacht hat. Auch danke ich Rolf Wetzke und Hans Pachner für ihre wertvolle Hilfe. Besonderer Dank aber gilt Burkhard Menke vom Verlag Katholisches Bibelwerk für die fruchtbare Zusammenarbeit bei der Fertigstellung dieses Buches.

Im Januar 2015   *Gerhard Lohfink*

Einleitung
Das Erbe des Individualismus

Im Wintersemester 1899/1900 hielt Adolf von Harnack an der Universität Berlin vor Studierenden aller Fakultäten 16 Vorlesungen unter dem Titel „Das Wesen des Christentums". Bereits diese Vorlesungen wurden von etwa 600 Studierenden regelmäßig besucht. Erst recht wurde dann das Buch, welches Harnack auf Grund einer Vorlesungsmitschrift wenige Monate später herausbrachte, ein öffentliches Ereignis. Es erreichte hohe Auflagen und löste einen Sturm theologischer Diskussionen aus, der so bald nicht enden sollte.

Es lohnt sich auch heute noch, „Das Wesen des Christentums" (WdChr) zu lesen[2]. Nicht nur, um den bewundernswerten Vortragsstil Harnacks zu genießen. Nicht nur, um die Stimme eines der wichtigsten und einflussreichsten protestantischen Theologen am Beginn des 20. Jahrhunderts zu hören. Nein vor allem, um die Mächtigkeit einer theologischen Grundströmung des ausgehenden 19. Jahrhunderts zu ahnen, die Harnack selbst als religiösen Individualismus und Subjektivismus bezeichnet. Er kann beide Begriffe ohne den Schatten einer Kritik gebrauchen. Er ist überzeugt, dass mit beiden Begriffen auch die Predigt Jesu richtig und sachgerecht beschrieben sei (WdChr 31). Am Ende seiner 3. Vorlesung formuliert Harnack den berühmt gewordenen und oft zitierten Text:

Wer wissen will, was das Reich Gottes und das Kommen dieses Reiches in der Verkündigung Jesu bedeuten, der muss seine Gleichnisse lesen und überdenken. Da wird ihm aufgehen, um was es sich handelt. Das Reich Gottes kommt, indem es zu den Einzelnen kommt, Einzug in ihre Seele hält, und sie es ergreifen. Das Reich Gottes ist Gottesherrschaft, gewiss – aber es ist die Herrschaft des heiligen Gottes in den einzelnen Herzen, es ist Gott selbst mit seiner Kraft. Alles Dramatische im äußeren, weltgeschichtlichen Sinn ist hier

verschwunden, versunken ist auch die ganze äußerliche Zukunfts-
hoffnung. Nehmen Sie welches Gleichnis Sie wollen, vom Sämann,
von der köstlichen Perle, vom Schatz im Acker – das Wort Gottes,
Er selbst ist das Reich, und nicht um Engel und Teufel, nicht um
Throne und Fürstentümer handelt es sich, sondern um Gott und
die Seele, um die Seele und ihren Gott. (WdChr 43)

Das Reich Gottes ereignet sich also nach Harnack keineswegs in
der Welt, in einem Volk, in einer Gemeinschaft; es ereignet sich
nur im einzelnen Menschen. „Der Einzelne soll die frohe Botschaft von der Barmherzigkeit und der Kindschaft hören und
sich entscheiden, ob er auf die Seite Gottes und der Ewigkeit
tritt oder auf die Seite der Welt und der Zeit" (WdChr 90).
„Nun erst erscheint alles Äußerliche und bloß Zukünftige abge-
streift: Das Individuum wird erlöst, nicht das Volk oder der Staat"
(WdChr 45). Wie sich das Reich Gottes nicht in einer Gemeinschaft, sondern nur im Einzelnen ereignet, so betrifft es auch
nicht das Äußere, sondern nur das Innere, den inneren Menschen, die Seele. „Das Evangelium liegt über den Fragen der irdischen Entwicklungen; es kümmert sich nicht um die Dinge, sondern um die Seelen der Menschen" (WdChr 76). Tatsächlich sind
„der Einzelne" und „das Innere" Schlüsselwörter, die bei Harnack
immer wieder auftauchen. Die Wendung „Gott und die Seele, die
Seele und ihr Gott" wird von ihm fast wie ein Refrain mehrfach
wiederholt (WdChr 31.43.90.155).
   Nun ist Harnack allerdings ein viel zu guter Kenner des Neuen
Testamentes, als dass er den Gemeinschaftsgedanken, der dort mit
dem Evangelium vom Gottesreich gegeben ist, übersehen hätte. Er
formuliert, die Jesusbewegung habe sich nach dem Bruch mit der
jüdischen Volksgemeinschaft als „Kirche" und das heißt: als „das
wahre Israel" betrachtet (WdChr 111). Er formuliert, die junge Kirche habe sich als ein „neues Volk"[3] aus Juden und Griechen, aus
Griechen und Barbaren verstanden (WdChr 114–115). Er betont
zu Recht, dass es die Urkirche als ihre vornehmste Aufgabe ansah,
den Willen Gottes vollständig zu erfüllen und sich gerade dadurch

„als eine heilige Gemeinde darzustellen" (WdChr 103). Harnack steht also keineswegs auf der Seite derer, für die Kirche ihrem Wesen nach rein innerlich und deshalb unsichtbar sein muss[4].

Aber der extreme Individualismus seiner Theologie hat sich am Ende all diesen Einsichten übergestülpt und sie in sich aufgesogen. Die „bessere Gerechtigkeit" der Bergpredigt ist dann doch lediglich die rechte Gesinnung des Einzelnen[5] und die Kirche doch nur ein „Bruderbund" aller gutgesinnten Menschen in der ganzen Welt (WdChr 73), genauer: eine brüderliche Verbindung vieler Einzelner, die durch den Glauben an die Frohe Botschaft – und zwar an die Frohe Botschaft ihrer Unmittelbarkeit zu Gott, dem Vater – bereits als Einzelne erlöst sind. So sehr Harnack weiß, dass die Kirche sichtbar ist, insofern sie sich immer wieder in gesellschaftlich fassbaren Verbänden konkretisieren muss – letztlich bleibt sie bei ihm eine rein geistige Gemeinschaft, eine *societas in cordibus,* die mit keiner der konkreten Kirchen seiner Zeit identifiziert werden kann.

Entscheidend ist nun Folgendes: Harnack steht mit diesem individualistischen Bild von Kirche und Erlösung keineswegs allein. Er ist vielmehr repräsentativ für eine breite Strömung liberaler Theologie am Ende des 19. und zu Beginn des 20. Jahrhunderts. Die Idee, dass das Reich Gottes nur zu dem je Einzelnen kommen könne, dass es etwas zutiefst Innerliches sei und dass deshalb auch die Kirche primär eine geistige Gemeinschaft sein müsse, war damals in der protestantischen Theologie weit verbreitet.

War sie es nur damals? Die individualistische Position der liberalen Theologie, wie sie sich bei Harnack zeigt, bleibt auch in der Folgezeit – trotz aller Gegenströmungen – in vielen Ablegern und Metamorphosen wirksam. So schrieb 1975 der Neutestamentler Erich Gräßer, dessen ekklesiologische Position im Übrigen keineswegs der von Harnack gleichgesetzt werden darf, Folgendes[6]:

Mit Jesu Heilsbotschaft findet eine völlige Umgewichtung vom Kollektiv auf den Einzelnen statt. Die individuierende Tendenz ist überall mit Händen zu greifen. Die Präfiguration des alttestamentlich-jüdischen Gottesverhältnisses, konstituiert durch die Relation Jahwe / Volk, Bund, Kult, Tora verliert ihre normierende Kraft. Jesus greift kritisch durch sie hindurch und hinter sie zurück bis zu der allein ausschlaggebenden Grundsituation und -relation: „Gott – Einzelner", „Vater – Menschensohn (= Mensch)".

Man kann Positionen dieser Art nicht für irrelevant erklären – etwa mit dem Urteil: Das ist eben ein für bestimmte Spielarten protestantischer Theologie[7] typischer Zug von Individualismus, der inzwischen selbst dort weitgehend überwunden ist und den es darüber hinaus in der katholischen Kirche niemals gegeben hat.

Denn es könnte durchaus sein, dass die katholische Kirche zwar an Begriffen, Formeln und Institutionen festgehalten hat, die ursprünglich einmal von einem intensiven Gemeinschaftsgedanken geprägt waren, dass diese Begriffe, Formeln und Institutionen dann aber (unbewusst) allmählich viel individualistischer gedeutet und gelebt wurden, als sie einst gedacht waren. Vieles spricht dafür, dass die katholische Theologie und Frömmigkeit an Formen des neuzeitlichen Individualismus viel intensiver partizipierte, als sie selbst ahnte. Und es könnte ja sein, dass die individualistischen Erlösungsvorstellungen der Theologie des späten 19. Jahrhunderts noch längst nicht überwunden sind, sondern unsere Seelsorgekonzeptionen, unsere Vorstellungen von Kirche und das konkrete Erscheinungsbild unserer Pfarrgemeinden viel stärker bestimmen, als wir wahrhaben möchten.

Vor Jahren ging durch die Zeitungen eine Nachricht, die mitteilte, dass es jetzt in Berlin von kirchlicher Seite ein rollendes Einsatzkommando gäbe. Genauer: einen mit Funk ausgestatteten Wagen, in dem ein Pfarrer, ein Arzt und ein Psychologe bei Tag und bei Nacht sofort herbeigerufen werden könnten.

Das klang hochmodern: die Kirche sozusagen an der Front, oder: moderne Technik im Einsatz für das Reich Gottes! In Wirklichkeit war dieser kirchliche Einsatzwagen ein höchst fragwürdiges Symbol dessen, was die Kirche in unserer Gesellschaft weitgehend geworden ist: Betreuungskirche für den Einzelnen; Institution, die „freie Angebote" an eine Summe von Individuen macht.

Das entspricht genau der Situation unserer Konsumgesellschaft, die Gisbert Greshake einmal mit einem großen Einkaufszentrum verglichen hat: Jeder fährt mit seinem Wägelchen herum und wählt sich das, was ihm gefällt und wonach er Bedürfnisse hat[8]. Es gibt in dem riesigen „Einkaufszentrum Bundesrepublik" neben vielem anderen auch eine Abteilung, in der für den Einzelnen religiöse Angebote gemacht werden. Hierfür sind die Kirchen da. Diese Ecke will die Gesellschaft durchaus besetzt haben. Das Warenangebot soll ja komplett sein. – Mir scheint jenes rollende religiöse Einsatzkommando ein geradezu perfektes Symbol einer betreuenden, versorgenden, die Menschen in ihrer Vereinzelung belassenden Angebotskirche zu sein.

Seelsorgestrukturen solcher Art sind nicht nur ein getreues Spiegelbild der Strukturen unserer gegenwärtigen Gesellschaft; sie sind darüber hinaus ein zähes Erbe jenes religiösen Individualismus, der am Beispiel Adolf von Harnacks verdeutlicht wurde. Wir sollten also die Art und Weise, wie gegenwärtig in den Durchschnittspfarreien und Pfarrverbänden Seelsorge betrieben wird, nicht als eine unumstößliche Selbstverständlichkeit hinnehmen. Und katholische Christen sollten sich nicht zu sicher sein, dass die Frage nach der Gemeinschaft für sie gar kein Problem darstelle, da ihre Kirche ja immer am Gemeinschaftsgedanken festgehalten habe – an dem Gedanken sichtbarer, greifbarer Gemeinschaft. Natürlich stimmt es: „Kirche" meint konkrete, identifizierbare, heilsvermittelnde Gemeinschaft[9]. Die katholische Kirche hat das nie bestritten und nie wirklich vergessen. Aber es ist die Frage, ob sie ihre eigenen Traditionen in diesem Punkt nicht doch überlagert, verstellt und viel stärker aus dem Blick verloren hat, als sie selbst weiß.

Das hier nur angedeutete Problem ist selbst nach dem Zweiten Vatikanum nicht erledigt. Das Konzil hat zwar in seinen Texten, vor allem in seiner Konstitution über die Kirche (Lumen Gentium), den Gemeinschaftsaspekt in großartiger Weise herausgestellt. Das Konzil spricht von der Kirche als der „Gemeinschaft des Glaubens, der Hoffnung und der Liebe", es spricht von ihr als einer „sichtbaren Versammlung", als dem „messianischen Volk Gottes", als der „Keimzelle der Einheit" und sagt vor allem: „Gott hat es gefallen, die Menschen nicht einzeln, unabhängig von aller wechselseitigen Verbindung, zu heiligen und zu retten, sondern sie zu einem Volk zu machen, das ihn in Wahrheit anerkennen und ihm in Heiligkeit dienen soll."[10]

Diese Aussagen sind kostbar. Sie bringen vieles zurück, was die Frühe Kirche einmal gewusst und gelebt hat. Und doch ist die kirchliche Realität noch immer weit von solchen Wörtern und Sätzen entfernt. Die Aussagen des Konzils wirken eher wie Tröstungen oder wie Verheißungen in einem dürren Land, das nach Regen schreit. Gibt es bei uns in einem normalen Sonntagsgottesdienst so etwas wie Gemeinschaft? Der Mensch, der dort neben mir sitzt, ist mir fremd. Ich kenne nicht einmal seinen Namen. Ich weiß nichts von seinen Freuden und Sorgen, nichts von seiner Not und seinem Glück. Falls ich aber doch weiß, wer es ist und wie er heißt: Seine Not verbirgt er vor mir. Und ich selbst verberge vor ihm die eigene Not. Gewiss: Wir geben uns beim eucharistischen Friedensgruß die Hand, lächeln uns vielleicht sogar an. Aber ist das schon „Gemeinschaft des Glaubens, der Hoffnung und der Liebe"?

Ein anderes Beispiel: Während ich dieses Buch überarbeite, fliehen im Irak und in Syrien unzählige Christen vor islamistischen Terroristen, die sie vor die Alternative stellen: entweder Übertritt zum Islam oder Tod. In weiten Teilen des vorderen Orients werden uralte christliche Gemeinden buchstäblich ausgerottet. Eigentlich müsste ein Aufschrei durch die gesamte christliche Welt gehen. Ein Aufschrei zu Gott und zugleich eine Welle des Protestes, der Solidarität und der Hilfsbereitsschaft. Das alles gibt es auch irgendwie. Aber aufs Ganze gesehen leben die Christen weiter, als ginge sie das gar nichts an. Zeigen sich hier die

Christen als „Volk Gottes"? Wie weit sind wir von solch großen Worten noch entfernt! Der alte Glaubensindividualismus, wie ihn Harnack anpries, demzufolge jeder für sich allein sein Heil wirkt, sitzt noch immer tief in uns. Wie wäre es auch sonst möglich gewesen, dass in den beiden großen Kriegen des 20. Jahrhunderts deutsche Christen auf französische Christen schossen und französische Christen auf deutsche? Usw. usw.

Die Christenheit muss noch einen langen Weg der Selbstvergewisserung und der Reinigung ihres Gedächtnisses zurücklegen. Es ginge darum, sich der eigenen Tradition, der Tradition ihres Anfangs, zu erinnern. Wo aber ist diese Tradition besser und ursprünglicher zu haben als in der Heiligen Schrift? Und wo könnte sie klarer und maßgebender aufleuchten als in der Praxis Jesu selbst und in der Praxis der Frühen Kirche? Ich beginne deshalb mit der Frage: Wie steht Jesus zur Gemeinschaft? Hat er wirklich die Grundrelation des Alten Testaments Gott / Gottesvolk aufgegeben? Hat er sich tatsächlich nur an den Einzelnen gewandt? Hatte Harnack recht mit seinem Refrain, Jesus gehe es nur um Gott und die Seele, um die Seele und ihren Gott?

TEIL I
Jesus und Israel

1. Die Predigt des Täufers

Als Jesus auftritt, ist ihm der Boden schon vorbereitet. Vorangegangen ist ja die Umkehrpredigt Johannes des Täufers, die in Israel außerordentliches Aufsehen erregt und viele erschüttert hat. Jesus unterscheidet sich zwar vom Täufer in wichtigen Punkten. Von Jesus werden zum Beispiel sehr viele Heilungswunder berichtet, während es vom Täufer keinerlei Nachrichten gibt, dass er Kranke geheilt hätte. Das muss mit der Gerichtspredigt des Täufers zusammenhängen. Der Richter, von dem er spricht, hat schon die Schaufel in der Hand, um Israel zu reinigen und die Spreu vom Weizen zu trennen (Mt 3,12 par Lk 3,17). Der Täufer taucht die Täuflinge ins Wasser, um sie zu reinigen und sie gegen das bevorstehende Gerichtsfeuer zu versiegeln. Da ist für Heilungen kein Platz. Jesus hingegen heilt Kranke, weil im Zentrum seiner Verkündigung nicht das bevorstehende Gericht steht, sondern das sich anbahnende Heil.

Allerdings darf man diesen Unterschied nicht, wie es oft geschieht, auf die simple Formel bringen, Johannes habe eine Drohbotschaft, Jesus hingegen eine Frohbotschaft gebracht. Droh- und Froh- bildet in dieser Formel zwar einen schönen Binnenreim. Aber in Wirklichkeit wird man so weder Johannes noch Jesus gerecht. Auch dem Täufer geht es letztlich um das Heil Israels. Die Tenne soll ja gereinigt und der Weizen in die Scheune eingebracht werden. Und Jesus lehnt die Gerichtspredigt des Täufers nicht ab, sondern setzt sie voraus. Er verkündet zwar das ankommende Reich Gottes als unverdientes und beglückendes Heil. Aber wenn dieses Heil nicht angenommen wird, wird es zum Gericht. Wir sollten also die plakative und allzu oberflächliche Charakterisierung „Johannes: Drohbotschaft / Jesus: Frohbotschaft" meiden.

Jesus steht Johannes viel näher, als es oft dargestellt wird. Es ist doch kein Zufall, dass die Evangelien den Täufer als Vorläufer Jesu beschreiben. Jesus hat mit dem Täufer den Ruf zur Umkehr gemeinsam. Vor allem: Er betrachtet den Täufer als von Gott autorisiert (vgl. Mk 11,30) und nennt ihn den „Größten aller Menschen" (Mt 11,11 par Lk 7,28). Wahrscheinlich hat Jesus, bevor er mit seiner Heilsbotschaft auftrat, sogar eine Zeit lang wie Johannes am Jordan getauft (vgl. Joh 3,22.26; 4,1). Das alles – seine Gemeinsamkeiten mit dem Täufer, seine außerordentliche Hochschätzung des Täufers und seine eigene Tauftätigkeit – lässt sich nur dann erklären, wenn Jesus zeitweise selbst Täuferschüler gewesen ist oder doch wenigstens mit der Täuferbewegung innerlich und äußerlich aufs Stärkste verbunden war[11].

Nun wendet sich der Täufer aber gerade an Israel. Er will Israel angesichts des nahen Endes sammeln und zurüsten. Jürgen Becker, der sich intensiv mit der Gestalt Johannes des Täufers beschäftigt hat, sagt zu Recht: „Johannes redet nicht einfach die Menschheit an oder alle Sünder der Welt, sondern die Abrahamsnachkommen, also Gesamtisrael (Lk 3,8 par.). Er spricht dem Gottesvolk das Gericht zu. Sicherlich kennt seine Botschaft keine politisch-nationalen Aussagen, wohl aber wird das Heilsvolk auf sein verspieltes Gottesverhältnis hin angesprochen, über das Gott nun unerbittlich Gericht üben wird."[12]

Schon dass der Täufer die Wüste zum Ort seiner Predigt macht (Mk 1,4) und das Volk zu ihm hinausziehen muss (Mk 1,5), wird nur verständlich vor dem Hintergrund der Exodustraditionen Israels, in denen es jeweils um den Neuanfang, die Umkehr oder die endzeitliche Sammlung des Gottesvolkes in der Wüste geht. So heißt es bei Hosea in einer Gottesrede von der Dirne Israel (Hos 2,16)[13]:

Darum will ich selbst sie verführen.
Ich will sie in die Wüste hinausführen
und sie dort umwerben.

Gemeint ist: In der Wüstensituation bleiben Israel alle falschen Liebhaber fern. In der Wüste ist das Volk wieder allein mit seinem Gott. Dort kann Israel wie ehedem seinen Gott erkennen (vgl. Hos 2,17.22).

Auch das Wort von der Axt, die schon an die Wurzeln der Bäume gelegt ist (Mt 3,10 par Lk 3,9), spricht von Israel. Denn im Hintergrund steht wiederum ein geprägter alttestamentlicher Traditionszusammenhang: Israel als die Pflanzung Gottes, die fest im Land eingewurzelt ist[14]. Im Judentum der zwischentestamentlichen Zeit konnte diese Traditionslinie weiter ausgezogen werden: Israel erschien dann als eine Pflanzung Gottes, die in alle Ewigkeit nicht ausgerottet werden kann[15]. Gegen diese kollektive Heilssicherheit nimmt der Täufer aufs Schärfste Stellung. Gerade für das Gottesvolk kommt das Gericht. Die Axt liegt schon an den Wurzeln der Bäume, die Gott selbst gepflanzt hat. Gott wird Israel, seine Pflanzung, reinigen. Jeder Baum, der keine Frucht bringt, wird ausgehauen und ins Feuer geworfen. Erst recht wird der Israelbezug der Täuferpredigt in Lk 3,8 par Mt 3,9 deutlich:

Fangt nur nicht an zu sagen:
Wir haben ja Abraham zum Vater!
Denn ich sage euch:
Gott kann dem Abraham
aus diesen Steinen da Kinder erwecken.

Hier wird in schneidender Schärfe gesagt, dass die Abrahamskindschaft, das heißt die völkische Zugehörigkeit zu Israel, vor dem nahen Gericht nicht retten kann. Gerade damit zeigt sich freilich erst recht, dass es um Israel geht. Es geht so sehr um Israel, dass gesagt werden kann: Notfalls wird Gott dem Abraham aus den Steinen der Wüste ein umkehrwilliges Israel schaffen.

Damit ist klar: Johannes der Täufer wendet sich weder an die Menschheit im Allgemeinen noch ausschließlich an den je Einzelnen, sondern an das Gottesvolk Israel. Selbstverständlich ist dort jeder als Einzelner gefragt. Selbstverständlich muss sich jeder selbst entscheiden, ob er dem Umkehrruf des Täufers folgt, sich zum Jordan aufmacht, vor dem Täufer seine Sünden bekennt, sich im Jordanwasser untertauchen lässt und so gegen das Feuergericht geschützt wird. Der Einzelne hat sich zu entscheiden. Und dennoch geht es dabei um die Zukunft, ja um die Existenz Israels, so wie es damals den Pharisäern, den Essenern und den Zeloten[16] um die Existenz Israels geht. All diese Gruppen und Bewegungen bemühen sich letztlich um die Erneuerung Israels, um die Sammlung des wahren Israel, um ein Israel, das den Willen Gottes tut, damit es nicht untergeht. In heutiger Begrifflichkeit könnte man auch sagen: Vielerlei Gruppen und Bewegungen sind damals in Israel auf der Suche nach der wahren Identität des Gottesvolkes[17].

Und genau in diese geschichtliche Konstellation ist nun auch Jesus mit seiner Botschaft und seiner Praxis einzuordnen. Wir tun damit der Einmaligkeit und Göttlichkeit seiner Sendung keinen Abbruch. Auch Jesus will das Volk Gottes sammeln – und zwar in letzter Stunde[18]. Auch Jesus will Israel bereitmachen für das endgültige Handeln Gottes. Er ruft wie der Täufer das Gottesvolk in eine letzte Entscheidung hinein.

Bereits die Verbundenheit Jesu mit dem Täufer wirft also erstes Licht auf das gemeinschaftsbezogene, genauer: auf das israelbezogene Auftreten Jesu.

2. Die Einsetzung der Zwölf

Noch viel deutlicher spricht freilich ein zweites Phänomen: Jesus hat – wohl aus einem größeren Jüngerkreis – zwölf Jünger ausgewählt und sie paarweise ausgesandt (Mk 3,13–19; 6,7–13). Entscheidend ist Mk 3,14:

Und er schuf [= setzte ein] Zwölf, dass sie mit ihm zusammen seien und dass er sie zur Verkündigung aussende mit der Vollmacht, die Dämonen auszutreiben. Und er schuf die Zwölf ...

Mit dem Verb „er schuf" ist auf ein einmaliges Geschehen an einem bestimmten Ort und zu einer bestimmten Zeit hingewiesen. Damals, will Markus sagen, hat Jesus eine fest definierte

Zahl von Jüngern als „die Zwölf" eingesetzt. „Er schuf" meint hier in biblischem Sprachgebrauch die Einsetzung in ein Amt. Die Zwölf sollten tun, was er selbst tat: das Reich Gottes öffentlich ausrufen und als Zeichen für die Macht des hereinbrechenden Reiches die Dämonen austreiben.

Auf welch sicherem historischen Boden wir hier stehen, zeigt die Tatsache, das uns das Neue Testament „Apostellisten" überliefert[19], die bis auf kleine Randunschärfen in einem erstaunlichen Maß übereinstimmen. Die Zwölf gehören primär in die Situation vor Ostern hinein. Auch dass Judas Iskariot, der Jesus seinen Gegnern auslieferte, in den Listen genannt wird, beweist ihr Alter und ihre Zuverlässigkeit[20].

Jesus setzt also nicht nur eine unbestimmte Zahl von Jüngern in ein eschatologisches Zeugenamt für das Reich Gottes ein, er setzt *zwölf* Jünger ein. Und er tut das offenbar mit einer demonstrativen Geste, über die man sprach und die sich einprägte. Weshalb diese Geste und weshalb gerade zwölf Jünger?

Der Sinn einer solchen Handlung muss damals so einleuchtend gewesen sein, dass sie von den urchristlichen Tradenten gar nicht mehr eigens erläutert wird: Die Zwölfzahl der Jünger bezieht sich auf die Zwölfzahl der Stämme Israels. Mit den zwölf Stämmen aber ist ein Kernpunkt eschatologischer Hoffnung Israels angesprochen. Denn obwohl das System der zwölf Stämme zur Zeit längst nicht mehr existiert – nach zeitgenössischer Anschauung gibt es nur noch zweieinhalb Stämme: Juda, Benjamin und die Hälfte von Levi[21] –, erhofft man für die eschatologische Heilszeit die volle Wiederherstellung des Zwölfstämmevolkes. Bereits das Ende des Buches Ezechiel schildert in prophetischer Programmatik, wie die in der Endzeit wieder zum Leben gebrachten zwölf Stämme ihren festen Anteil am Land zugewiesen bekommen[22].

Vor dem Hintergrund dieser höchst lebendigen Hoffnung kann die Konstitution von zwölf Jüngern durch Jesus nur als prophetische Zeichenhandlung begriffen werden[23]: Die Zwölf veranschaulichen die jetzt durch Jesus beginnende Erweckung und Sammlung Israels zur eschatologischen Heilsgemeinde. Sie veranschaulichen diese Sammlung schon allein durch die Tatsache, dass sie als Zwölf geschaffen werden; aber natürlich auch dadurch, dass sie dann zu ganz Israel ausgesandt werden. Einsetzung und Aussendung sind zwei Seiten ein und derselben prophetischen Zeichenhandlung.

Es hieße freilich die Tiefendimensionen einer solchen Symbol-handlung weit unterschätzen, wenn man sie *nur* als Veranschauli-chung oder *nur* als Demonstration betrachten würde. Sie ist gewiss beides. Aber sie ist darüber hinaus Initiation von Zukünf-tigem[24], das sich im prophetisch gesetzten Zeichen schon vorweg-nehmend realisiert und in seiner anfanghaften Realisation das Zukünftige bereits entwirft. Mit der Konstitution der Zwölf und mit ihrer Verkündigung des Reiches Gottes beginnt bereits die Existenz des endzeitlichen Israel.

Natürlich ist mit der Symbolik der Zwölfzahl unabdingbar gegeben, dass sich die ausgesandten Jünger nur an das damals fassbare, empirische Israel wenden. In genau diesen Zusammen-hang gehört ein sehr altes Wort, das ausschließlich von Matthäus überliefert wird (Mt 10,5–6):

Geht nicht abseits zu den Heiden
und betretet keine Stadt der Samariter;
geht vielmehr zu den verlorenen Schafen des Hauses Israel.

Ob bereits der erste Teil dieses Spruchs von Jesus selbst stammt, kann hier offenbleiben. Jedenfalls passt sein letzter Teil („Geht zu den verlorenen Schafen des Hauses Israel") ausgezeichnet in die historische Situation der Aussendung der Zwölf[25]. Diese werden von Jesus ausgeschickt, dass sie die Botschaft vom Reich Gottes dem ganzen Haus Israel verkünden. Sie veranschaulichen den Anspruch Jesu auf Gesamt-Israel.

Mit den verlorenen Schafen in Mt 10,6 ist nicht nur ein Teil des Volkes gemeint – etwa die Sünder und Abtrünnigen. Gemeint ist das gesamte Volk; es wird verglichen mit einer zersprengten Herde, die in die Irre geführt wurde. In diesem extensiven Sinn beschreibt schon Ezechiel in seinem Hirtenkapitel (Ez 34) die Situation des verführten und verkommenen Gottesvolkes. Es liegt deshalb nahe, dass Jesus mit dem Wort von den verlorenen Schafen des Hauses Israel auf Ezechiel anspielt. Das heißt dann aber: Jesus ist überzeugt, dass jetzt, in dieser Stunde, die von dem Propheten verheißene endzeitliche Sammlung der kranken und verlorenen Schafe Israels begonnen hat. Gott selbst sammelt nun sein Volk, und zwar durch ihn, den messianischen Hirten (vgl. Ez 34,23–24).

Im Ganzen gesehen ist die Einsetzung der Zwölf einer der deutlichsten Hinweise für die dezidierte Hinwendung Jesu zu Israel[26]. Jesus will die Sammlung des Gottesvolkes; er will die Wiederherstellung des verlorenen und zerstreuten Israel. Wahrscheinlich war die prophetische Zeichenhandlung der Schaffung der Zwölf damals sogar noch viel signifikanter, als sie uns heute erscheint. Manches spricht nämlich dafür, dass Jesus die Zwölf ganz bewusst aus den verschiedensten Teilen des Landes und den verschiedensten Gruppierungen des damaligen Judentums ausgewählt hat, um die Sammlung aller Israeliten augenfällig zu machen[27]. Die Zwölf müssen eine bunte Mischung gewesen sein – von dem Zöllner Matthäus (Mt 10,3) bis zu Simon, dem Zeloten (Lk 6,15). Mit einem Zöllner und einem Zeloten waren die gegensätzlichsten Kräfte, die es damals in Israel überhaupt gab, in einer einzigen Gruppe vereint, denn die Zöllner arbeiteten mit den Römern zusammen, die Zeloten hingegen lehnten die römische Besatzungsmacht als unvereinbar mit der Herrschaft Gottes aufs Schärfste ab.

Jesus will jedoch das von Partei- und Gruppenkämpfen zerrissene Israel wieder zusammenführen, und deshalb geht er zu Zöllnern und Zeloten, zu den Armen und zu den Reichen, zu der Landbevölkerung Galiläas und in die Hauptstadt Jerusalem.

3. Die Kranken des Gottesvolkes

Genau an dieser Stelle muss nun auch von der Hinwendung Jesu zu den Kranken gesprochen werden. Die Zeiten, in denen die Heilungswunder Jesu durch die Bibelkritik heruntergespielt oder gar historisch wegerklärt wurden, gehen ihrem Ende entgegen. Seitdem klargeworden ist, dass sich göttliches Heilshandeln und natürlich-psychogene Heilwirkungen theologisch keineswegs ausschließen (auch hier gilt der alte Satz: Die Gnade setzt die Natur voraus und vollendet sie), besteht kein Grund mehr, die neutestamentlichen Heilungswunder historisch in Frage zu stellen[28]. Offenbar hat Jesus außerordentlich oft und in den verschiedensten Situationen Kranke geheilt. Gerade seine Heilungswunder machten ihn am schnellsten und nachhaltigsten im ganzen Lande bekannt.

Man hätte freilich Jesu Krankenheilungen, zu denen auch die Heilungen von Menschen gehörten, die damals als Besessene galten, noch nicht wirklich begriffen, wenn man sie lediglich als Wunder an Einzelnen aus Mitleid mit ihrer Krankheit verstehen würde. Seitdem der eschatologische Horizont des Wirkens Jesu wieder in den Blick getreten ist, ist klar, dass Jesu Heilungswunder im Zusammenhang mit seiner Reich-Gottes-Verkündigung gesehen werden müssen.

Seine Machttaten sind Zeichen für die Nähe des Reiches. Genau das ist zum Beispiel der ursprüngliche[29] Sinn des Gleichnisses vom sprossenden Feigenbaum (Mk 13,28–29). Wenn dessen Zweige saftig werden, weiß man in Palästina: Der Sommer ist nahe. Ebenso soll man wissen, wenn man „das alles", nämlich die vielen Machttaten Jesu, sieht: Das Reich Gottes steht vor der Tür (vgl. Lk 21,31).

Die Machttaten Jesu an den Kranken und sozial Isolierten sind aber nicht nur Signale für die Nähe des kommenden Reiches. Sie zeigen darüber hinaus, dass das Reich Gottes bereits Gegenwart ist:

Wenn ich mit dem Finger Gottes die Dämonen austreibe,
dann ist ja das Reich Gottes [schon] zu euch gekommen.
(Lk 11,20 par Mt 12,28)

Zusammengefasst lässt sich also sagen: Heilungswunder nehmen im Wirken Jesu einen wichtigen Platz ein. Sie stehen in einem festen Zusammenhang mit seiner Reich-Gottes-Botschaft. Dort, wo das Reich Gottes hereinbricht, müssen die Krankheiten aufhören. Bis zu diesem Punkt besteht heute in der neutestamentlichen Exegese Konsens. Was aber nicht immer deutlich genug gesehen wird, ist der Bezug der Heilungswunder Jesu auf das Volk Gottes, auf das Israel der Endzeit. Gerade weil die Machttaten Jesu so viel mit dem hereinbrechenden Reich Gottes zu tun haben, haben sie auch entscheidend mit dem Volk Gottes zu tun. Mit dem eschatologischen Horizont der Wunder Jesu ist eben ihr Gemeinschaftsbezug untrennbar verbunden: Sie dienen der Wiederherstellung des Gottesvolkes, in welchem es in der eschatologischen Heilszeit keine Kranken mehr geben darf. Dieser Gemeinschaftsbezug der Machttaten Jesu wird besonders in dem Jubelruf Lk 7,22 par Mt 11,5 deutlich:

Blinde sehen,
Lahme gehen,
Aussätzige werden rein,
Taube hören,
Tote stehen auf
und Armen wird die frohe Botschaft verkündet.

Es gibt keinen Grund, diesen Text Jesus abzusprechen. Er spielt in freier und souveräner Form auf die Heilsverheißungen des Jesajabuches an, die neben Ezechiel offensichtlich den entscheidenden Schrifthintergrund darstellen, mit dessen Hilfe Jesus seine eigene Botschaft und Praxis gedeutet hat. Angespielt wird vor allem auf Jes 35,5–6:

Dann werden die Augen der Blinden geöffnet,
auch die Ohren der Tauben sind wieder offen.
Dann springt der Lahme wie ein Hirsch,
die Zunge des Stummen jauchzt auf[30].

Entscheidend ist nun, dass bei Jesaja das Sehen der Blinden, das Hören der Tauben, das Springen der Lahmen und Jauchzen der Stummen integrierender Teil der endzeitlichen Wiederherstellung Israels ist. In der eschatologischen Heilszeit, die das Jesajabuch verkündet, wird Gott sein Volk heilen und führen (57,18); er wird seine Wunden verbinden (30,26); kein Mensch wird in jenen Tagen in Israel mehr sagen: „Ich bin krank" (33,24); das ganze Volk wird dann sehen, was die Hände Gottes in seiner Mitte vollbringen (29,23).

Man braucht bei den Heilungswundern, die Jesus wirkt, tiefes Mitleid mit dem einzelnen Kranken keineswegs auszuschließen (vgl. Mk 1,41). Aber man hat sie noch nicht hinreichend verstanden, wenn man ihren alttestamentlichen Hintergrund übersieht: Auch die Krankenheilungen Jesu zielen unmittelbar auf die Sammlung und Wiederherstellung Israels. Im endzeitlichen Gottesvolk darf niemand vom Heil ausgeschlossen sein: weder die Außenseiter noch die Sünder noch die Kranken.

Und so stößt man bei Jesus immer wieder, oft ganz unerwartet, auf den Willen zur Sammlung Israels – selbst im Vaterunser, das auf den ersten Blick von Israel überhaupt nicht zu sprechen scheint.

4. Die Sammlungsbitte im Vaterunser

In der ältesten Fassung des Vaterunsers (Lk 11,2–4)[31] stehen im Gegensatz zur matthäischen Fassung (Mt 6,9–13) nach der Anrede nur zwei Du-Bitten:

Es werde geheiligt dein Name,
es komme dein Reich.

Diese beiden Bitten entsprechen einander in ihrer formalen Struktur so exakt, dass sie sich deutlich von den folgenden Wir-Bitten abheben: 1. Die beiden Bitten sind sehr kurz. Sie bestehen im griechischen Text jeweils aus vier, in der aramäischen Rückübersetzung sogar nur aus je zwei Wörtern. 2. Beide Male steht das Verb unverbunden (asyndetisch) an erster Stelle des Satzes. 3. Im Griechischen (entsprechend war es auch im Aramäischen) endet jede der beiden Bitten mit dem Possessivpronomen „dein". 4. Auffällig ist aber vor allem beide Male eine indirekte Konstruktion, in welcher der Name beziehungsweise das Reich Subjekt des Satzes ist. Folgerung: Die beiden ersten Bitten des Vaterunsers gehören aufs Engste zusammen. Aber was ist eigentlich mit der „Heiligung des Namens (Gottes)" gemeint?

Sehen wir einmal von der späteren Entwicklung im Judentum ab. Dort umfasst die „Heiligung des Namens" *(Kiddusch ha-Schem)* alle Aspekte des jüdischen Lebens vom Gebet über das tägliche Halten des Gesetzes bis zum Aushalten der Verfolgung und unter Umständen bis zum Tod als Märtyrer. Ursprünglich jedoch konzentriert sich die „Heiligung des Namens" auf das Halten des Gesetzes. Eine Schlüsselstelle für diese biblische Terminologie ist Lev 22,31–33:

> *Ihr sollt auf meine Gebote achten und sie befolgen: Ich bin der HERR. Ihr sollt meinen heiligen Namen nicht entweihen, damit ich inmitten der Israeliten geheiligt werde. Ich, der HERR, bin es, der euch heiligt. Ich habe euch aus Ägypten herausgeführt, um euer Gott zu sein. Ich bin der HERR.*

Der Text zeigt in aller Deutlichkeit: Den Namen Gottes entweiht, wer sich nicht an die Gebote hält; den Namen Gottes heiligt, wer sie achtet und befolgt. Es geht also um das Tun von Menschen, genauer: Es geht um die Gesetzeserfüllung Israels. Allerdings wird dann am Ende dieses zentralen Textes deutlich: Letzten Endes geht es darum, dass Gott in der Welt Israel als ein heiliges Volk hat – und das kann letztlich nur Gott allein bewirken. Er selbst heiligt sein Volk, und er hat mit dieser Heiligung begonnen, als er Israel aus Ägypten herausführte. Hier bedeutet also „den Namen heiligen" die Tora halten – und doch klingt an, dass Gott selbst sein Volk heiligt.

Dass letztlich Gott selbst es ist, der Israel heiligen muss, wird in Ez 36,16–38 breit ausgeführt[32]: Die Israeliten haben den Namen Gottes durch ihre Gebotsübertretungen immer wieder entweiht. Deshalb hat sie Gott unter die Völker zerstreut. Doch selbst dort haben sie seinen Namen entheiligt. So muss nun Gott, das ist die zentrale Aussage, selbst seinen Namen heiligen. Und wie heiligt er ihn? Indem er das zerstreute Israel aus den Völkern herausholt, es sammelt (36,24) und ihm ein neues Herz und einen neuen Geist schenkt (36,25–27).

Genau darauf bezieht sich die 1. Vaterunserbitte. Die Jünger Jesu sollen vor dem Hintergrund von Ez 36 darum bitten, dass Gott Israel sammelt und zu einem heiligen Volk macht. Die passivische Formulierung „geheiligt werde dein Name", die den Handlungsträger bewusst offenlässt, signalisiert dabei, dass diese Heiligung des Namens das Werk Gottes ist, aber auch das Werk Israels sein muss.

Leider ist diese ursprüngliche, sehr präzise Bedeutung der 1. Vaterunserbitte immer noch weitgehend unbekannt. Selbst in der neutestamentlichen Exegese findet man, von Ausnahmen abgesehen[33], alle möglichen, oft sehr vagen Umschreibungen dieser Bitte. Dass Ez 36 der eigentliche Hintergrund der jesuanischen Formulierung sein muss, wird nicht gesehen oder heruntergespielt. Es ist aber völlig eindeutig, denn innerhalb des gesamten Alten Testamentes ist Ez 36,16–38 die Schlüsselstelle, in der Gott selbst seinen Namen heiligt[34].

Eigentlich hätten sich die Bibelwissenschaftler schon immer wundern müssen, dass im Vaterunser Israel beziehungsweise das Volk Gottes anscheinend überhaupt nicht vorkommt. Für ein jüdisches Gebet ist das im Grunde undenkbar. Im Achtzehn-Bitten-Gebet *(Schmone Esre)* wird Israel fast wie in einem Refrain immer wieder genannt. Und selbst in dem kurzen *Kaddisch,* mit dem ursprünglich die Gottesdienstgemeinde auf die synagogale Predigt antwortete und das Gemeinsamkeiten mit dem Vaterunser aufweist, kommt Israel vor:

Groß gemacht und geheiligt werde sein großer Name in der Welt, die er geschaffen hat nach seinem Willen. Und er bringe zur Herrschaft sein Königtum zu euren Lebzeiten und in euren Tagen und zu Lebzeiten des ganzen Hauses Israel in Eile und in naher Zeit.

Jesus war bekanntlich Jude (leider ist das vielen Christen in seiner weitreichenden Bedeutung noch immer nicht klar); das Vaterunser ist also ein jüdisches Gebet. Sollte hier Israel wirklich nicht vorkommen? Nun, es kommt vor, und zwar das ganze Gebet bestimmend gleich in der 1. Bitte. Die Jünger Jesu sollen darum beten, dass Gott seinen Namen heiligt – und er heiligt seinen Namen, indem er sein Volk aus den Völkern sammelt, es reinigt, ihm ein neues Herz schenkt und einen neuen Geist. Dass Jesus für diese Bitte eine indirekte Konstruktion gewählt hat, die Gott nicht direkt anspricht, soll, wie schon gesagt, deutlich machen, dass nicht nur Gott handelt, sondern dass die Jünger selbst in diesem Geschehen der Heiligung des Namens aktiv werden müssen. Gott soll seinen Namen heiligen – und die Jünger sollen in diese Heiligung des Namens einschwingen.

Noch ein Letztes: Wir haben gesehen, dass die beiden ersten Bitten des Vaterunsers durch ihre Form auf das Engste verknüpft sind. Das bedeutet aber: Auch die Sammlung Israels und das Kommen des Reiches hängen aufs Engste zusammen. Indem das Gottesvolk gesammelt und geheiligt wird, erscheint das Reich. Und das Kommen des Reiches wird gerade sichtbar in alldem, was jetzt durch Jesus in Israel geschieht. Dieses endzeitliche Geschehen ist freilich noch nicht vollendet. Um die Heiligung des Namens und das Kommen des Reiches muss gebetet werden. Trotzdem geht es dabei keinesfalls um etwas, das erst in ferner, weit entrückter Zukunft geschehen wird. Das entspräche in keiner Weise der Reich-Gottes-Predigt Jesu. Das Reich Gottes ist für ihn nicht nur sehr nahe, es ist schon im Anbruch. Wer die Machttaten Jesu zu deuten versteht, weiß: Es setzt sich bereits durch. Entsprechend geschehen die Sammlung und die Heiligung Israels schon jetzt.

5. Die Wallfahrt der Völker

Eine derartige Bindung des Reiches Gottes an das Gottesvolk Israel, wie sie der Anfang des Vaterunsers voraussetzt, mag im ersten Augenblick befremden. Wir sind es gewohnt, universal zu denken. Hinter unserem Universalismus steht schließlich eine christliche Urerfahrung, welche die Kirche von alters her gemacht hat: das alle Grenzen überschreitende Evangelium. Von daher hat der Universalismus des Heils sein Recht und seine Wahrheit. Er ist auch bei Jesus da. Nur muss er richtig eingeordnet werden. Jesus schließt die Heiden keineswegs vom Heil aus. Aber er selbst wendet sich ausschließlich an Israel. Beide Sätze sind ernst zu nehmen und als spannungsvolle Einheit zu erklären.

Zunächst: Jesus fasst keine Heidenmission ins Auge. An die Regel „Geht nur zu den verlorenen Schafen des Hauses Israel" (Mt 10,6), die er den Zwölfen mit auf den Weg gibt, hält er sich selbst. Matthäus lässt deshalb Jesus in 15,24 durchaus sachgerecht sprechen: „Ich bin nur gesandt zu den verlorenen Schafen des Hauses Israel." Jesus betritt zwar mehrfach heidnisches Gebiet; aber eben nicht, um dort das Reich Gottes zu predigen. Begegnungen mit Heiden sind bei Jesus sporadisch und werden von ihm nicht bewusst herbeigeführt. Und gerade diese Begegnungen zeigen, wenn sie stattfinden, dass es – bei aller Offenheit für die Heiden – ausschließlich um Israel geht.

Die heidnische Frau aus Syrophönizien, die Jesus um die Heilung ihrer Tochter bittet, wird von ihm zunächst zurückgewiesen. Und zwar mit dem überaus bezeichnenden Wort: „Lass zuerst die Kinder satt werden!" (Mk 7,27). Jesus ist den Heiden gegenüber also sogar mit seiner Wunderkraft zurückhaltend. Seine Macht, in Zeichen und Wundern das Reich Gottes gegenwärtig zu machen, soll den Kindern Israels zugutekommen. Erst recht richtet sich die Predigt Jesu allein an Israel.

Wie aber erreicht dann die Heiden das Heil? Die Lösung liefert das Drohwort Mt 8,11–12 par Lk 13,28–29, das Jesus seinen Hörern gesagt haben muss, als sich die Verhärtung Gesamt-Israels abzeichnete. Es wird etwa folgendermaßen gelautet haben[35]:

Viele werden vom Aufgang und vom Niedergang kommen und sich mit Abraham, Isaak und Jakob im Reich Gottes zu Tische legen. Die Söhne des Reiches aber werden hinausgeworfen werden; dort wird das Heulen und Zähneknirschen sein.

Das Wort blickt voraus. Es blickt in eine Zeit, die noch nicht da ist, die sich aber schon anbahnt. Abraham, Isaak und Jakob, die Stammväter Israels, sind von den Toten auferstanden und mit dem Gottesvolk der Endzeit vereint – genauer: Sie sind der Kern des endzeitlichen Israel. Selbstverständlich sind sie nur stellvertretend als die wichtigsten Repräsentanten des Gottesvolkes genannt. Mit ihnen sind alle Gerechten Israels auferstanden. Das Reich Gottes kommt zu seiner Vollendung. Diese Vollendung wird dargestellt im Bild des eschatologischen Mahls[36]. Das Mahl ist hier Bild des Festes, der Fülle, des nicht mehr abbrechenden Lebens.

In dieser Situation nun kommen die „Vielen" vom Aufgang und vom Niedergang, also von Osten und von Westen. Die „Vielen" bilden in dem Gerichtswort den Gegensatz zu den jüdischen Hörern Jesu. Also ist die Rede von den Heiden. „Viele" – das ist semitisch formuliert und meint die große, unübersehbare Zahl. Eine unermessliche Zahl von Heiden erhält Anteil am Mahl der Vollendung, das an sich Israel bereitet ist. Sie werden mit den heiligen Stammvätern des Gottesvolkes zu Tische liegen. Jenes Israel hingegen, das Jesus ablehnt, wird hinausgeworfen werden in die äußerste Finsternis[37]. Eine ungeheure Provokation! Aber eine Provokation, die schockieren und gerade so zur Umkehr rufen will.

Auch hier, bei diesem Wort, greift Jesus auf das Alte Testament zurück. Ein Teil der Propheten, besonders aber das Jesajabuch, prophezeit eine Wallfahrt der Heidenvölker nach Jerusalem – und zwar dann, wenn die jetzige Geschichtsperiode abgelöst wird durch etwas umstürzend Neues. Israel wird dann durch das Heilshandeln Gottes zum wahren Gottesvolk. Und das hat Folgen. Programmatisch und wie in einem Prolog wird dieses Geschehen bereits am Anfang des Jesajabuches in 2,1–5 beschrieben[38]:

Am Ende dieser Tage wird es geschehen:
Fest gegründet steht dann der Berg mit dem Haus des HERRN.
Der höchste der Berge – er überragt alle Hügel.
Zu ihm strömen alle Nationen,
die vielen Völker machen sich auf den Weg.
Sie sagen:
„Kommt, wir steigen hinauf zum Berg des HERRN,
zum Haus des Gottes Jakobs!
Er zeige uns seine Wege,
auf seinen Pfaden wollen wir gehen.
Denn vom Zion geht Weisung aus
und das Wort des HERRN von Jerusalem. "
Er schlichtet den Streit der Nationen,
er ist der Schiedsrichter der vielen Völker.
Sie werden ihre Schwerter zu Pflugscharen umschmieden
und ihre Lanzen zu Winzermessern.
Nicht mehr wird Nation gegen Nation das Schwert erheben
und nicht mehr werden sie Krieg erlernen.
So kommt jetzt, ihr vom Haus Jakob:
Lasst uns beginnen, im Licht des HERRN
unseren Weg zu gehen!

Entscheidend an dem vielgestaltigen Vorstellungskomplex der Völkerwallfahrt ist Folgendes: Die Heiden werden, bewegt von dem, was in Israel sichtbar wird, von selbst zum Gottesvolk hingezogen. Sie trennen sich von ihren eigenen Lebenskonstruktionen. Aber nicht aufgrund von Missionsarbeit kommen sie, sondern die Faszination, die vom Zion ausgeht, zieht sie herbei. Sie kommen in völliger Freiheit. Und was verursacht diese Faszination?

In Jes 2,1–5 ist es die Tatsache, dass sie in Jerusalem das „Wort" des wahren Gottes hören, dass sie „Weisung" erhalten, dass ihre unlösbaren Rivalitäten und Streitigkeiten „geschlichtet" werden. Das Jesajabuch benennt diese alles verändernde Kraft, die vom Zion ausgeht, als „das Licht des HERRN", als „seine Herrlichkeit". So heißt es zu Beginn eines anderen großen Völkerwallfahrt-Textes in Jes 60,1–22:

> *Steh auf, werde licht! Denn gekommen ist dein Licht,*
> *und die Herrlichkeit des HERRN ist über dir aufgestrahlt.*
> *Denn siehe, Finsternis bedeckt die Erde*
> *und Dunkel die Völkerschaften.*
> *Doch über dir strahlt der HERR auf,*
> *und seine Herrlichkeit erscheint über dir.*
> *Dann werden Nationen zu deinem Licht wandern*
> *und Könige zum Glanz deines Aufstrahlens. (Jes 60,1–3)*

Das strahlende Licht, das über dem Zion liegt, ist also Gott selbst. Er wird, sobald sich die Prophetie erfüllt, zum „ewigen Licht" Israels werden (Jes 60,19). Dass die Heiden zum Gottesvolk gezogen werden, ist Gott zu verdanken. Die Völkerwallfahrt ist sein Werk. Wenn *er* nicht sein Licht über Israel aufstrahlen ließe, könnten die Heiden nicht kommen.

Aber damit ist längst nicht alles gesagt. Wenn von der Völkerwallfahrt einzig und allein auf dieser Ebene geredet würde, wären wir im Bereich der Magie, wo der Zauberstab regiert. In der gegenwärtigen Trivialliteratur schießt Magie zwar wieder ins Kraut. Doch es entspräche nicht dem Gottes- und Menschenbild der Bibel. Am Ende von Jes 2,1–5 steht der gewichtige Satz: „So kommt jetzt, ihr vom Haus Jakob: Lasst uns beginnen, im Licht des HERRN unseren Weg zu gehen!" Dieser Satz gleicht einem Notenschlüssel. Mit ihm wird die Prophetie von Jes 2,1–5 in der Gegenwart verortet. Das, was Gott in der Zukunft vollendet, muss schon jetzt beginnen. Und zwar mitten in Israel, indem das Haus Jakob zusammen mit dem Propheten den Weg des Herrn geht.

Das heißt nichts anderes als: auf das Wort Gottes hören, die Tora leben, jeden Streit schlichten, alle Gewalt beenden – und zwar in der eigenen Mitte. Dann werden die Völker kommen, um von solcher Gesellschaftsgestalt zu lernen.

Ganz ähnlich heißt es in Jes 60,1: „Steh auf, werde licht! Denn gekommen ist dein Licht!" Das heißt: Das Licht Gottes, das über dem Zion liegt, kann den Völkern nur dann sichtbar werden, wenn Israel selbst licht wird, also die Weisung seines Gottes lebt – ohne Rivalitäten und in absoluter Gewaltlosigkeit. Das Wort Gottes und seine Weisung schweben nicht in der Luft, sondern sie zeigen sich im realen Leben des Gottesvolkes. Wenn Israel in seiner konkreten Sozialgestalt das Licht Gottes nicht widerspiegelt, kann es andere nicht zum Leben mit dem Gottesvolk verlocken.

Offenbar hat Jesus sein gesamtes Wirken im Horizont der prophetischen Vision von der Völkerwallfahrt gesehen. Das in viele religiöse Parteien zerrissene Israel steht vor der Entscheidung, ob es sich von dem Neuen ergreifen lässt, das Gott jetzt schenken will: im Licht Gottes zu leben und so zum Licht der Welt zu werden. Damit die Völker das Heil finden.

Natürlich könnte man nun einwenden: Hat Jesus wirklich sein gesamtes Auftreten in Israel dergestalt unter den Vorzeichen der Völkerwallfahrt gesehen? Schließlich gibt es nur einen einzigen Text, nämlich Mt 8,11–12 par Lk 13,28–29, der bei ihm unmittelbar die Völkerwallfahrt beim Namen nennt. Ist das nicht zu wenig für eine so grundlegende These?

Doch der Einwand verkennt, dass Jesus viel tiefer, als wir gemeinhin wahrnehmen, aus seiner Bibel, aus dem Alten Testament, lebt. Wenn man die hebräische Bibel einmal als eine einzige große „Erzählung" betrachtet, dann beginnt diese Erzählung eben nicht mit Israel, sondern mit der Welt und der Gesamtheit der Völker (Gen 1,1–11,9). Erst dann fokussiert die Bibel ihren Blick auf Abraham und seine Familie. Erst dann beginnt mit dieser Familiengeschichte das Gottesvolk zu entstehen. Und auch mit Abraham und seinen Nachkommen wird sofort wieder auf die ganze Welt und auf alle Völker geblickt. Denn die Nationen der

Erde sollen durch Abraham gesegnet werden (Gen 12,3; 18,18; 22,18). Diese Verschränkung von Universalität und Partikularität durchzieht die gesamte Bibel. Sie braucht hier nicht weiter ausgeführt zu werden.

Jesus zu unterstellen, er hätte nicht völlig aus dieser Perspektive gelebt, unterschätzt und verharmlost ihn. Jesus weiß: Alles, was jetzt durch Gott in Israel geschieht, geschieht um der Welt, geschieht um des Heils der Völker willen. Aber damit die Völker am Heil Anteil erhalten, muss es eben zuerst in Israel sichtbar werden. Deshalb spricht Jesus von dem Licht, das man nicht verstecken darf (Mt 5,14–16), deshalb von dem Salz, das nicht verderben darf (Mt 5,13), deshalb von der Stadt auf dem Berg, die weithin leuchtet (Mt 5,14). „Stadt" und „Licht" sind übrigens deutliche Anspielungen auf den Motivkomplex der Völkerwallfahrt.

Doch der entscheidende Hinweis auf die Völkerwallfahrt liegt eben darin, dass Jesus sein Wirken, trotz all seiner Offenheit für die Heiden, auf Israel beschränkt, ja, dass er sich dezidiert allein Israel zuwendet. Es ist gerade nicht Provinzialität, Blickbeschränkung oder gar nationale Borniertheit. Jesus kann staunend vor dem Glauben heidnischer Menschen stehen, der oft größer ist als der Glaube in Israel (vgl. Mt 8,5–10). Aber er muss in Israel wirken, denn nur wenn im Volk Gottes das Licht der Gottesherrschaft aufleuchtet, können sich die Heiden in der endzeitlichen Völkerwallfahrt auf den Weg machen.

Diese Grundvoraussetzung des Wirkens Jesu würde noch deutlicher hervortreten, wenn seine provozierende Aktion im Tempel von Jerusalem (Mk 11,15–19) nicht nur negativ gegen den Missbrauch des Tempels gerichtet wäre, sondern darüber hinaus positiv auf die eschatologische Öffnung des Tempels für die Völker, die in der Endzeit nach Jerusalem kommen werden, um dort anzubeten[39]. Eine solche Deutung der Tempelaktion hat manches für sich, denn Jesus reinigt ja den „Vorhof der Heiden". Auch das von Markus verwendete Schriftwort weist in diese Richtung[40]: „Mein Haus wird ein Haus des Gebetes genannt werden für alle Völker" (Mk 11,17; vgl. Jes 56,7).

In der Theologie, die hinter der prophetischen Vision von der Völkerwallfahrt steht, steckt Dynamit. Denn diese Theologie weist dem Volk Gottes eine entscheidende Rolle zu. Es ist wirklich „Sakrament", „Zeichen und Werkzeug" Gottes für die ganze Menschheit[41]. Und was für das Volk Gottes als Ganzes gilt, gilt natürlich auch für seine Teile. Sind die christlichen Gemeinden wirklich Orte, an denen das Wort Gottes sachgerecht verkündet und gelebt wird und an denen eine alternative Gesellschaftsgestalt sichtbar wird? Geht von diesen Gemeinden eine Faszination aus, die „Mission" (erst recht Mission durch dafür Zuständige und Spezialisierte) fast erübrigt, weil in ihnen so viel Licht und Schönheit ist, dass die Menschen in die Lage versetzt werden, Gott zu preisen (Mt 5,16)?

6. Die Krise Israels

Im vorangegangenen Kapitel war Mt 8,11–12 par Lk 13,28–29 vor allem unter dem Gesichtspunkt der universalen Völkerwallfahrt behandelt worden. Wir dürfen jedoch nicht aus den Augen verlieren, dass es sich bei diesem Spruch um ein äußerst hartes Drohwort gegen Israel handelt. Jesus will seinen Hörern sagen: Wenn ihr die Botschaft vom Reich Gottes nicht annehmt, werdet ihr keineswegs – wie ihr glaubt – mit Abraham, Isaak und Jakob zu Tische liegen. Zahllose Heiden werden am Licht des Gottesreiches Anteil haben. Ihr aber, die ihr eigentlich das Licht der Heiden sein solltet, werdet hinausgeworfen in die Finsternis.

Es gibt bei Jesus noch eine Reihe ähnlicher Drohworte, die wie Mt 8,11–12 dem ungläubigen Israel die Heiden gegenüberstellen. So zum Beispiel Lk 11,31–32:

Die Königin des Südens wird sich erheben beim Gericht zusammen mit den Männern dieses Geschlechtes und sie verurteilen. Denn sie kam von den Enden der Erde, um Salomos Weisheit zu hören – und siehe, hier ist mehr als Salomo!

Die Männer von Ninive werden aufstehen beim Gericht zusammen
mit diesem Geschlecht und es verurteilen. Denn sie haben sich auf
die Predigt Jonas hin bekehrt – und siehe, hier ist mehr als Jona!

Um das Doppelwort richtig zu verstehen, muss man wissen, dass
hier eine konkrete Gerichtsszene angedeutet wird. Bei einer jüdischen Gerichtsverhandlung *saß* der Richter, während die streiten-
den Parteien vor ihm *standen*. „Diese Generation" muss zu ihrer
Überraschung feststellen, dass sich zusammen mit ihr auch die
Königin von Saba und die Einwohner von Ninive erheben, um
als Zeugen gegen sie auszusagen[42].

Das Doppelwort, das mit hoher Sicherheit auf Jesus selbst zu-
rückgeht, endet wirkungsvoll mit den Ausrufen: „Hier ist mehr als
Salomo! Hier ist mehr als Jona!" Die Evangelisten verstanden
diese Ausrufe wohl bereits christologisch. Im Munde Jesu könnten
sie aber noch vorwiegend auf das Reich Gottes bezogen gewesen
sein – und zwar in folgendem Sinn: Das Evangelium vom Gottesreich, das jetzt durch mich mitten in Israel verkündet und durch
Machttaten bekräftigt wird, bedeutet unendlich viel mehr als das,
was der Bußruf Jonas und die Weisheit Salomos zu ihrer Zeit
sagen konnten. Und doch haben damals die Heiden den Ruf
gehört und sind ihm gefolgt. Das auserwählte Volk Gottes hingegen nimmt das Evangelium nicht an.

In noch schärferer Sprache werden in Lk 10,13–15 zwei nach
biblischer Auffassung zutiefst gottlose heidnische Städte zwei
Städten Israels gegenübergestellt, in denen Jesus offenbar besonders viele Zeichen gewirkt hatte:

Weh dir, Chorazin! Weh dir, Betsaida! Denn wenn in Tyrus und
Sidon die Machttaten geschehen wären, die in euch geschehen sind,
sie hätten längst in Sack und Asche sitzend Buße getan. Tyrus und
Sidon wird es im Gericht erträglicher ergehen als euch. Und du,
Kafarnaum, in den Himmel willst du erhöht werden? Bis in den
Hades wirst du hinabgestürzt werden!

Der Hades ist hier nicht einfach die Unterwelt, sondern ewiger Strafort. Man sieht daran, wie hart auch dieses Jesuswort formuliert. Es ist Warnung, Drohung und Provokation in einem, damit vielleicht doch noch Umkehr geschieht. Den beiden Texten, die hier aus einer viel breiteren Überlieferung ausgewählt wurden, ist Folgendes gemeinsam:

1. Sie fassen Gesamt-Israel ins Auge. Chorazin und Betsaida stehen ja nur stellvertretend für die übrigen Städte des Landes. Und in Lk 11,31–32 ist – wie noch häufig in der Jesustradition – von „diesem Geschlecht" die Rede. Damit ist nicht etwa das Menschengeschlecht gemeint, sondern die gegenwärtig lebende Generation Israels, die mit der Botschaft Jesu konfrontiert ist. Es geht also um das Schicksal dieser ganzen Generation. Das wird schließlich auch daran deutlich, dass jeweils Heiden dem Gottesvolk antithetisch gegenübergestellt werden. Damit ist klar: Jesus hat nicht in erster Linie und schon gar nicht ausschließlich das Seelenheil Einzelner im Auge. Was ihn erschüttert ist das Versagen des gegenwärtigen Israel in seiner Gesamtheit. Dass dies wirklich so ist, zeigt die Beobachtung, dass er sich in den hier zitierten Gerichtsworten nicht einmal bemüht, zwischen einem gläubigen und einem ungläubigen Teil des Volkes zu unterscheiden. Das hängt natürlich zunächst einmal mit der Gattung dieser Worte zusammen: Wer provoziert und droht, darf nicht differenzieren. Es hängt aber noch mehr damit zusammen, dass Jesus Israel als das Werkzeug Gottes in der Welt ansieht. Israel muss als Ganzes den wahren Gott und sein Handeln in der Welt bezeugen.

2. Jesus hat die zitierten Drohworte bestimmt nicht zu Beginn seines öffentlichen Auftretens gesprochen; sie setzen eine längere Wirksamkeit voraus. Sie sind in einer Situation gesprochen, in der sich sein gewaltsamer Tod schon abzeichnet. Sie zeigen aber auch, dass für Jesus das Volk in die entscheidende Krise seiner Geschichte getreten ist. Mit Sicherheit wird hier die Krise Israels nicht erst aus nachösterlicher Sicht, aus der negativen Erfahrung urchristlicher Israelmission heraus gezeichnet, wie viele Forscher annehmen. Das beweist allein schon das eindeutig jesuanische

Gleichnis vom großen Gastmahl in Lk 14,16–24. Dieses Gleichnis will ja sagen: Wer eingeladen ist und trotzdem nicht kommt, schließt sich selbst vom Mahl aus. Das Festmahl wird auch ohne ihn stattfinden. Lk 14,16–24 spricht in ähnlich radikaler Form von der Krise Israels wie die zuvor angeführten Drohworte. Noch ist freilich die Entscheidung des Volkes nicht endgültig. Noch immer besteht eine letzte Hoffnung, dass die Hörer Jesu die Zeichen der Zeit begreifen und ihre eigene Situation verstehen. Gerade deshalb ja auch der äußerst scharfe Ton der Drohrede. Die Schärfe der Drohung will Umkehr in letzter Stunde bewirken.

Am Ende dieses Kapitels muss noch einmal auf das prophetische Zeichen eingegangen werden, das Jesus mit der Einsetzung der Zwölf schuf. Wir hatten gesehen: Die Zwölf veranschaulichen den Anspruch Jesu auf Gesamt-Israel. Mehr noch: Sie sind ein wirkmächtiges Zeichen für die Erweckung und Sammlung des endzeitlichen Zwölfstämmevolks.

Nun ist es für prophetische Worte und Zeichenhandlungen charakteristisch, dass sie neue Sinndimensionen aufnehmen können. Deshalb ist von vornherein damit zu rechnen, dass auch der Begriff der Zwölf in einer neu gegebenen Situation verändert, oder besser: erweitert werden konnte – und zwar bereits durch Jesus selbst.

Gegen Ende seiner öffentlichen Wirksamkeit, als sich abzeichnet, dass die Führer des Volkes Jesus beseitigen wollen, während das Volk selbst unentschieden bleibt, erhalten die Zwölf, wohl noch durch Jesus selbst, eine neue Funktion zugesprochen: Sie sind von da an nicht mehr nur Zeugen für das nahe Heil, sondern auch Zeugen für das drohende Gericht über ein sich verhärtendes Israel. Aus Mt 19,28 (par Lk 22,28–30) lässt sich das Jesuswort sichern: „Ihr werdet auf zwölf Thronen sitzen und die zwölf Stämme Israels richten."[43]

Mit diesem Wort ist niemand anders als der Zwölferkreis angesprochen. Es zeigt deshalb endgültig, dass die Zwölf nur als Zeichen für das Gottesvolk begriffen werden können. Es zeigt aber auch, dass sie nicht nur heilversprechendes, sondern auch richtendes Zeichen sind. Sie werden im Endgericht gegen Israel aussagen, wenn dieses nicht umkehrt.

Es wäre töricht, wollte man die beiden Funktionen der Zwölf, die positive und die negative, gegeneinander ausspielen[44]. Prophetische Worte und Zeichen sind keine mathematischen Definitionen; sie gehören einer Symbolsprache an, die je neue (wenn auch nicht beliebige) aktualisierende Deutungen zulässt. Die volle Signifikanz des Zeichens ergibt sich erst aus der Situation, aus der heraus es gesetzt wird und in die hinein es spricht.

Irgendwann gegen Ende seiner öffentlichen Wirksamkeit werden die Zwölf für Jesus zu Zeugen gegen Israel. So wird gerade aufgrund von Mt 19,28 deutlich, dass in der Sicht Jesu die Krise Israels ihrem Höhepunkt zutreibt.

7. Der Tod für die Vielen

Als die Krise Israels dann ihren Höhepunkt erreicht hat, spricht Jesus bei seinem letzten Mahl in Jerusalem, angesichts des sicheren Todes, von seiner Lebenshingabe „für viele". Diese Formulierung findet sich in der markinischen Überlieferung des „Einsetzungsberichtes", und zwar im Deutewort zum Segensbecher (Mk 14,24):

Dies ist mein Blut,
[das Blut] des Bundes,
das vergossen wird für viele.

Wer sind die Vielen? Diese Frage ist für uns wichtig, denn es geht in diesem Buch ja in besonderem Maß um den Gemeinschaftsgedanken in der Verkündigung und der Reich-Gottes-Praxis Jesu. Neuerdings hat die Frage auch noch dadurch Gewicht bekommen, dass es bei den Einsetzungsworten der katholischen Messliturgie künftig überall nicht mehr heißen wird: „mein Blut, das für euch und für alle vergossen wird", sondern „für euch und für viele"[45]. Bevor wir uns fragen, wer mit den „Vielen" eigentlich gemeint ist, zunächst noch einige Vorbemerkungen:

1. Die Abendmahlsworte Jesu sind uns in Mt 26,26–29; Mk 14,22–25; Lk 22,14–20 und 1 Kor 11,23–26 (vgl. Joh 6,51) überliefert. Ihre Echtheit ist bis heute umstritten. Viele Neutestamentler sind der Meinung, dass die Abendmahlstradition viel zu sehr liturgisch geprägt sei, als dass man noch mit Aussicht auf Erfolg historisch hinter sie zurückfragen könne. Diese Skepsis ist jedoch unangebracht. Liturgische Überlieferung schließt sorgfältiges Bewahren von Worttradition nicht aus, sondern begünstigt sie eher noch. Wenig beweist auch das Argument, die Bundes- und Sühnevorstellung, die in den Einsetzungsberichten eine wichtige Rolle spielt, sei anderswo in den Evangelien für Jesus nicht belegt[46]. Man muss Jesus doch wohl zubilligen, dass er Neues sagt, wenn er in eine Situation gerät, wie es sie zuvor bei seinem Auftreten in solcher Zuspitzung noch nie gegeben hatte. Als er vor der Notwendigkeit steht, seinen nahen Tod von Gott und von seinem Auftrag her zu deuten, greift er zu für ihn neuen Deutekategorien, die allerdings in der Heiligen Schrift bereitstehen: zum Bundesgedanken und zu der Vorstellung stellvertretender Sühne. Es ist nicht nur unwahrscheinlich, sondern geradezu unmenschlich, dass jemand in einer neuen, alles Bisherige umstürzenden Lebenssituation nicht zu neuen Sinngebungen kommen sollte.

2. Eine weitere Schwierigkeit liegt im Folgenden: Das Deutewort zum Segensbecher wird bei Paulus und Lukas in einer anderen Fassung überliefert als bei Markus. Es lautet in 1 Kor 11,25 (vgl. Lk 22,20):

Dieser Becher
ist der Neue Bund
in meinem Blut.

Der Unterschied zwischen den beiden Fassungen des Becherworts ist freilich weniger groß, als es auf den ersten Blick scheinen möchte: In beiden Fassungen wird der blutige Tod Jesu als göttliche Setzung neuen Heils (vergossenes Blut) gedeutet. Allerdings stehen dabei je verschiedene Schriftstellen im Hintergrund: in der markinischen Überlieferung primär Ex 24,4–11; in der paulinischen primär Jer 31,31–34. Weiterhin: In beiden Überlieferungssträngen ist der Tod Jesu stellvertretender Sühnetod; nur steht die entsprechende Formel bei Paulus nicht im Becherwort, sondern im Brotwort, und sie lautet bei ihm auch nicht: „für viele", sondern: „für euch" (1 Kor 11,24). Zumindest in diesem letzten Punkt, in der Applikation des Todes Jesu auf die Vielen, hat die markinische Überlieferung den ursprünglichen Wortlaut wohl am genauesten bewahrt[47]. Ich setze im Folgenden den Wortlaut bei Markus als die ursprünglichere Fassung voraus. Ich gehe auch nicht auf all die Fragen ein, die mit den Einsetzungsworten sonst noch verbunden sind. Ich konzentriere mich auf die Frage: Wem eignet Jesus bei seinem letzten Mahl das Heil, das aus seinem Tod erfließt, zu? Anders formuliert: Wer sind die „Vielen", für die er sein Blut vergießt?

Für eine sachgerechte Antwort auf diese Frage muss man sich zunächst einmal Folgendes klarmachen: Jesus feiert das in den synoptischen Evangelien geschilderte letzte Mahl mit den *Zwölfen* (Mk 14,17). Und fast alles spricht dafür, dass es ein Pascha-Mahl gewesen ist[48]. Gerade dann aber fällt auf, dass er es nicht mit seiner Familie oder irgendwelchen Freunden feiert, sondern mit seinen Jüngern. Und auch nicht mit einem eher beliebigen Kreis von Jüngern, sondern mit denen, die er in einer zentralen Zeichenhandlung zu den Symbolträgern seiner Sammlung des Zwölfstämmevolkes gemacht hatte. So hat sein letztes Mahl zwar die familiäre Intimität, die dem Pascha-Mahl eigen ist. Und doch weist bereits die Tischrunde mit den Zwölfen nachdrücklich auf Israel hin, auf die endzeitliche Sammlung und Neuschöpfung des Gottesvolkes, die Jesus mit der Wahl und Aussendung der Zwölf begonnen hatte. Jesus reicht ihnen das Brot und den Segensbecher, deutet beides auf seinen Leib und sein Blut und gibt ihnen so Anteil an sich selbst und seinem Tod. Nimmt man die Zwölf als Realsymbol für Israel ernst, dann kann das nur heißen:

Jesus gibt Israel Anteil an seinem Tod. Aber in welchem Sinn? Wie deutet er seinen Tod?

Eine erste Antwort auf diese entscheidende Frage gibt das Becherwort Mk 14,24. Es spricht ja nicht einfach von Jesu Blut, sondern davon, dass es „Blut des Bundes" ist und dass es „vergossen wird". Damit war jedem frommen Juden, der die Schrift kannte, klar, dass hier eine Anspielung auf Ex 24,4–11 vorlag. Ja, nicht nur eine Anspielung; das damalige Geschehen wurde gegenwärtig. In Ex 24,4–11 wird der Gründungsakt Israels erzählt. Mose errichtet am Fuß des Sinai einen Altar und zwölf Steinmale, besprengt den Altar mit Opferblut, liest den zwölf Stämmen die Bundesurkunde vor, besprengt dann auch noch das Volk mit dem Opferblut und spricht dabei:

Seht, das Blut des Bundes,
den der HERR aufgrund all dieser Worte
mit euch geschlossen hat. (Ex 24,8)

Anschließend dürfen Mose und die Ältesten Israels mit Gott auf dem Berg Mahl halten. Für das spätere Verständnis von Ex 24,8 war entscheidend, dass hier drei Motive miteinander verknüpft erschienen: das gemeinsame Mahl, der Bund Gottes mit Israel und das Blut, mit dem der Bund geschlossen wurde. In der jüdischen Auslegungstradition zur Zeit Jesu verstand man dieses Blut, das auf den Altar am Fuß des Sinai gesprengt worden war, als Mittel der Sühne für die Sünden Israels[49].

Vor diesem Hintergrund kann Jesus mit seinem Wort über den Segensbecher nur meinen: Sein Leben wird dem Tod preisgegeben und sein Blut wird vergossen werden. Es ist aber kein umsonst und sinnlos vergossenes Blut, sondern ist „Blut des Bundes", das heißt, es erneuert und vollendet den Bund, den Gott einst mit Israel am Sinai geschlossen hat. Diese endzeitliche Erneuerung des Bundes, die zugleich Neuschöpfung und Neugründung Israels ist, geschieht nun durch sein Blut, das Israel von seiner Schuld befreit und ihm Sühne schenkt.

Nimmt man diesen Hintergrund ernst, dann kann mit den „Vielen", von denen das Becherwort spricht, zunächst einmal nur Israel gemeint sein. Jesus deutet beim Abendmahl seinen bevorstehenden blutigen Tod als Sterben für Israel, als sühnende Hingabe seines Lebens für das Leben des Gottesvolkes. Übrigens weist die paulinisch-lukanische Traditionslinie, die von einem „neuen Bund" spricht und sich damit auf Jer 31,31 beruft, in genau dieselbe Richtung. Denn der „neue Bund" wird selbstverständlich mit Israel geschlossen.

Beim Abendmahl geschieht also Ungeheuerliches. Jesus bleibt nicht bei den Drohworten, die er gegen Israel gesprochen hatte, stehen. Sie waren letzte Warnung an Israel gewesen, die entscheidende Stunde seiner Existenz nicht zu verfehlen. Als das Gottesvolk in diese Stunde nicht gläubig hineingeht, sondern sie verfehlt, geht Jesus stellvertretend für Israel in sie hinein. Er gibt sein Leben für das Leben des Gottesvolkes.

Nun ist allerdings bei Markus nicht nur von dem Bundesblut, sondern auch von den „Vielen" die Rede. Das Stichwort „für Viele" weist über Ex 24,4–11 hinaus. Es weist auf einen zweiten Hintergrund der Abendmahlsworte hin, nämlich auf die Aussagen über den Gottesknecht Israel im Jesajabuch. Offensichtlich hat Jesus seinen Tod nicht nur im Lichte von Ex 24, sondern auch vor dem Hintergrund der Gottesknechtstheologie von Jes 52, 13–53,12 gedeutet. Ich kann hier nicht auf die ganze Breite und Tiefe dieser Gottesknechtstheologie eingehen[50]. Ich weise sofort auf die entscheidenden Verse 53,11–12 hin. Dort wird von dem leidenden, von den Völkern verfolgten und zu Tod gebrachten Gottesknecht Israel gesagt:

Durch seine Erkenntnis [Gottes]
schafft mein Knecht, der Gerechte,
d e n   V i e l e n Gerechtigkeit;
er lädt ihre Sünden auf sich.
Deshalb gebe ich ihm seinen Anteil unter den Großen,
und mit den Mächtigen teilt er die Beute –

dafür, dass er sein Leben ausgeschüttet hat in den Tod
und sich zu den Verbrechern zählen ließ.
Denn er trug die Sünden   v i e l e r
und trat für die Schuldigen ein.

Dieser Text braucht Erklärung. Der Gottesknecht ist das ins babylo-
nische Exil deportierte Israel. Es ist nicht mehr in seinem Land. Es
ist zerstreut und zerschlagen. Es lebt in der Sphäre des Todes. Von
diesem verschleppten, verachteten und entstellten Israel wagt das
Jesajabuch zu sagen: Es beantwortet die Gewalt, die ihm angetan
wird, nicht mit Gegengewalt, sondern erträgt sie stumm wie ein
Lamm. Es nimmt sühnend die Sünden, die Verbrechen und damit
die gesellschaftlichen Krankheiten seiner Gegner auf sich, verwandelt sie so und schafft für die „Vielen" Gerechtigkeit. Als die „Vielen" an seinem still ertragenen Leiden erkennen, was sie getan
haben und was der Gottesknecht für sie getan hat, geraten sie in
Bestürzung und verstummen. Und gerade so werden sie geheilt.

Jesus hat also seinen bevorstehenden Tod nicht nur vor dem
Hintergrund von Ex 24,4–11 gedeutet, sondern auch im Licht des
Gottesknechtes Israel aus Jesaja, vor allem im Licht von Jes
52,13–53,12. Er hat sich selbst als die Figuration, ja als die endgül-
tige Realisation dieses Gottesknechtes verstanden. Wer aber sind
dann die „Vielen"? Ich komme also auf die Eingangsfrage zurück.
In Jes 53,13–53,12 sind es eindeutig die Heidenvölker, die das ins
Exil verschleppte Israel vergewaltigen und misshandeln. Das zeigt
Jes 52,15. Dort ist davon die Rede, dass der Gottesknecht Israel
„viele Völker" in Staunen versetzt, ja, dass die „Könige" mit ihren
Völkern vor ihm verstummen.

Stehen wir damit vor einem unlösbaren Dilemma? Vor dem
Hintergrund von Ex 24,4–11 stirbt Jesus für das Gottesvolk – vor
dem Hintergrund von Jes 52,13–53,12 stirbt er für die Völker. Die
„Vielen" sind einmal Israel, das andere Mal sind es die Heiden.
Gibt das Sinn?

Es gibt sogar einen tiefen Sinn. Wir haben ja schon längst gesehen, dass in der Bibel das Universale und das Partikulare von

Anfang an eine spannungsvolle Einheit bilden. In der großen „Erzählung" der Heiligen Schrift geht es unablässig um Israel, um das Volk Gottes. Und doch ist dieses Volk nicht für sich selber da. Es ist erwählt um der Welt willen. Wenn also Jesus für Israel in den Tod geht, so stirbt er für jenes Israel, das Instrument Gottes ist für das Heil der Welt. Er stirbt für Israel und eben damit für die Völker.

Die Formel „für viele" erweist sich so als eine offene Formel. Auch wenn sie primär vom schuldig gewordenen Israel spricht, dem durch den Tod Jesu Sühne geschenkt wird, so schließt sie doch die Vielen aus der Völkerwelt, von denen in Mt 8,11 die Rede war, nicht aus. Wenn Israel die ihm geschenkte Sühne annimmt und umkehrt, wird es ja gerade zum Signal für die Völker, die dann Anteil nehmen können an dem Heil, das durch den Tod Jesu in Israel in noch tieferer und nun unwiderruflicher Form aufgerichtet ist.

So zeigen die Texte vom letzten Mahl in Jerusalem: Jesus beweist selbst im Angesicht des Todes seine Hinwendung zu Israel, ja er beweist seine Hinwendung zu Israel in dieser Stunde radikaler als je zuvor. Es zeigt sich, dass die Drohworte gegen „dieses Geschlecht" extreme Sprachversuche waren, sein Volk doch noch zu gewinnen. Als auch diese Versuche fehlschlugen, blieb nur noch der Weg des Gottesknechtes, der die Schuld der Vielen auf sich nahm.

8. Das Reich Gottes und sein Volk

Die beiden vorangegangenen Kapitel haben wohl noch einmal deutlich gemacht, wie sehr es Jesus um die endzeitliche Sammlung und Wiederherstellung des Gottesvolkes geht. Denn alle Drohworte, alle Weherufe, alle Krisis-Gleichnisse, alle Worte gegen „dieses Geschlecht" und selbst noch die Abendmahlsworte Jesu zeigen: Die gesamte Wirksamkeit Jesu ist israelbezogen. Deshalb kann auch die Reich-Gottes-Predigt Jesu nicht von seiner Hinwendung zum Gottesvolk abgelöst werden. Es geht ihr um die Neuschöpfung Israels.

Wenn in den uns überlieferten Jesusworten das Wort „Sammlung" Israels kaum vorkommt (vgl. allerdings Mt 23,37 par Lk 13,34 und Mt 12,30 par Lk 11,23), so ist dies allein dadurch zu erklären, dass für Jesus offenbar das Kommen des Reiches die Sammlung Israels als Selbstverständlichkeit miteinschließt. Zum Reich Gottes muss einfach ein Volk Gottes gehören. R. Schnackenburg sagt mit Recht[51]: Wer Jesus die Absicht, eine Gemeinde zu sammeln, aberkennt, „verkennt das messianisch-eschatologische Denken Israels, in dem das eschatologische Heil nicht vom Gottesvolk abgehoben werden kann und die Gottesgemeinde notwendig zum Gottesreich gehört". Deshalb schließt auch die Naherwartung Jesu das Ringen um ein neu geschaffenes Gottesvolk keineswegs aus. „Im Gegenteil! Gerade, wenn Jesus das Ende für nahe hielt, dann musste er das Gottesvolk der Heilszeit sammeln wollen. Denn zum Gottgesandten gehört das Gottesvolk, zum Propheten die Jüngerschar. Wir müssen es ganz scharf zuspitzen: Der *einzige* Sinn der gesamten Wirksamkeit Jesu ist die Sammlung des endzeitlichen Gottesvolkes." So formuliert es J. Jeremias[52]. Er formuliert tatsächlich zugespitzt, aber er hat recht.

Nun wird in der exegetischen Diskussion immer wieder betont, dass Jesus den Reich-Gottes-Begriff ganz universal verstanden und ihn von allen jüdisch-nationalen Inhalten gereinigt habe. Das ist natürlich richtig. Es gibt bei Jesus keinerlei national-restaurative Züge. Jesus lässt seine Jünger im Vaterunser zwar um die Sammlung des Gottesvolkes, nicht aber um die nationale Verherrlichung Jerusalems oder um die Befreiung des Landes von der Römerherrschaft beten. Die Bestrebungen der Zeloten hat Jesus zurückgewiesen. Die Bildersprache des heiligen Krieges hat er, anders als die Essener, strikt vermieden. Mit der restaurativen Theologie der Sadduzäer gerät er in Jerusalem in einen Konflikt, der ihm den Tod bringt.

Im jesuanischen Begriff des Reiches Gottes ist auch wirklich Universalität angelegt[53]. Das zeigt die Vorstellung von der Völkerwallfahrt in Mt 8,11; das zeigt die spätere Heidenmission, die ohne die Offenheit Jesu für die Heiden überhaupt nicht möglich geworden wäre. Aber all das ändert nichts daran, dass die Reich-Gottes-Predigt Jesu auf das Engste mit seiner Hinwendung zu Israel verknüpft ist. Es geht ja darum, dass sich die Herrschaft Gottes ganz durchsetzt, dass sie sichtbar in Erscheinung tritt. Und wo kann sich diese Sichtbarkeit, diese Wahrnehmbarkeit der Herrschaft Gottes passender realisieren als am Volk Gottes?[54] In den Heilstaten Jesu an Israel, in seinen Dämonenaustreibungen, in seinen Krankenheilungen, in seiner Annahme der Sünder leuchtet die Gottesherrschaft schon jetzt auf. „Gottes eschatologische Herrschaft sollte nicht allgemein und schlechthin in der Welt sein, sondern sie sollte ein konkretes, seit alters erwähltes und in seinen Umrissen klar definiertes Volk betreffen", schreibt K. Müller zu Recht[55].

In diesem Zusammenhang ist höchst aufschlussreich, dass Matthäus die Juden als die „Söhne des Reiches" bezeichnen kann (Mt 8,12; 13,38). Die Glieder des Gottesvolkes stehen für ihn also in einem festen Bezug zum Gottesreich. Matthäus kann sogar formulieren, dass das Reich Gottes den Hohenpriestern, den Ältesten des Volkes und den Pharisäern weggenommen und einem Volk gegeben wird, das für das Gottesreich Früchte hervorbringt (Mt 21,43)[56]. Das Auffällige an dieser Formulierung ist die Bindung der Gottesherrschaft zuerst an führende Kreise in Israel und später an ein anderes Volk (Singular!). Es wird nicht etwa gesagt, das Reich werde „anderen Völkern" gegeben. Meint Matthäus ein gläubiges Volk mitten in Israel? Jedenfalls sagt er nicht, das Reich werde *Israel* weggenommen. Wie immer man diesen schwierigen Text auslegt: Er zeigt, dass die Gottesherrschaft offenbar immer ein Volk voraussetzt, in welchem sie sich durchsetzen und in welchem sie aufleuchten kann. Man darf die Texte des Neuen Testamentes eben nicht mit der Brille jenes theologischen Individualismus lesen, der sich Reich Gottes nur als universale, innere Wirklichkeit in den Seelen gottgläubiger Menschen vorstellen kann, die als Einzelne über die Welt verstreut sind.

Jesus hat sich das zu sammelnde Gottesvolk nicht als eine rein geistige, rein religiöse Gemeinschaft – eben als eine *societas in cordibus* – vorgestellt. Mit solchen Thesen, die verschleiert oder offen immer wieder hochkommen, wird man den Absichten Jesu keinesfalls gerecht. Die Nachfolge, in die Jesus rief, war keine unsichtbare Nachfolge, sein Essen mit den Sündern war kein unsichtbares Essen, seine Krankenheilungen waren keine unsichtbaren Heilungen – genauso wenig, wie sein blutiger Tod am Kreuz ein unsichtbares Geschehen war.

Die Sammlungsbewegung Jesu ist etwas Konkretes und Sichtbares. Dass Jesus dieser Bewegung keine fest umrissene, institutionell geprägte Form gibt, hat nichts mit „unsichtbarer Gemeinschaft" zu tun, sondern allein damit, dass es ja um Israel geht, das als Gemeinschaft vor Gott (wenn auch als eine kranke und zerrissene Gemeinschaft) längst existiert.

Halten wir fest: Gott sucht sich aus den vielen Völkern der Welt ein einziges Volk aus, um gerade dieses Volk zum sichtbaren Zeichen des Heils zu machen. Gott setzt also, biblischer Theologie zufolge, seine eschatologische Herrschaft, die prinzipiell die ganze Welt umfassen soll, gerade in der Weise durch, dass er klein anfängt: Bei einer Familie (biblisch gesprochen: bei Abraham), bei einem Clan, bei einer Gruppe, bei einem unbedeutenden Volk. Nur kraft dieser göttlichen Strategie bedeutet Gottesherrschaft nicht Vergewaltigung der Welt, sondern Ruf in die Freiheit; ein Ruf, ja geradezu eine Verlockung, dem Beispiel derer zu folgen, die zuerst herausgerufen wurden.

Jesus muss sich diese prophetische Deutung der Geschichte Gottes mit der Welt, dieses Verständnis der Erwählungsgeschichte Israels, zutiefst zu eigen gemacht haben. Denn er gibt auch dann, als sich Israel als Ganzes seinem Ruf versagt, den Gemeinschaftsgedanken, das heißt den Gedanken, dass die Gottesherrschaft ein Volk haben muss, nicht auf, sondern konzentriert sich nun auf seinen Jüngerkreis. Er bindet also jetzt das Gottesreich, ohne Gesamt-Israel aus dem Blick zu verlieren, an seine Jüngergemeinde:

Fürchte dich nicht, du kleine Herde, denn es hat eurem Vater gefallen, euch das Reich zu geben. (Lk 12,32; vgl. 22,29)

TEIL II
Jesus und seine Jünger

Wie hat Jesus Gemeinde gewollt? Unsere bisherige Untersuchung konnte für die Beantwortung dieser Frage bereits wichtige Vorentscheidungen treffen. Es hat sich ja gezeigt: Das Denken und Handeln Jesu ist in einem außerordentlichen Maß israelbezogen; allerdings nicht israelbeschränkt. Israel ist für ihn der Weg zu einem größeren Ziel: Es ist Zeichen *universalen* Heils. Aber als Zeichen ist es gerade nicht überspringbar. Weiterhin: Gerade indem Jesus das Reich Gottes an Israel, also an ein konkretes Volk bindet, wird deutlich, dass es ihm um Gemeinschaft geht, mehr noch: um Gesellschaft, um Gesellschaft unter der Herrschaft Gottes.

Trotzdem kann das bisher Gesagte natürlich noch nicht die ganze Antwort auf die Frage dieses Buches sein. Wir müssen weiterfragen: Wie hat sich Jesus denn nun genauerhin das zu sammelnde Israel, das Israel Gottes, das endzeitliche Gottesvolk vorgestellt? Gerade hierauf gibt die Jüngerunterweisung Jesu die entscheidende Antwort. Klären wir aber zunächst die Frage, was man sich überhaupt unter dem Jüngerkreis vorzustellen hat.

1. Der Jüngerkreis

Wir haben bei den Menschen in Israel, die Jesus hören und ihm glauben, zwei Gruppen zu unterscheiden:

Da sind zunächst diejenigen, die Jesu Botschaft annehmen, die aber in ihrem Dorf oder in ihrer Stadt bleiben, um dort das Reich Gottes zu erwarten. „Wo Jesus auftritt, lässt er Anhänger zurück, die mit ihren Familien auf die Königsherrschaft warten und die ihn und seine Boten aufnehmen; sie finden sich im ganzen Land, vor allem in Galiläa, aber auch in Judäa, z. B. in Betanien, und in der Dekapolis (Mk 5,19f.)"[57]. So heißt es von Josef von Arimathäa, einem vornehmen Ratsherren, dass er das Reich Gottes erwartete (Mk 15,43). Das tat er sicher nicht unabhängig von der Botschaft Jesu. Er muss Jesus geschätzt und verehrt haben, wie die Grabesgeschichte Mk 15,42–47 zeigt. Zu erinnern ist in diesem Zusammenhang auch an Zachäus in Jericho, den die

Begegnung mit Jesus als neuen Menschen zurücklässt. Er verspricht, in Zukunft die Hälfte seines Vermögens den Armen zu geben und zu viel Gefordertes vierfach zu erstatten. Jesus aber spricht von dem Heil, das „diesem Haus", das heißt Zachäus und seiner Familie, widerfahren ist (Lk 19,8–9). Das beste Beispiel für einen „ortsgebundenen" Anhänger Jesu ist jedoch Lazarus, der in Betanien wohnt (Joh 11,1). Er wird ein Freund Jesu und seiner Jünger genannt (Joh 11,11).

Von Anhängern, Freunden und Sympathisanten der beschriebenen Art sind die „Jünger" im eigentlichen Sinn zu unterscheiden[58]. Das entsprechende griechische Wort *mathetes* müsste im Deutschen eigentlich mit „Schüler" übersetzt werden. Dann wäre klar, dass die Jünger Jesu Lernende, ja, dass sie Lehrlinge sind. Wenn in den Evangelien immer wieder gesagt wird, dass sie Jesus nachfolgen, so ist das ganz wörtlich zu verstehen: Sie gehen, wenn er durch das Land zieht, respektvoll einige Schritte hinter ihm her – so wie damals der Schüler hinter seinem Lehrer, der Sohn hinter seinem Vater, die Braut hinter dem Bräutigam hergeht.

Der Jesus nachfolgende Jüngerkreis ist eine fest umrissene Gruppe. Als die Jünger an einem Sabbat Ähren abreißen, wird Jesus deswegen zur Rede gestellt: „Sieh dir das an! Warum tun sie etwas, das am Sabbat verboten ist?" (Mk 2,24). Jesus ist demnach in den Augen dieser Aufpasser für seine Jünger verantwortlich, so wie jeder Gesetzeslehrer für seine Schüler verantwortlich ist.

Und doch unterscheiden sich seine Schüler in vielem von den Schülern der Rabbinen. Sie kommen nicht, weil sie Tora lernen möchten, sondern weil sie Jesu Botschaft vom nahen Gottesreich gehört haben. Und sie suchen sich ihren Lehrer nicht selbst aus, wie das Rabbinenschüler zu tun pflegen: Jesus beruft sie (vgl. etwa Lk 9,59). Er beruft sie in eine Nachfolge, die von ihnen verlangt, den bisherigen Beruf aufzugeben und die eigene Familie zu verlassen (vgl. Mk 1,16–20). Die Härte solcher Forderung wird in einem Jesuswort deutlich, das ursprünglich folgendermaßen gelautet haben dürfte[59]:

Wer Vater und Mutter nicht hasst,
kann nicht mein Jünger sein.

Wer Sohn und Tochter nicht hasst,
kann nicht mein Jünger sein.

Jesus verlangt also von seinen Jüngern die entschiedene Abkehr von der eigenen Familie. Das ist mit Hassen gemeint. An die Stelle ihrer Familie und aller bisherigen Bindungen tritt die Lebensgemeinschaft mit Jesus. Diese Lebensgemeinschaft bedeutet mehr als nur Um-den-Lehrer-Sein, ihm zuzuhören und ihn zu beobachten, damit man an seinen Aussprüchen und an seinem Lebensstil Tora lernen kann. Die Lebensgemeinschaft des Jüngers mit Jesus ist Schicksalsgemeinschaft. Sie geht so weit, dass der Jünger bereit sein muss, dasselbe zu erleiden wie Jesus – notfalls sogar Verfolgung:

Wer nicht sein Kreuz auf sich nimmt
und hinter mir hergeht,
ist meiner nicht würdig. (Mt 10,38)

Trotz dieser radikalen Forderungen darf man sich den Jüngerkreis Jesu nicht zu klein vorstellen. Er geht auf jeden Fall weit über den Zwölferkreis hinaus. Die Gleichsetzung von Jüngerkreis und Zwölferkreis ist erst eine Schematisierung des Matthäus. Wir sind in der glücklichen Lage, dass uns wenigstens noch einige Namen von Jüngern überliefert sind, die nicht zum Zwölferkreis, wohl aber zu dem weiteren Jüngerkreis gehört haben: Josef Barsabbas (Apg 1,23) – Kleopas (Lk 24,18) – Natanaël (Joh 1,45; 21,2) – Maria aus Magdala (Mk 15,40–41) – Maria, die [Tochter?] des Jakobus des Kleinen (Mk 15,40) – Maria, die Mutter des Joses (Mk 15,40) – Salome (Mk 15,40–41) – Johanna, die Frau des Chuzas (Lk 8,1–3) – Susanna (Lk 8,1–3) – und zunächst auch noch Matthias, der ja dann im Zwölferkreis an die Stelle des Judas Iskariot tritt (Apg 1,23.26). Die Liste zeigt, dass unter den Nachfolgern Jesu auch Frauen waren. Das ist für orientalische Verhältnisse bemerkenswert und alles andere als selbstverständlich. Jesus hat hier offenbar bewusst gesellschaftliche Verhaltensmuster durchbrochen.

Wichtig ist auch Folgendes: Weshalb hat Jesus (über die Zwölf hinaus) überhaupt Jünger berufen? Die beste Antwort gibt Lk 10,2 (par Mt 9,37–38):

Die Ernte ist groß,
aber es gibt nur wenig Arbeiter.
Bittet daher den Herrn der Ernte,
dass er Arbeiter in seine Ernte sendet.

Der „Herr der Ernte" ist selbstverständlich Gott. Die Ernte ist uraltes biblisches Bild für das Gericht, aber auch für die eschatologische Heilszeit. Das Einbringen der Ernte muss die Sammlung Israels zum Gottesvolk der Endzeit meinen. Es kann gar nicht genug Menschen geben, sagt Jesus, die bei dieser Sammlungsbewegung mithelfen. Denn die Zeit drängt wie in den Tagen der Ernte.

Lk 10,2 zeigt: Die Proklamation des Gottesreiches und die Sammlung des Gottesvolkes sind endzeitliches Geschehen. Vor diesem Hintergrund dürfen wir damit rechnen, dass Jesus nicht nur die Zwölf, sondern auch noch andere Jünger zur Mitarbeit berufen hat. Die Jünger sind also, genau wie die Zwölf, zunächst einmal Mitarbeiter im Dienste des Reiches Gottes und sie sind Mitarbeiter zur Sammlung Israels.

Als jedoch Israel als Ganzes die Botschaft Jesu nicht annimmt, wächst dem Jüngerkreis noch eine andere Funktion zu. Er bekommt nun, stärker als schon zuvor, die Aufgabe, zeichenhaft darzustellen, was eigentlich in Gesamt-Israel hätte geschehen sollen: völlige Hingabe an das Evangelium vom Gottesreich, radikale Umkehr zu einer neuen Lebensordnung, Sammlung zu einer brüderlichen und schwesterlichen Gemeinschaft[60]. Die Absicht Jesu ist offensichtlich, dass sich der Jüngerkreis dabei nicht gegen Israel abschließt und sich erst recht nicht gegen Israel zusammenschließt, sondern dass er für Israel geöffnet und ständig auf ganz Israel ausgerichtet bleibt.

Die Jünger bilden also keine neue Gemeinde außerhalb des alten Gottesvolkes. Jesus beruft sie nicht als Ersatz oder als Ablösung für Israel. Eine solche Vorstellung wäre völlig unbiblisch. Biblisch wäre höchstens die Vorstellung vom „heiligen Rest" (vgl. 1 Kön 19,18; Jes 10,20–22)[61]. Hat Jesus seine Jüngergemeinde etwa als heiligen Rest Israels verstanden? Wir wissen heute, dass gerade diese Vorstellung zur Zeit Jesu theologisch hochaktuell war[62]. Doch es ist kennzeichnend, dass Jesus, um sein Handeln am Gottesvolk zu deuten, den alttestamentlichen Restgedanken gerade nicht aufgegriffen hat. Er bleibt bei seinem Anspruch auf Gesamt-Israel.

Die Vorstellung eines heiligen Restes oder einer Sondergemeinde innerhalb Israels kommen für die Deutung des Jüngerkreises auch deshalb nicht in Frage, weil Jesus die Zugehörigkeit zu seinem Jüngerkreis nirgendwo als Bedingung für den Eintritt ins Gottesreich formuliert. Nirgends macht er die Nachfolge zur allgemeinen Voraussetzung des Heils. Jesu Jüngergemeinde ist allein in ihrem zeichenhaften Bezug auf Gesamt-Israel verständlich. Sie soll das endzeitliche Gottesvolk, um das es Jesus geht, präfigurieren. Sie soll zeichenhaft darstellen, was Israel werden soll. Sie soll die eschatologische Existenz Israels jetzt schon beginnen lassen. Der Jüngerkreis Jesu ist die Wachstumsmitte des endzeitlichen Israel.

2. Die Bergpredigt

Dem Bezogensein der Jüngergemeinde auf Gesamt-Israel entspricht auf der Ebene des Ethos eine Beobachtung, die man oft macht, wenn man die sittliche Weisung Jesu im Einzelnen untersucht: Es ist nicht immer leicht, zwischen Weisungen Jesu nur für den Jüngerkreis und Weisungen Jesu für ganz Israel zu unterscheiden. Die Schwierigkeit, hier hinreichend zu differenzieren, muss in der Sache selbst begründet sein. Ihr Grund: Die sittliche Weisung Jesu soll zwar im Jüngerkreis gelebt werden; sie ist aber zugleich Weisung für das ganze Volk. Diese anscheinende Unschärfe hängt eben damit zusammen, dass der Jüngerkreis das endzeitliche Israel zeichenhaft darstellt.

Jedenfalls ist die „Bergpredigt" (und das gilt für die gesamte ethische Unterweisung Jesu) nicht an den isolierten Einzelnen oder, was letztlich dasselbe wäre, nicht an die Menschheit als Ganze gerichtet. Der Adressat der Bergpredigt ist Israel beziehungsweise der Israel repräsentierende Jüngerkreis. Weil von dieser Einsicht für die Grundthese des vorliegenden Buches, aber auch für die Diskussion über die Geltung der Bergpredigt in Politik und Gesellschaft außerordentlich viel abhängt, muss hier etwas ausführlicher auf den Rahmen der matthäischen Bergpredigt und entsprechend auf den Rahmen der lukanischen „Feldrede" eingegangen werden.

Bergpredigt (Mt 5,1–7,29) wie Feldrede (Lk 6,17–49) gehen in ihrem Grundbestand auf die erste programmatische Redekomposition der sogenannten Logienquelle zurück[63]. Lukas steht dieser Vorlage noch am nächsten. Matthäus hat sie durch zusätzliches Traditionsmaterial bedeutend erweitert. Es handelt sich also schon in der Logienquelle, dann auch bei Lukas, erst recht aber bei Matthäus um sekundäre Kompositionen ursprünglich disparaten Logienmaterials (das freilich in sich betrachtet sehr alt und zum größeren Teil jesuanisch ist). Deshalb sind selbstverständlich auch die Rahmungen der Bergpredigt und der Feldrede redaktionell, das heißt, sie geben nicht einfachhin eine historische Situation im Leben Jesu wieder. Trotzdem sind diese Rahmungen in unserem Zusammenhang von großem Wert[64]. Denn sie zeigen zumindest, wen die Verfasser der beiden Großevangelien als Adressaten eines entscheidenden Teils der ethischen Unterweisung Jesu angesehen haben. Wie aber sehen nun die entsprechenden Rahmungen aus? Matthäus leitet die Bergpredigt folgendermaßen ein:

[Jesus] zog in ganz Galiläa umher, lehrte in ihren Synagogen, verkündete das Evangelium vom Reich und heilte im Volk jede Krankheit und jedes Gebrechen. Sein Ruf verbreitete sich sogar über ganz Syrien. Man brachte alle Kranken zu ihm, die mit vielerlei Gebrechen und Schmerzen behaftet waren, Besessene, Mondsüchtige,

Gelähmte – und er heilte sie. Und es folgten ihm große Scharen aus Galiläa, der Dekapolis, Jerusalem, Judäa und von jenseits des Jordan. Als er aber die Scharen sah, stieg er auf den Berg. Er setzte sich und seine Jünger traten zu ihm. Und er öffnete seinen Mund und lehrte sie. (Mt 4,23–5,2)

Matthäus schickt der Bergpredigt also ein umfangreiches Summarium voraus. Er will deutlich machen, was die heilsgeschichtliche Voraussetzung der Forderungen der Bergpredigt ist: das bereits angesagte Gottesreich, das Jesus aber nicht nur in Worten, sondern auch in Machttaten an den Kranken des Gottesvolkes gegenwärtig macht. Gleichsam ganz Israel ist vor Jesus versammelt; alle Landesteile werden sorgfältig aufgezählt: Galiläa, Judäa, Jerusalem, das Land jenseits des Jordan. Vor ganz Israel also proklamiert Jesus die Grundprinzipien der endzeitlichen Gesellschaftsordnung des Gottesvolkes, so wie einst auf dem Berg Sinai die Tora proklamiert worden war. Entscheidend ist nun freilich, dass die Jünger als Zuhörer Jesu eigens erwähnt werden. Gilt die Bergpredigt vielleicht gar nicht dem Volk, sondern nur ihnen? Ist das Volk am Ende doch nur Kulisse, um die Rede Jesu imposanter zu machen? Das wird drei Kapitel weiter durch den Abschluss der Bergpredigt definitiv ausgeschlossen:

Und es geschah: Als Jesus diese Rede beendet hatte, waren die Scharen außer sich über seine Lehre. Denn er lehrte sie wie einer, der Vollmacht hat und nicht wie ihre Schriftgelehrten. (Mt 7,28–29)

Hier werden die Jünger gar nicht mehr erwähnt. Die Bergpredigt gilt also eindeutig dem Volk, sie gilt Gesamt-Israel. Und doch war die Nennung der Jünger in Mt 5,1 kein Zufall. Die Jünger sind der innerste Kreis der Hörer Jesu. Sie sollen auf jeden Fall hören und tun, was dem ganzen Gottesvolk gesagt ist.

Ganz ähnlich liegen die Dinge bei Lukas. Nachdem er erzählt hat, wie Jesus auf dem Berg aus einer größeren Jüngerschar die Zwölf berufen hat, leitet er die Feldrede folgendermaßen ein:

Und er stieg mit ihnen hinab und machte an einer ebenen Stelle halt, und eine große Schar seiner Jünger [war da] und eine große Menge Volk aus dem ganzen Judenland und Jerusalem und dem Küstengebiet von Tyrus und Sidon. Sie waren gekommen, um ihn zu hören und um von ihren Krankheiten geheilt zu werden. Auch die von unreinen Geistern Geplagten wurden geheilt. Die ganze Menge suchte ihn anzurühren, denn eine Kraft ging von ihm aus und heilte alle. Und er richtete seine Augen auf seine Jünger und sprach. (Lk 6,17–20)

Die theologische Szenerie gleicht der von Matthäus. Die Magna Charta der ethischen Forderungen Jesu setzt das schon verkündete und in den vielen Krankenheilungen bis ins Leibliche hinein konkretisierte Heil voraus. Lukas positioniert die Hörer der Feldrede aber noch sorgfältiger als Matthäus: Da ist zunächst der gerade erst konstituierte Zwölferkreis, bei ihm die „große Schar" der übrigen Jünger und in einem noch weiteren Kreis die ganze Menge des Volkes. Im Gegensatz zu Matthäus nennt Lukas das Volk sogar *laos*. Das Wort *laos* hat vom griechischen Alten Testament her einen feierlichen Klang: Es ist das von Gott erwählte und geführte Volk Israel.

Aber gilt nicht wenigstens bei Lukas die große Jesusrede allein dem Jüngerkreis? Es heißt ja in 6,20: „Er richtete seine Augen auf seine Jünger und sprach." Mit dieser Bemerkung ist auf jeden Fall klargestellt, dass die Jünger die wichtigsten Hörer der Feldrede sind. Und doch wird auch bei Lukas, genau wie bei Matthäus, am Ende eindeutig das Gottesvolk als Hörer der Rede herausgestellt. Denn die Feldrede schließt mit dem Satz:

Nachdem er [Jesus] vollendet hatte alle seine Worte in die Ohren des Volkes, ging er nach Kafarnaum hinein. (Lk 7,1)

„In die Ohren von jemandem reden" ist wiederum Septuaginta-Sprache. Die Wendung weist im Alten Testament darauf hin, dass es sich um rechtsverbindliche, öffentlich proklamierende Rede handelt[65]. Auch bei Lukas ist also klar: Die große, programmatische Rede Jesu gilt nicht nur dem Jüngerkreis, sondern dem gesamten Gottesvolk. Auch hier steht wieder *laos* wie zu Beginn der Feldrede.

Diese doppelte Adresse der Bergpredigt, dieses Oszillieren der Rede zwischen Jüngerkreis und Volk, ist keineswegs ein Zufall. Beide Evangelisten wollen mit Nachdruck deutlich machen: Die Bergpredigt gilt zunächst und vordringlich den Jüngern, aber sie gilt über sie hinaus dem ganzen Volk Israel, das die Frohe Botschaft vom Reich Gottes gehört hat und dessen Kranke durch den Verkündiger dieser Botschaft geheilt worden sind.

Das alles ist, wie gesagt, zuerst einmal Theologie der beiden Evangelisten. Aber diese Theologie trifft aufs Ganze gesehen die historischen Gegebenheiten wohl ziemlich genau. Es gab bei Jesus mit Sicherheit beides: öffentliche Proklamation des Reiches Gottes und Volkspredigt auf der einen Seite, spezifische Jüngerunterweisung auf der anderen Seite. Das in der Bergpredigt verarbeitete Logienmaterial entstammt beiden Bereichen. Im Einzelfall ist die ursprüngliche Situation im Leben Jesu oft kaum mehr festzustellen. Letztlich ist die Frage, ob ein einzelner Spruch der Jüngerunterweisung oder der Volkspredigt entstammt, aber auch gar nicht entscheidend. Denn auch wenn der Adressat einer bestimmten Weisung ursprünglich nur der Jüngerkreis war – dieser repräsentierte Gesamt-Israel, und deshalb galt alles, was ihm gesagt wurde, letztlich, wenn auch vielleicht in übertragener Weise, dem gesamten Gottesvolk.

Hieraus ergibt sich das sachliche Recht der matthäischen und lukanischen Rahmung der Berg(Feld)predigt. Hieraus ergibt sich aber auch das Recht der Evangelisten, den ursprünglich scharf und eindeutig bestimmten Begriff der „Jünger Jesu" zunehmend auf alle Gläubigen zu beziehen[66] und auch den Begriff der „Nachfolge" allmählich auf das gesamte Gottesvolk auszuweiten.

Viel wichtiger und schwerwiegender als die Unterscheidung Jüngerkreis / Gesamtisrael ist die Unterscheidung zwischen dem Gottesvolk und den Völkern. Die Bergpredigt gilt Menschen, die ihr Leben vom Reich Gottes ergreifen lassen und in einem engen

Miteinander nach der Weisung Jesu leben möchten. Was für sie gilt, gilt nicht unbedingt für den Staat. Bismarck hat einmal gesagt, mit der Bergpredigt sei „kein Staat zu machen". Er hatte recht. „Staaten, welcher Konzeption auch immer, setzen voraus, dass die menschliche Rivalität unüberwindbar ist."[67] Die absolute Gewaltlosigkeit zum Beispiel, die Jesus von seinen Jüngern und darüber hinaus vom Gottesvolk fordert, ist für den Staat und seine Organe ausgeschlossen. Justiz und Polizei müssen für die Einhaltung der Gesetze sorgen, notfalls mit Gewalt. Weder dürfen sie jedem geben, der sie um etwas bittet, noch dürfen sie die andere Backe hinhalten, wenn sie jemand schlägt[68].

Das Gewaltmonopol des Staates ist unumgänglich. Andernfalls würde innerhalb weniger Stunden das gesellschaftliche Chaos ausbrechen. Der Gewaltverzicht der Bergpredigt ist nur denen möglich und erlaubt, die miteinander in Freiheit eine alternative Gesellschaftsordung leben wollen – möglicherweise unter hohen persönlichen Risiken. Selbstverständlich müssen Christen die Bergpredigt, so weit es gangbar ist, in Politik und Gesellschaft einbringen. Aber wie soll ihnen das möglich sein, wenn sie nicht zuvor als Kirche die Lebensform der Bergpredigt realisieren oder aus nächster Nähe erfahren?

Es bleibt also dabei: Der Adressat der ethischen Unterweisung Jesu ist weder einfach der für sich stehende Einzelne noch die Menschheit als Ganze. Der Adressat seiner Unterweisung ist Israel beziehungsweise der Israel repräsentierende Jüngerkreis.

Leider wird diese klare Abgrenzung der Adressaten der Bergpredigt in der Theologie allzu häufig unterlaufen. Sie wird unterlaufen, weil man für das Ethos Jesu zu schnell und ohne die spezifische Funktion Israels beziehungsweise der Kirche genügend zu beachten, die gesamte Menschheit zum Adressaten machen möchte. Ein anschauliches Beispiel für solche vorschnelle Universalisierung bietet das neue Buch über die Bergpredigt von Eberhard Schockenhoff[69]. Der Freiburger Moraltheologe weiß natürlich, dass die Bergpredigt zunächst einmal an die Jünger Jesu und damit an Israel beziehungsweise die Kirche gerichtet ist.

Aber das genügt ihm nicht. Er möchte darüber hinaus eine universale Geltung der Bergpredigt für die gesamte Menschheit[70].

Doch die Exegese, die er dabei anwendet, trifft nicht. So signalisiert die „Volksmenge", von der am Ende der Bergpredigt die Rede ist (Mt 7,28), eben nicht eine Ausweitung der Rede auf die Menschheit, sondern auf Gesamtisrael. Und völlig verfehlt ist der Hinweis auf Mt 28,18–20. Schockenhoff schreibt[71]: „In der historisierenden Retrospektive des Matthäus spricht aus der Bergpredigt bereits die Autorität des auferstandenen und erhöhten Christus, der seine Jünger zu den Völkern aussendet, um sie alles zu lehren, was er ihnen geboten hat." Es stimmt: Für Matthäus spricht aus der Bergpredigt bereits die Autorität des erhöhten Christus; das zeigt das Motiv des Berges in 5,1 und 28,16. Und selbstverständlich sendet der Erhöhte seine Jünger zu den Völkern (28,19). Aber eben nicht, wie Schockenhoff paraphrasiert, um die Völker alles zu lehren, sondern zunächst einmal, um sie zu seinen Jüngern zu machen. Erst im Kontext ihrer Jüngerwerdung und ihrer Taufe werden die Menschen aus den Völkern in allem belehrt, was Jesus in der Bergpredigt gesagt hat:

Geht darum und macht alle Völker zu Jüngern – indem ihr sie tauft auf den Namen des Vaters und des Sohnes und des Heiligen Geistes und indem ihr sie lehrt, alles zu befolgen, was ich euch geboten habe. (Mt 28,19–20)

Schockenhoff unterschlägt an dieser zentralen Stelle seiner Argumentation die Jüngerwerdung der Völker (das heißt: die Durchsetzung der Völker mit Jüngergemeinden) und bringt so das Universale an der Bergpredigt in ein gefährlich schiefes Licht[72]. Selbstverständlich geht es Jesus und geht es Matthäus um die ganze Welt. Insofern ist die Bergpredigt mit ihrem hohen Ethos universal. Aber Jesus und Matthäus überspringen dabei nicht Jüngerschaft und Gottesvolk. Nur wenn es in der Welt immer mehr Jünger Jesu gibt und nur, wenn das endzeitliche Gottesvolk zum Salz der Erde wird, zeigt die Bergpredigt ihre universale Relevanz.

3. Die neue Familie

Die beiden letzten Kapitel hinterlassen eine Schwierigkeit, die nicht verschwiegen werden darf. Wie wir bereits sahen, hat Jesus an den Jüngerkreis, der ihm nachfolgte, besonders radikale Anforderungen gestellt – vor allem die Aufgabe des bisherigen Berufs und das Verlassen der eigenen Familie (Lk 9,57–62). Dem wäre noch mehr hinzuzufügen, zum Beispiel: Besitzverzicht (Lk 14,33) und Verzicht auf Vorsorge für den kommenden Tag (vgl. Lk 12,22–32). Es geht einfach nicht an, diese Forderungen Jesu an den begrenzten Kreis seiner Nachfolger unbesehen mit Jesu Weisungen an das gesamte Gottesvolk gleichzusetzen. Verdeutlichen wir uns das Problem an einem konkreten Sachverhalt:

Jesus selbst war um des Gottesreiches willen ehelos geblieben (vgl. Mt 19,12), und er forderte von seinen Jüngern das Verlassen ihrer Familien. Das hatte im Orient unter Umständen einschneidende Folgen: „Entschloss sich der Hausvater zum Eintritt in die Begleitung Jesu, so wird der Frau nichts anderes übrig geblieben sein, als mit den Kindern in ihr Elternhaus zurückzukehren, obwohl das als Makel empfunden wurde."[73] Wie immer man solche Probleme damals gelöst hat, eines ist sicher: Das Verlassen der Familie war eine höchst einschneidende Forderung. Jesus hat diese Forderung selbstverständlich nur denen gestellt, die mit ihm durch Israel unterwegs waren, nicht aber dem gesamten Volk, auch nicht seinen ortsgebundenen Anhängern. Insofern kommt man nun doch nicht daran vorbei, bei Jesus zwischen einem Nachfolgeethos und einem Ethos des gesamten Gottesvolkes zu differenzieren.

Wird damit aber nicht unser bisheriges Ergebnis in Frage gestellt? Vor allem: Erhebt sich nun nicht sofort das bekannte Problem eines Zweistufenethos, nämlich eines Ethos für die „Besseren" und eines Ethos für die „Durchschnittlichen", mit allen Konsequenzen, die ein solches Zweistufenethos in der katholischen Kirche hatte – bis zur Teilung des Gottesvolkes in zwei Stände: in die „Vollkommenen" *(perfecti)* und in die normalen „Gläubigen" *(credentes)*?

Sieht man freilich genauer zu, dann gibt es zwar bei Jesus ein spezifisches Ethos der Nachfolge, aber keineswegs ein Zweistufenethos[74]. Bleiben wir, um das zu verdeutlichen, bei unserem Beispiel vom Verlassen der Familie. Hier entsteht kein Stand von Vollkommenen gegenüber einem Stand von weniger Vollkommenen, weil Jesus an diejenigen, die zu Hause bei ihrer Familie bleiben, genauso radikale Forderungen stellt wie an diejenigen, die ihm nachfolgen. Die Bergpredigt enthält schließlich einen Text, der dem Mann die Entlassung seiner Frau – gegen die damals in Israel mögliche Scheidungspraxis – auf das Schärfste verbietet (Mt 5,31–32). Und die Bergpredigt enthält einen Text, in welchem bereits der begierige Blick des Mannes auf eine fremde Frau dem Ehebruch gleichgestellt wird (Mt 5,27–28). Das alles ist im Grunde genauso hart und einschneidend wie die Aufforderung an die Jünger, ihre Familie zu verlassen. Jesus fordert von den einen absolute und unverbrüchliche Treue zu ihrer Gattin, und er fordert von den anderen absolute und unverbrüchliche Treue zu ihrem Verkündigungsauftrag. Das heißt: Die konkrete Lebensform, sei es die Ehe, sei es der Verkündigungsdienst, wird von Jesus in beiden Fällen radikal ernst genommen. Beide Lebensformen sind in dieser Unbedingtheit nur möglich angesichts des Reiches Gottes. Die innere Freiheit, eheliche Treue oder Nachfolge jeweils in solcher Hingabe zu leben, schenkt nur die Faszination eines Reiches Gottes, das schon Gegenwart wird.

Was hier paradigmatisch anhand von Ehe und Ehelosigkeit gezeigt wurde, ließe sich ähnlich anhand anderer Bereiche des Nachfolgeethos zeigen. Es gibt also bei Jesus ein zumindest theoretisch abgrenzbares Nachfolgeethos; es bildet jedoch gegenüber dem Ethos des gesamten Gottesvolkes keine höhere Form von Sittlichkeit, sondern es ist – höchst funktional – durch die konkrete Lebensgestalt derer bestimmt, die mit Jesus unterwegs sind.

Damit ist freilich nur die Existenz eines Zweistufenethos bei Jesus zurückgewiesen. Es gilt darüber hinaus, die innere Verknüpfung von Nachfolgeethos und Ethos des gesamten Gottesvolkes zu sehen. Blicken wir, um diese Verknüpfung zu erkennen, zunächst auf einen Text, der mit Sicherheit ursprünglich an die wortwörtlichen Nachfolger Jesu gerichtet war. Er lautet bei Markus:

> *Amen, ich sage euch: Es gibt niemanden, der verlassen hat Haus, Brüder, Schwestern, Mutter, Vater, Kinder oder Äcker um meinetwillen und um des Evangeliums willen, der [dafür] nicht Hundertfaches erhielte. [Schon] jetzt in dieser Stunde: Häuser, Brüder, Schwestern, Mütter, Kinder und Äcker – wenngleich unter Verfolgungen. Im kommenden Äon aber das ewige Leben. (Mk 10,29–30)*

In der vorliegenden Form ist der Spruch bereits aus urchristlicher Sicht überarbeitet. Der Begriff des Evangeliums ist eingebracht; hinzugefügt ist das „wenngleich unter Verfolgungen"; vor allem aber ist das Zweiäonenschema eingearbeitet. Der ursprüngliche Spruch muss eine noch viel radikalere Verheißung im Blick auf die Gegenwart gewesen sein:

> *Amen, ich sage euch: Es gibt niemanden, der verlassen hat Haus, Brüder, Schwestern, Mutter, Vater, Kinder oder Äcker um meinetwillen, der [dafür] nicht Hundertfaches erhielte. [Schon] jetzt in dieser Stunde: Häuser, Brüder, Schwestern, Mütter, Kinder und Äcker.*

Man muss das Unerhörte in einem solchen Jesuswort herausspüren: Brüder und Schwestern – das sind die Blutsverwandten; das ist der Clan, dem der Orientale angehört und dem er Rechenschaft schuldig ist, der ihn dafür allerdings auch schützt. Vater und Mutter – dahinter steht die uralte, heilige, in der Schrift bestätigte Ordnung der patriarchalischen Familie. Kinder – das ist die größte Freude des orientalischen Menschen; das ist sein Stolz, aber auch seine soziale Sicherheit, sozusagen seine Lebensversicherung für später. Und Äcker – das ist der Anteil des Israeliten an dem heiligen, von Gott zugesicherten Erbe. Von dem aus Zypern stammenden Barnabas erfahren wir in der Apostelgeschichte, dass er bei Jerusalem einen Acker besaß (Apg 4,36–37). Er hatte wohl, wie viele andere Diasporajuden, im Heiligen Land ein Grundstück erworben, um so seine Verbundenheit mit Israel festzumachen und der Segensgüter der messianischen Zeit teilhaft zu werden. Wir müssen also in Mk 10,29–30 hinter den „Äckern" den für jeden frommen Juden hochbedeutenden Begriff des „Landes" erkennen.

Das alles wird nun aber von Jesus relativiert: der Clan, die Eltern, die Kinder, das Land. Es ist möglich, unter Umständen sogar notwendig, das alles zu verlassen. Allerdings nicht um des Verzichtes willen, nicht weil das Verlassen an sich schon etwas Positives wäre. Vielmehr deshalb, weil es einfach notwendig ist: Die Ernte ist groß, und es gibt nur wenig Arbeiter (Lk 10,2). Sodann, weil jetzt Neues entsteht: Das Reich Gottes bricht an. Damit aber verändert sich alles. Diejenigen, die Jesus nachfolgen, die um des Reiches Gottes willen das Bisherige hinter sich zurücklassen, werden zu einer neuen Familie. Zu einer Familie, in der es in paradoxer Weise wieder Brüder, Schwestern, Mütter und Kinder gibt.

Denn schon jetzt, in dieser Stunde, werden die Jünger alles, was sie verlassen haben, hundertfach zurückerhalten. Jesus spricht hier aus eigener Erfahrung, die mehr und mehr auch die Erfahrung seiner Jünger geworden ist: Sie haben ihre Familie verlassen, haben dann aber im Jüngerkreis neue Brüder und Schwestern gefunden. Sie haben ihr Elternhaus verlassen, haben dann aber überall im Land, wo man sie gastfreundlich aufnahm, neue Mütter gefunden. Sie haben ihre Kinder verlassen, aber ständig sind ihnen neue Menschen zugeströmt, die sie vorher nie gekannt hatten und die alle von dem Neuen erfüllt waren. Sie haben ihre Äcker verlassen, haben dafür aber eine feste und tragende Gemeinschaft als „neues Land" gefunden.

Man wird neben all diesen Erfahrungen besonders an die Mahlgemeinschaft denken müssen, zu der sich die Jünger immer wieder zusammenfinden[75]. Hier ist Jesus der Hausherr, der die neue Familie um sich versammelt und der das Segensgebet spricht (Mk 8,6–7). Später werden ihn die Jünger beim Brotbrechen erkennen (Lk 24,30–31.34). Die Mahlgemeinschaft mit dem irdischen Jesus muss sich ihnen unvergesslich eingeprägt haben.

Jesus hat zwar von seinen Jüngern verlangt, alles zu verlassen, aber er hat sie nicht in die Einsamkeit und Isolation berufen (das ist nicht der Sinn von Nachfolge), sondern in eine neue Familie von Brüdern und Schwestern, die selbst Zeichen des anbrechenden Reiches ist.

Die entscheidende Frage ist nun freilich, ob das, was hier anhand von Mk 10,29–30 als die Wirklichkeit der neuen Familie beschrieben wurde, mit dem Gesamt des Volkes Gottes in Verbindung gebracht werden kann. Die Verheißung Mk 10,29–30 wird ja nur den Jüngern Jesu zugesprochen, sie setzt also Nachfolgeethos voraus. Es gibt einen Text, der hier weiterführt, nämlich Mk 3,20–21.31–35.

Jesus befindet sich in einem Haus und ist von so vielen Menschen umlagert, dass er und seine Jünger nicht einmal mehr essen können (3,20). In dieser Situation kommen seine Verwandten, um ihn mit Gewalt nach Hause zurückzuholen. Die Familie Jesu fühlt sich durch sein öffentliches Auftreten brüskiert. Die in der Familie das Sagen haben, sind überzeugt: Er ist verrückt geworden (3,21). Als man nun Jesus berichtet: „Deine Mutter und deine Brüder sind da, draußen suchen sie dich", antwortet er (3,33–35):

> *„Wer ist meine Mutter,*
> *und wer sind meine Brüder?"*
> *Und er blickt auf die Menschen,*
> *die im Kreis um ihn herumsitzen,*
> *und sagt:*
> *„Das hier ist meine Mutter,*
> *und das sind meine Brüder!*
> *Denn wer den Willen Gottes tut,*
> *der ist mir Bruder, Schwester und Mutter."*

Auch hier geht es um die Thematik der „neuen Familie". Jesus sagt sich „in hochrhetorischer, aber auch hochjuristischer antiker Rede"[76] von seiner Familie los und ordnet sich in eine andere Familie ein, ja er konstituiert diese andere Familie: „Das hier sind meine Brüder!"

Wer ist diese neue Familie? Nur der Jüngerkreis? Die Bemerkung des Markus in 3,32 „um ihn herum saßen viele Menschen" spricht dagegen. Aber wir wollen an dieser erzählerischen Bemerkung nicht zu viel festmachen. Wichtiger ist das Wort Jesu selbst: „Wer den Willen Gottes tut, der ist mir Bruder, Schwester und Mutter."

Was heißt in diesem Kontext: den Willen Gottes tun? In einem rabbinischen Kontext würde es bedeuten: die Tora, das Gesetz vom Sinai, erfüllen. Aber das kann hier auf keinen Fall gemeint sein. Denn die Familie Jesu erfüllt ja doch wohl das Gesetz. Trotzdem hat sie in dieser Situation offenbar keinen Bezug zum Willen Gottes. Deshalb kann der Wille Gottes hier wie an vielen anderen Stellen des Neuen Testaments[77] nur der Heilsplan sein, den Gott jetzt ausführt und dem es sich anzuschließen gilt – mit einer letzten Bereitschaft, sein Leben von Gott her verändern zu lassen. Noch konkreter gesagt: Der Wille Gottes ist hier das Kommen des Reiches und die Sammlung des wahren Israel (vgl. Mt 6,9–10). Die den Willen Gottes tun, sind diejenigen, die Jesu Botschaft vom nahen Gottesreich glauben und sich zum endzeitlichen Gottesvolk sammeln lassen. Jesus spricht in Mk 3,35 also nicht nur von seinen Jüngern, sondern von allen, die jetzt in Israel die Initiative Gottes erkennen und zum Reich Gottes hindrängen.

Damit ist nun aber klar, dass die neue Familie der Brüder und Schwestern Jesu weit über den eigentlichen Jüngerkreis hinausreicht. Überall in Israel, wo an das Evangelium vom Reich geglaubt wird, nicht nur im Kreis der Jesus wortwörtlich Nachfolgenden, entsteht jetzt Neues. Das Reich Gottes bricht sich mit Macht Bahn (Mt 11,12). Jesus wirft seine Botschaft wie Feuer auf das Land, und er möchte alles entzünden (Lk 12,49). Die Botschaft vom Reich Gottes bewirkt Scheidung und Entzweiung in Israel:

Von jetzt an wird es so sein:
Wenn fünf Menschen im gleichen Haus leben,
wird Zwietracht herrschen:
Drei werden gegen zwei stehen und zwei gegen drei.
Der Vater gegen den Sohn

und der Sohn gegen den Vater,
die Mutter gegen die Tochter
und die Tochter gegen die Mutter,
die Schwiegermutter gegen ihre Schwiegertochter,
und die Schwiegertochter gegen die Schwiegermutter.
(Lk 12,52–53)

Diese Entzweiung geht durch die Familien wegen des Neuen, das jetzt in Israel geschieht, wegen Jesus und seiner Predigt. Es gibt überall im Land Menschen, die sich für die Botschaft Jesu entscheiden und dabei den Konflikt mit der eigenen Familie und dem eigenen Clan in Kauf nehmen müssen. Sie bilden dann quer durch Israel und quer durch die alten Familien und Sippen die neue Familie Jesu. Jesus und seine Bewegung wird zum Zeichen, dem widersprochen wird (Lk 2,34).

Ziehen wir ein Fazit: Man muss sehen, dass es bei Jesus durchaus ein spezielles Nachfolgeethos gibt, das im Jüngerkreis (später im Kreis der urchristlichen Propheten und Wandermissionare) seinen eigentlichen Ort hat. Man muss aber auch sehen, dass dieses Ethos mit dem Ethos einer viel größeren Gruppe (konkret: der ortsgebundenen Anhänger Jesu) in vielerlei Weise verknüpft ist. Es gibt hier ständige Ausstrahlungen, Rückwirkungen, Überschneidungen.

Nur relativ wenige derer, die in Israel Jesu Botschaft annehmen, verlassen ihre Heimat und ziehen mit Jesus in einem unsteten Wanderleben durch Palästina. Die meisten bleiben in ihren Familien. Doch die Familien derer, die bleiben, verändern sich. Sie werden verfügbarer, offener. Sie gewähren Jesus und seinen Boten Gastfreundschaft. Sie kreisen nicht mehr nur um sich selbst. Familien, die vorher nichts miteinander zu tun hatten, treten miteinander in Beziehung. Sie haben nun etwas, das sie zutiefst verbindet: „das mit Jesus von Nazaret" (Lk 24,19). So wächst mitten im alten Israel, zunächst noch unscheinbar, aber doch unaufhaltsam, die neue Gesellschaft, die Gott plant. Aus dem Verbund der Sympathisanten der Jesusbewegung werden nach Ostern die ersten Gemeinden entstehen.

4. Das Ende der Väter

Jesus verheißt denen, die ihm nachfolgen, dass sie schon jetzt alles wiederfinden, was sie verlassen haben: Häuser, Brüder, Schwestern, Mütter, Kinder und Äcker. Allerdings keine Väter mehr! Die Väter werden in dem so sorgfältig gebauten Parallelismus von Mk 10,29–30 in der zweiten Reihe nicht mehr genannt. Sollte das Zufall sein? Man müsste die Frage offenlassen, wenn nicht andere Texte zeigen würden: Hier waltet alles andere als Zufall oder Vergesslichkeit.

Die Väter werden im zweiten Teil des Spruchs bewusst nicht mehr genannt, weil es in der neuen Familie keine „Väter" mehr geben soll. Sie sind allzu sehr Symbole patriarchalischer Herrschaft. Jesu Jüngergemeinde und mit ihr das endzeitliche Israel soll nur einen einzigen Vater haben: den im Himmel! Das zeigt Mt 23,9.

Matthäus baut nämlich in seine große Rede gegen die Schriftgelehrten und Pharisäer (23,1–39) einen Abschnitt ein, der eine Art Katechese für christliche Gemeindeleiter darstellt. Der Abschnitt knüpft an die Feststellung an, dass sich die Schriftgelehrten gern mit Rabbi (wörtlich: „mein Großer") anreden lassen (23,7), und sagt dann in bewusster Entgegensetzung:

Ihr aber sollt euch nicht Rabbi nennen lassen,
denn nur einer ist euer Meister, ihr alle aber seid Brüder.

Auch sollt ihr keinen auf Erden euren Vater nennen,
denn nur einer ist euer Vater: der im Himmel.

Auch sollt ihr euch nicht Lehrer nennen lassen,
denn nur einer ist euer Lehrer, Christus.

Der Größte von euch soll euer Diener sein.

Wer sich selbst erhöht, wird erniedrigt werden,
und wer sich selbst erniedrigt, wird erhöht werden. (Mt 23,8–12)

Es ist klar: Hier formulieren teilweise Matthäus oder die vormatthäische Tradition; das zeigt bereits der christologische Hoheitstitel im 3. Spruch. Klar ist auch, dass hier schon massiv Probleme der frühen Kirche zur Sprache kommen. Die Versuchung, kirchliche Würden in Gestalt von Ehrentiteln zu genießen, hat offensichtlich früh begonnen; sie muss schon im 1. Jahrhundert gelockt haben. Matthäus nimmt gegen solche Titelsucht mit außerordentlicher Schärfe Stellung. Er verbietet den kirchlichen Amtsträgern nicht nur Ehrentitel wie „Vater" oder „Rabbi" – mit Rabbi konnte damals in Israel jeder Vornehme angeredet werden –, sondern sogar Funktionsbezeichnungen wie „Lehrer".

Wie kommt Matthäus zu solcher Sensibilität in einer Frage, in der die Kirche leider bis heute niemals mehr sensibel gewesen ist? Sie hat ja nicht nur eine Vielzahl von Ehrentiteln geschaffen, sondern in unmittelbarem Ungehorsam gegen Mt 23,9 für den Papst sogar die Anrede „Heiliger Vater" eingeführt. Woher hat Matthäus also seine alles andere als selbstverständliche Sensibilität in dieser Sache? Er kann sie nur von Jesus selbst haben. Die Katechese Mt 23,8–12 ist zwar schon teilweise (besonders im 1. und 3. Spruch) redaktionell geformt; trotzdem aber spricht in ihr aus jeder Zeile der Geist Jesu. Sehen wir im Einzelnen zu:

Da ist zunächst einmal die Frage der Ehrentitel (1.–3. Spruch). Jesus wurde zwar allgemein mit Rabbi angeredet, auch von seinen Jüngern[78]. Aber das war einfach höfliche Sprache, die Jesus duldete. Wurde diese damals übliche Sprache der Ehrerbietung auch nur um ein Weniges überschritten, so konnte er seine Zurückhaltung sofort aufgeben. Als ihn einmal einer mit „guter Rabbi" (im Deutschen etwa: „Verdienter Meister") anredet, nimmt er die Sprache des anderen beim Wort und korrigiert ihn in scharfer Form:

Was nennst du mich gut!
Niemand ist gut außer dem einen Gott. (Mk 10,18)

Dieses dann von Matthäus aus christologischen Gründen umgedeutete und damit verwässerte Wort (vgl. Mt 19,16–17) beweist

74

zur Genüge: Jesus gebietet sofort Halt, wenn seine Gesprächspartner das in der landläufigen Höflichkeit Übliche überschreiten.

In der Katechese Mt 23,8–12 spielt neben dem Verbot christlicher Ehrentitel auch die Frage der rechten Amtsführung eine Rolle. Der Größte in der Gemeinde soll aller Diener sein (4. Spruch). Auch hier steht eindeutig das Verhalten Jesu selbst im Hintergrund. Jesus hat zwar im Allgemeinen die Anrede Rabbi geduldet, aber die bei den Schriftgelehrten übliche Praxis, sich von den eigenen Schülern bedienen zu lassen, gerade in Frage gestellt. Hinter der genannten Praxis stand an sich ein schöner Gedanke: Die Gelehrtenschüler sollten nicht nur aus dem Lehrvortrag ihres Meisters, sondern auch durch den täglichen Umgang mit ihm die Tora lernen. Täglicher Umgang hieß aber konkret: dass sie ihren Meister wie Leibburschen bedienten. Es galt die Regel: Kenntnis der Tora kann nicht ohne Bedienen von Gelehrten erworben werden. Rabbi Jochanan wird später formulieren: „Jeder, der seine Schüler hindert, ihn zu bedienen, ist wie einer, der ihnen die Liebe versagt."[79]

Genau das aber hat Jesus beim letzten Mahl getan: Er hat seine Schüler gehindert, ihn zu bedienen. Er lässt sich von seinen Jüngern nicht die Füße waschen, sondern er selbst tut ihnen diesen zum Mahl gehörenden Dienst (Joh 13,1–20). Er ist in ihrer Mitte wie einer, der dient (Lk 22,27). Er ist nicht gekommen, sich bedienen zu lassen, sondern zu dienen (Mk 10,45). Jesu Wort vom Dienen gehört innerhalb der Jesustradition zu der am breitesten bezeugten Überlieferung. Mit all dem ist ein zweiter Punkt festgemacht, in welchem die Katechese Mt 23,8–12 den Geist Jesu mit größter Sensibilität bewahrt hat. „Der Größte von euch soll euer Diener sein" (23,11). Dass sich Jesus – wohl nicht nur beim letzten Mahl – nicht bedienen ließ, sondern selber diente, muss sich seiner Jüngergemeinde so tief eingeprägt haben, dass sie später ihre eigenen Ämter als *diakoniai*, als Dienste, bezeichnete.

Der in unserem Zusammenhang wichtigste Teil der Gemeindeleiterkatechese ist aber der 2. Spruch:

Auch sollt ihr keinen auf Erden euren Vater nennen,
denn nur einer ist euer Vater: der im Himmel.

Hier zeigt sich nicht nur der Geist Jesu, hier spricht der historische Jesus selbst. Matthäus hat das Wort „Vater", das beweist der Kontext, als Ehrentitel verstanden: In der christlichen Gemeinde soll sich niemand mit „Vater" titulieren lassen. Matthäus aktualisiert damit das ursprüngliche Jesuswort durchaus sachgemäß. Aber Jesus selbst setzt noch tiefer an:

Er verwendet in diesem Spruch höchstwahrscheinlich *abba*, die damals im palästinischen Aramäisch übliche familiäre Vater-Anrede, die schon die Kinder, die aber auch noch die Erwachsenen gebrauchten: Ihr sollt niemanden auf Erden mit *abba*, mit „lieber Vater" anreden! Verbietet also Jesus generell die zärtliche und liebevolle Vater-Anrede in den Familien Israels? Das scheint so absurd, dass viele Exegeten Mt 23,9 als echtes Jesuswort überhaupt nicht mehr in Betracht ziehen. Andere vermuten, hinter diesem Wort stünde eine Warnung Jesu, sich auf die heilsgeschichtlichen Väter Israels zu berufen – etwa im Sinne des Täuferworts: „Sagt nicht, wir haben ja Abraham zum Vater ..."[80] Im ersten Moment eine verblüffende und geistreiche Konstruktion! Aber sie ist gar nicht notwendig.

Wir müssen, wenn wir Mt 23,9 verstehen wollen, damit ernst machen, dass es sich hier ursprünglich um ein Wort des radikalen Nachfolgeethos handelt, welches zunächst nur an den Jüngerkreis gerichtet war. Die Jünger Jesu hatten ja alles verlassen, ihren Beruf und ihre Familie. Zur Familie, die nicht mit unserer geschrumpften Kleinfamilie gleichgesetzt werden darf, gehörte aber auch der Vater (vgl. Mk 1,20). Die Jünger Jesu sind fern von ihrem Vater, den sie bisher vertrauensvoll und voll Liebe *abba* nannten. In dieser Situation sagt ihnen Jesus: Ihr werdet niemanden mehr auf Erden *abba* nennen und ihr dürft es auch nicht. Denn wer sich nicht radikal von seiner Familie trennt, kann nicht mein Jünger sein (Lk 14,26). Aber ihr braucht auch niemanden mehr auf Erden Vater zu nennen, denn ihr habt nun einen anderen *abba*, den im Himmel.

Stimmt diese Deutung, dann ist Jesus davon überzeugt, dass seine Jünger durch ihre Nachfolge in ein neues Verhältnis zu Gott getreten sind. Gott ist nun anstelle des irdischen Vaters ihr Vater geworden, und sie dürfen ihn, wie Jesus selbst, im Verstoß gegen die damaligen religiösen Sprachgewohnheiten, mit dem familiären Wort *abba* anreden. Genau hier, in dieser neuen Situation der Jünger Jesu, hätte dann auch die jesuanische Wendung „euer Vater", die ursprünglich ja niemals Außenstehende, sondern stets die Jünger ins Auge fasst, ihren Sitz im Leben[81]. Jesus will mit dieser Wendung deutlich machen, dass die Jünger durch das Verlassen ihrer Familien Gott in einem neuen und radikalen Sinn zum Vater bekommen haben. Sie haben zwar nicht mehr ihren irdischen Vater, der mit dem Überblick des erfahrenen Mannes plante und vorsorgte, aber sie haben dafür nun Gott selbst:

Macht euch deshalb keine Sorgen und sagt nicht: Was sollen wir essen, was sollen wir trinken, womit sollen wir uns bekleiden? Um das alles sorgen sich die Heiden. Euer Vater weiß doch, dass ihr dies alles braucht. Suchet zuerst sein Reich, dann wird euch das andere hinzugegeben werden. (Vgl. Mt 6,31–33 par Lk 12,29–31)

Genau hier, in dieser besonderen Situation des Jüngerkreises, hätte dann auch das Vaterunser seinen ältesten Sitz im Leben. Es ist ursprünglich ein Gebet für die Jünger, die alles verlassen haben. Sie reden in diesem Gebet Gott als ihren *abba*, als ihren lieben Vater, an, von dem sie das Brot für den nächsten Tag erbitten[82].

So bekommt Mt 23,9 seinen präzisen Sinn. Die Jünger dürfen und brauchen niemanden sonst *abba* zu nennen als Gott allein. Sie haben in Gott einen sorgenden und gütigen Vater erhalten, dem sie bedingungslos vertrauen können.

Das Wort hat aber auch eine Kehrseite. Die Macht und die Herrschaft gehören allein dem Gott, den die Jünger mit *abba* anreden dürfen. Wenn es für sie die sorgenden und gütigen Väter von früher nicht mehr gibt, sondern nur noch den einen Vater im Himmel, dann erst recht nicht mehr die herrschenden und Macht ausübenden Väter. Es wäre paradox, die zärtlichen Väter zu verlassen und dann die herrschenden Väter im Jüngerkreis wiederzufinden. Genau aus diesem Grund nennt Jesus in Mk 10,30 die Väter nicht mehr. Die Jünger werden in der neuen Familie Gottes alles wiederfinden, Brüder und Schwestern, Mütter und Kinder, aber keine Väter mehr. Patriarchalische Herrschaft darf es in der neuen Familie nicht mehr geben, sondern nur noch Mütterlichkeit, Brüderlichkeit, Schwesterlichkeit und Kindschaft vor dem himmlischen Vater.

Wie ernst Jesus gerade diesen Punkt genommen hat, lässt die Perikope Mk 10,35–45 ahnen. In ihr wird von der Bitte der Zebedäussöhne erzählt. Die Perikope schließt bei Markus mit einer kleinen Redekomposition, die programmatischen Charakter hat:

Ihr wisst, dass diejenigen, die als die Herrscher der Völker gelten, ihre Völker herrschaftlich unterdrücken, und dass ihre Großen [d. h. ihre hohen Beamten] sie vergewaltigen. Unter euch hingegen darf es so nicht sein. Wer unter euch ein Großer werden will, muss euer Diener sein. Und wer unter euch ein Erster sein will, muss der Sklave aller sein. Denn auch der Menschensohn ist nicht gekommen, dass er sich dienen lasse, sondern dass er diene und sein Leben als Lösegeld dahingebe für viele. (Mk 10,42–45)

Der Text, bei dem wieder hinter jeder Zeile das Denken und das Handeln Jesu steht, spricht genau das an, was wir heute Machtmissbrauch nennen würden. Machtmissbrauch ist in jeder Gesellschaft weit verbreitet. In der Jüngergemeinde hingegen darf es keine Macht missbrauchende Herrschaftsverhältnisse mehr geben. Selbst legitime Herrschaft verändert sich. Wer in der Jüngergemeinde der Erste sein will, soll der Sklave aller sein. Und der Größte soll werden wie der Kleinste (vgl. Lk 22,26). Jesus fordert also von seinen Jüngern eine völlig andere Art des Umgangs miteinander, als er sonst in der Gesellschaft üblich ist. Das heißt aber: Er sieht die Jüngergemeinde und von ihr ausgehend das endzeitliche Gottesvolk als eine „Gegenwelt" an. Was damit gemeint ist, soll im Folgenden an einem Themenkomplex deutlich werden, der immer von Neuem diskutiert wird und der heute angesichts islamistischer „Gotteskrieger" hohe Bedeutung gewinnt: Ich meine Jesu Forderung des Gewaltverzichts.

5. Der Gewaltverzicht

Der Text, der die Forderung Jesu nach Gewaltverzicht am Klarsten formuliert, findet sich in Mt 5,39–42 par Lk 6,29–30. Er fehlt bei Markus. Schon hieran wird deutlich: Er geht auf die Logienquelle zurück. Offensichtlich hat Matthäus in diesem Fall den ursprünglichen Wortlaut besser bewahrt als Lukas. Auf Grund eines synoptischen Vergleichs lässt sich der Abschnitt über den Gewaltverzicht in der Logienquelle folgendermaßen rekonstruieren[83]:

Ich sage euch:
Dem, der dich schlägt auf die rechte Backe,
halte ihm auch die andere hin.
Und dem, der mit dir prozessieren
und dein Gewand nehmen will,
lass ihm auch den Mantel.
Und welcher dich pressen will zu einer Meile,
geh mit ihm zwei.
Dem, der dich bittet, gib,
und den, der von dir leihen will, weise nicht ab.

So etwa dürfte der Text in der Logienquelle ausgesehen haben. Es liegt eine genau durchdachte, viergliedrige Spruchkomposition vor, die zu einer Antiklimax geordnet ist. Das heißt: Das Böse, dem man nicht widerstehen soll, wird vom Textende zum Textanfang hin immer schlimmer. Die Steigerung geht von der unverschämten Bitte über die Nötigung zur Prozessdrohung und von da zur nackten Gewalttat. Auch andere Indizien zeigen, dass es sich um eine sorgfältig komponierte, redaktionelle Komposition von Einzellogien handelt. Uns braucht die Frage nach der Literar- und Traditionsgeschichte der Gesamtkomposition jedoch nicht zu interessieren. Entscheidend ist, dass die vierteilige Logienkomposition in ihren einzelnen Gliedern die provozierende Sprache und das radikale Ethos Jesu in Sachen Gewaltverzicht widerspiegelt. Es besteht ein weitgehender Konsens in der neutestamentlichen Exegese, dass wir hier bei Jesus selbst sind. Schauen wir uns nun die vier Logien vom Gewaltverzicht noch etwas genauer an:

Am Ende der Antiklimax ist vom Leihen die Rede. Wahrscheinlich geht es um Geld. Einer kommt und will sich Geld leihen. Das ist noch kein Unrecht. Aber es ist unangenehm. Es kann sogar eine Zumutung sein, da der Fromme damals keinen Zins nehmen durfte. Zudem ist vom Kontext her vorauszusetzen, dass vonseiten dessen, der leihen will, Druck ausgeübt wird. Jesus jedoch sagt: „Den, der von dir leihen will, weise nicht ab."

Zusätzlich ist vom Bitten die Rede. Die Situation ist nicht weiter konkretisiert. Vielleicht ist an Bettler gedacht. Wenn man weiß, wie verbreitet und penetrant Betteln im Orient sein kann, ahnt man, was da verlangt wird. Wiederum fordert der Kontext, einen gewissen Druck vonseiten des Bittenden vorauszusetzen. Der Bittende wird lästig; er tritt unverschämt auf. Jesus jedoch sagt: „Wenn dich einer bittet, dann gib ihm."

Auf der nächsten Stufe der Antiklimax beginnt der Zwang. Im griechischen Text steht ein Verb, das *terminus technicus* für das Erpressen von Fron- und Dienstleistungen durch eine Besatzungsmacht ist. Alles spricht dafür, dass im 3. Spruch die Situation des von den Römern beherrschten Palästina vor Augen steht. Die römischen Kohorten nahmen sich das Recht heraus, einen Juden als Wegführer oder als kostenlosen Lastenträger zum Mitgehen zu zwingen (vgl. Mk 15,21). Jesus sagt: Wenn man dich auf diese Weise zu einer Meile zwingt, dann tu das Doppelte: Geh zwei Meilen weit mit.

Der anschließende Fall wiegt noch schwerer. Jemandem soll das einzige Gewand, das er besitzt, abgenommen werden. Die Nötigung geht so weit, dass mit dem Richter gedroht wird. Vielleicht geht es um eine Pfandeintreibung, vielleicht um Schadenersatz – die konkrete Situation bleibt offen. Jedenfalls handelt es sich um einen Armen, der nur ein einziges Gewand und einen einzigen Mantel besitzt. Der Mantel durfte ihm nicht abgenommen werden – das war schon in Ex 22,25–26 rechtlich festgelegt –, weil sich die Armen in der Nachtkälte mit ihrem Mantel zudecken mussten. Sie hatten nichts anderes. Jesus sagt: Kämpfe nicht vor Gericht um dein Gewand. Lass es dir sofort abnehmen. Ja, gib deinen Mantel noch dazu.

An der Spitze der Antiklimax steht der schlimmste Fall. Ging es bisher um sich steigernde Nötigung, vielleicht auch um verschleierte, verdeckte Gewalt, so handelt es sich jetzt um den Ausbruch offener, brutaler Gewalt, die zugleich als schwere Beleidigung gelten muss. Denn es wird ausdrücklich gesagt, dass der erste Schlag auf die rechte und nicht auf die linke Backe erfolgt. Es wird also nicht mit der Innenseite der Hand, sondern mit dem Handrücken geschlagen. Und der Schlag mit dem Handrücken gilt im Orient als außerordentlich schwere Beleidigung. Jesus sagt: Lass dich brutal beleidigen. Halte deinem Widersacher dann sogar noch die andere Backe hin.

Die Intention der vier Logien ist eindeutig. Dem Hörer wird eingeschärft: Verzichte auf jede rechtliche Sanktion! Verzichte auf jede Wiedervergeltung! Beantworte Gewalt nicht mit Gegengewalt! Aber verharre, wenn dir Unrecht getan wird, auch keineswegs in tatenloser Passivität! Komm deinem Widersacher entgegen! Beantworte seine Nötigung oder seine Brutalität mit überströmender Güte! Vielleicht kannst du ihn auf diese Weise gewinnen.

Ihre besondere Prägnanz erhalten diese Aufforderungen aber dadurch, dass sie keine außergewöhnlichen, relativ seltenen Fälle schildern, sondern dass sie dem realen Alltag der Hörer Jesu entnommen sind und eine ganze Skala von Möglichkeiten verschleierter oder offener Gewalt voraussetzen – von der Belästigung bis zur direkten Gewalttat.

Bereits diese letzte Beobachtung spricht gegen Auslegungen, die Mt 5,39–42 rein bildhaft verstehen möchten. Selbstverständlich liefert Jesus keine Kasuistik. Und selbstverständlich enthält der Text bildhafte Elemente. Sie werden vor allem im jeweiligen Nachsatz deutlich. „Sogar zwei Meilen mitgehen", „noch den Mantel dazugeben", „auch noch die andere Backe hinhalten" – damit verwandelt sich das nur passive Erdulden von Unrecht in ein höchst aktives „dem Gegner noch mehr entgegenkommen", ja, geradezu in ein „sich um den Gegner bemühen", „ihn zum Bruder machen wollen". Insofern wird hier immer auch bildhaft gesprochen. Wie an vielen anderen Stellen redet Jesus in prophetisch-provokativer Zuspitzung. Das ändert aber nichts daran, dass er auf reale Verhaltensweisen abzielt, die als solche einzulösen sind und die modellartig analoge Fälle beleuchten. Jesus verbietet tatsächlich das Anwenden von Gewalt, und er ist überzeugt, dass jeder, der sein Wort annimmt, ohne Gegengewalt und Wiedervergeltung leben kann.

Wie sehr man sich zu hüten hat, Jesu Aufforderung zum Gewaltverzicht ins Bildhafte zu verflüchtigen oder mit Interpretationskünsten zu entschärfen, zeigt die sogenannte Ausrüstungsregel. Sie geht aller Wahrscheinlichkeit nach zurück auf die Aussendung der Zwölf in alle Teile Israels[84]. Wir haben über die prophetische Zeichenhandlung, die hinter dieser Aussendung stand, bereits gesprochen (vgl. I 2). Die Ausrüstungsregel gehört traditionsgeschichtlich in den Komplex der „Botenrede" hinein, der sich in den synoptischen Evangelien an vier Stellen findet: in Mk 6,7–11 par Lk 9,2–5 und in Lk 10,2–16 par Mt 10,5–42.

Jesus verbietet in der Ausrüstungsregel den zwölf Jüngern, die paarweise durch Israel ziehen sollen, um den Anbruch des Reiches Gottes zu proklamieren, dabei Geld, einen Proviantsack, ein zweites Gewand, Sandalen oder einen Wanderstab mitzunehmen. Bei Lukas lautet das so:

Nehmt nichts mit auf den Weg; keinen Stock, keinen Proviantsack, kein Brot, kein Geld, keine zwei Gewänder. (Lk 9,3; vgl. Mt 10,9–10)

Nun kann man natürlich auch diese Ausrüstungsregel in einem übertragenen Sinn verstehen, und so manche Ausleger haben das getan. Man kann von der inneren Anspruchslosigkeit der ausgesandten Boten oder Ähnlichem sprechen. Aber damit verfehlt man den realen Sinn des Textes. Erstens liegt hier die Gattung der Instruktion vor, die sehr konkrete und völlig verbindliche Weisungen gibt. Zweitens aber wissen wir aus der Antike und dem frühen Judentum, dass die Ausrüstung von Wanderphilosophen, von Wanderpredigern oder von Mitgliedern bestimmter religiöser Gruppen oft sorgfältig gewählt und nicht selten sogar genau festgelegt war. Es sei erinnert an Pythagoras, an die kynischen Wanderphilosophen, an die Essener, an Johannes den Täufer.

Die Gewandung beziehungsweise Ausrüstung war in solchen Fällen Zeichen und Signal. Sie sollte etwas über das Wesen des betreffenden Menschen oder der betreffenden Gruppe aussagen[85]. Nun ist die Ausrüstungsregel in ihrer ältesten Form außerordentlich rigoros. Sie ist gar nicht denkbar ohne die Voraussetzung herzlichster Gastfreundschaft, mit der die Boten immer wieder aufgenommen werden, wenn sie abends in ein Haus einkehren.

In unserem Zusammenhang viel wichtiger ist allerdings die absolute Wehrlosigkeit, die durch die Ausrüstung – genauer: durch die fehlende Ausrüstung – angezeigt wird. Der Stock diente ja in Palästina nicht nur als Stütze beim Wandern, sondern er war zugleich die Waffe des Armen gegen Räuber und wilde Tiere. Und ohne Schuhwerk war eine schnelle Flucht unmöglich. Der Verzicht auf Stock und Sandalen führte also zur Wehrlosigkeit und zwang zur Gewaltlosigkeit, ja er musste zum demonstrativen Signal für absolute Friedensbereitschaft werden. Deshalb heißt es auch im Kontext: „Seht, ich sende euch wie Lämmer mitten unter die Wölfe" (Mt 10,16 par Lk 10,3).

Es wäre ein schwerer exegetischer Missgriff, die Ausrüstungsregel in ihrer Konkretheit nicht wörtlich zu interpretieren. Insofern liefert sie uns einen wichtigen methodischen Hinweis, wie man Mt 5,39–42 zu deuten hat. Man kann die Ausrüstungsregel freilich nur dann wörtlich auslegen, wenn man den gesellschaftlich-sozialen Kontext der Botenrede ernst nimmt: die Gastfreundschaft und Hilfsbereitschaft der neuen Familie Jesu, die nun überall entsteht. Schon gibt es überall in Israel Menschen, die Jesu Botschaft angenommen haben und ihr Leben durch das Reich Gottes verändern ließen. Und überall in Israel lassen sich weitere Menschen durch die Zwölf neu für das nahe Reich gewinnen. Auf sie alle senkt sich der eschatologische Friede Gottes, der auf der neuen Familie Jesu ruht. Deshalb wird den Boten Jesu gesagt (Lk 10,5–7; vgl. Mt 10,10–13):

Wenn ihr in ein Haus kommt,
so sagt als Erstes: Friede diesem Haus!
Und wenn dort ein Sohn des Friedens wohnt,
wird euer Friede auf ihm ruhen.
Wenn aber nicht,
wird euer Friede zu euch zurückkehren.
Bleibt in diesem Haus,
esst und trinkt, was sie euch anbieten.
Denn der Arbeiter hat ein Recht auf seinen Lohn.

Man kann die Rigorosität der Ausrüstungsregel also nicht verstehen, wenn man nicht den Hintergrund der sich formierenden neuen Familie Jesu beachtet. Die Jünger Jesu können sich ohne Ausrüstung auf den Weg machen, weil sie darauf vertrauen dürfen, am Abend Obdach zu finden – und zwar bei Menschen, die der Jesusbewegung angehören. Genauso hat nun aber auch die radikale Aufforderung Jesu zum Gewaltverzicht einen gesellschaftlichen Kontext: die Jüngergemeinde, die Jesus um sich sammelt; die neue Familie der Brüder und Schwestern Jesu überall im Land; das endzeitliche Israel, das jetzt entstehen soll. Derjenige, der auf Gegengewalt verzichtet, steht nicht allein.

Zu dem gesellschaftlichen Kontext sowohl der Botenrede Jesu wie seiner Aufforderung zum Gewaltverzicht gehört schließlich noch etwas anderes, das oft übersehen wird: Dazu gehört auch und vor allem die Agitationstätigkeit der Zeloten, die ebenfalls im Land unterwegs sind. Offenbar hat Jesus erkannt, welche Gefahr sie für die Fortexistenz Israels darstellten. Und er hat offenbar erkannt, dass ihr Setzen auf Gewalt der Botschaft des Jesajabuches vom wehrlosen Gottesknecht Israel eklatant widersprach. Jesus will, dass sich seine Jünger von den damaligen „Gotteskriegern" bis in äußere Einzelheiten hinein unterscheiden. Er hat ein völlig anderes Bild vom endzeitlichen Israel als die Zeloten. Die Zerstörung Jerusalems im Jahre 70 durch die Römer und die brutalen jüdischen Gruppenkämpfe in der bereits eingeschlossenen Hauptstadt sollten ihm recht geben.

Was bereits das vorangegangene Kapitel gezeigt hatte, bewährt sich hier erneut: Das radikale Ethos des Gewaltverzichts richtet sich weder an den isolierten Einzelnen noch an die gesamte Welt, sondern präzis an das von der Reich-Gottes-Proklamation geprägte Volk Gottes. Diese Einsicht ist für die seit Jahrzehnten hin- und her wogende Friedensdebatte von größter Bedeutung. Denn in dieser Debatte vertritt die eine Seite den Standpunkt, Gewaltverzicht könne sich nur der Einzelne leisten, der keinerlei Verantwortung für andere trage; die andere Seite hingegen möchte am liebsten, dass prinzipiell alles politische und gesellschaftliche Handeln in der Welt nach den Regeln der Bergpredigt zu geschehen habe. Aber keine von beiden Extrem-Positionen wird dem Evangelium gerecht[86].

Die These, Gewaltverzicht könne sich nur der Einzelne, der keine Verantwortung für andere trage, leisten, ist grundfalsch. Sie entspricht weder der Praxis der frühen Kirche noch dem Willen Jesu, der in einem eminenten Maß gesellschaftsbezogen denkt: Sein Blick geht stets auf Israel beziehungsweise auf die Jüngergemeinde als auf die Präfiguration des endzeitlichen Israel, in der die Gottesherrschaft aufleuchten soll. Jesu Forderung nach absoluter Gewaltlosigkeit ist durchaus gesellschaftsbezogen. Sie hat Öffentlichkeitscharakter.

Sie richtet sich allerdings nicht an die Adresse der Völker, der Staaten oder – modern gesprochen – der Zivilgesellschaft. Diesen Adressaten wollte Jesus keine Weisungen erteilen; sie hat er nicht angeredet. Er hat weder versucht, mit Herodes Antipas noch mit Pontius Pilatus Verbindung aufzunehmen, um ihnen zu sagen, wie sie regieren müssten. Solchen Leuten hätte er höchstens das gesagt, was der Verfasser des Johannesevangeliums ganz sachgerecht folgendermaßen formuliert:

Mein Reich ist nicht von dieser Welt. Wäre mein Reich von dieser Welt, dann hätte ich Diener, die für mich kämpften, damit ich den Juden nicht ausgeliefert würde. (Joh 18,36)

Achten wir genau auf die Formulierung: Hier wird nicht vom Himmel gesprochen. Jesu Reich ist durchaus *in* dieser Welt. Aber es ist nicht *von* dieser Welt, das heißt, es entspricht nicht den Strukturen dieser Welt. Entspräche es den Gewaltstrukturen dieser Welt, dann müsste man auch in diesem Reich um sein Recht kämpfen – und zwar notfalls mit Gewalt. Dort, wo das Reich Gottes anbricht, dort, wo es jetzt schon aufleuchtet, gelten aber nach Jesus andere Gesetze.

Das wahre Gottesvolk, die wahre Familie Jesu, darf nichts mehr mit Gewalt durchsetzen – weder nach innen noch nach außen. Im Gottesvolk darf man sich sein Recht nicht mehr erkämpfen mit den Mitteln der Gewalt, die in der Gesellschaft üblich und oft sogar rechtens sind. Dort soll man lieber Unrecht erleiden, als dass man sein Recht mit Gewalt verteidigt. Dort soll man jedem geben, der bittet. Dort soll man sich nötigen lassen. Dort soll man nicht nur sein einziges Gewand, sondern sogar noch seinen einzigen Mantel hergeben. Dort soll man sich lieber ins Gesicht schlagen lassen, als dass man zurückschlägt.

Noch einmal sei betont: Jesus will mit all dem nicht nur eine innere Gesinnung ausdrücken, sondern er zielt auf konkrete Praxis innerhalb einer neuen gesellschaftlichen Lebensordnung. Jesus versteht das zu sammelnde Gottesvolk (wie uns schon Mk 10,42–45 zeigte) als eine Gegenwelt. Das heißt gerade nicht: als einen Gottesstaat oder als eine Parallelgesellschaft. Wohl aber als Gemeinschaft, die einen eigenen Lebensraum bildet und in der man anders lebt und anders miteinander umgeht, als dies sonst in der Welt üblich ist. Man könnte das Gottesvolk, das Jesus sammeln will, durchaus als alternative Gesellschaft bezeichnen. In ihr sollen nicht die Gewaltstrukturen der Mächte dieser Welt herrschen, sondern Versöhnung und Brüderlichkeit.

Selbstverständlich hätten Jüngergemeinden, in denen Gewaltverzicht gelebt wird, sehr viel mit Welt und Gesellschaft zu tun. Sie würden dem Staat das Herrschaftsrecht auf Gewalt, sofern diese legitim im Rahmen von Recht und Gesetz ausgeübt wird, keinesfalls absprechen. Sie würden die staatliche Gesetzgebung gemäß Röm 13,1–7 anerkennen und achten. Sie würden aber Zeichen dafür setzen, dass Gesellschaft eigentlich nicht auf Rivalität gebaut sein sollte – und der entsprechenden Zähmung der Rivalität durch Gewalt. Diesen Kontrast hebt Paulus unmittelbar nach Röm 13,1–7 in dem Abschnitt 13,8–10 hervor, wo er von der gemeindlichen *agape* spricht. Jede profane Gesellschaft lebt von solchen Zeichen freiwilligen Gewaltverzichts und ungeschuldeter Versöhnung in ihrer Mitte.

In den letzten Jahrzehnten hat der Gewaltverzicht Jesu eine geradezu bestürzende Aktualität gewonnen. Die freie Welt blickt fassungslos und mit Entsetzen auf islamistische Bewegungen, die brutale Gewalt anwenden, um einen Islam auszubreiten, wie sie ihn verstehen. Sie morden im Namen Gottes. Sie verstehen sich als Gotteskrieger. Sie stellen ganze Bevölkerungsgruppen vor die Alternative: Annahme des Islam oder Tod.

Das Fatale ist, dass viele im Westen daraus die Folgerung ziehen, so sei eben die Religion. Religion sei gefährlich. Religion bringe mehr Unheil als Heil in die Welt. Vor allem die monotheistischen Religionen seien mit dem Entweder-Oder ihrer Dogmatik zutiefst gewaltanfällig oder sogar gewaltbesessen. Polytheistische Religionen seien tolerant gewesen. Sie hätten kein Problem gehabt, die Götter der Anderen anzuerkennen. Die monotheistischen Religionen hingegen beständen unerbittlich auf der Anerkennung ihres eigenen Gottes. Und so würden sie die Intoleranz in die Welt bringen und mit der Intoleranz die Gewalt. Monotheismus und Gewalt seien unlöslich miteinander verknüpft.

Natürlich sind solche Thesen für ihre Vertreter blamabel. Denn sie werfen nicht nur das Judentum und das Christentum in einen Topf mit dem Islamismus. Sie sind auch historisch gesehen schlichtweg falsch. Denn es ist nun einmal so:

Gewalt gibt es in der Welt seit der Evolution des Menschen aus dem Tierreich, und bekanntlich wissen weder die Tiere noch wussten ihre frühen menschlichen Nachfahren etwas vom Monotheismus.

Weiterhin: Jesus und die Bergpredigt bilden die Basis des Christentums. Nun war Jesus bekanntlich kein Polytheist. Wieso schaffte er es dann, jede Form von Gewalt radikal abzulehnen und wieso sind ihm darin unzählige Christen gefolgt? Diejenigen Christen, die im Lauf der Geschichte Gewalt gebrauchten, hatten Jesus und die Bergpredigt gegen sich. Sie handelten – zumindest was ihre Gewaltverbrechen angeht – zutiefst unchristlich und gegen ihre eigene Glaubensgrundlage.

Schließlich: Die absolute Gewaltlosigkeit Jesu hat ihre Wurzeln im Alten Testament – und zwar in den Texten vom Gottesknecht Israel, der nicht schreit und nicht lärmt (Jes 42,2), der seine Rechtfertigung angesichts des Unrechts, das ihn trifft, allein von Gott erwartet (Jes 49,4), der seinen Rücken denen hinhält, die ihn schlagen (Jes 50,6) und der seinen Mund nicht auftut gleich einem Lamm, das man zum Schlachten führt (Jes 53,7). Und gerade das Jesajabuch hat in Israel die bis dahin geltende Alleinverehrung Jhwhs abgelöst und reinen Monotheismus an ihre Stelle gesetzt. Das aber bedeutet: Genau zu der Zeit und an der Stelle, wo sich in Israel der Monotheismus durchsetzt, entstehen im Gottesvolk die eindeutigsten Texte für absolute Gewaltlosigkeit. Folgerung: Wer Gewalt an den Monotheismus koppeln möchte, mag sich im Koran umsehen. Vom Monotheismus der Bibel aber sollte er die Finger lassen, sonst zeigt er seine krasse Ignoranz.

Andererseits muss man natürlich auch sagen: Im vergewaltigenden und mordenden Islamismus zeigt sich Religion in einer so widerwärtigen Gestalt, dass man den Zorn vieler Menschen gegen die Religion verstehen kann. Umso notwendiger ist es in diesen Jahren, das Ethos Jesu wahrzunehmen: Jesu absolute Gewaltlosigkeit, seine Aufforderung, sich lieber ins Gesicht schlagen zu lassen, als zurückzuschlagen. Jesus war überzeugt, dass letztlich nur so die Gewalteruptionen der Gesellschaft eingedämmt werden können.

6. Die leichte Last

Aber ist Gewaltlosigkeit in dem harten und kompromisslosen Sinn von Mt 5,39–42 überhaupt lebbar? Die Frage stellt sich nicht nur beim Gewaltverzicht, sondern prinzipiell bei allen Sätzen der sittlichen Weisung Jesu. Diese konstituiert ja durchweg ein radikales Ethos – wie wir sahen, nicht nur dort, wo es sich um spezifisches Nachfolgeethos handelt (vgl. II 3). Kann man ein derart radikales Ethos leben? Über diese Frage ist viel nachgedacht worden. Meist wird sie behandelt unter der Überschrift „die Erfüllbarkeit der Bergpredigt".

Eine der einflussreichsten Antworten, die vor allem seit Kant und dem deutschen Idealismus gegeben wurde, lautet: Jesu Forderungen sind nichts anderes als Einweisung in die rechte Gesinnung des Herzens. Deshalb geht es bei diesen oft bis aufs Äußerste zugespitzten Forderungen im Letzten immer nur um das eine: um die innere Gesinnung der opferbereiten Liebe.

Nun ist es gewiss nicht falsch zu sagen, dass es Jesus auf die rechte Gesinnung ankommt. Die Sünde ist für ihn nicht erst mit der vollendeten Tat gegeben, sondern sie beginnt bereits im Herzen des Menschen. Von innen, aus dem Herzen des Menschen, kommt alles Böse: Unzucht, Diebstahl, Mord, Ehebruch, Gier, Bosheit (vgl. Mk 7,21–23). Der gute Mensch bringt aus dem guten Schatz seines Herzens Gutes hervor, der böse Mensch wie aus einem verrotteten Schatz Böses (Lk 6,45). Jesus beschreibt in vielfältigen Bildern, dass das Herz, das Innerste des Menschen, in Ordnung sein muss.

Die Gesinnungsethik in all ihren Spielarten sieht also etwas Richtiges. Aber diese richtige Einsicht darf nicht dazu führen, das konkrete Tun der Forderungen Jesu als weniger wichtig anzusehen. Es lässt sich nämlich zeigen, dass bei Jesus gerade dem „Tun" entscheidende Bedeutung zukommt. Schon in der Logienquelle endete die erste programmatische Rede, die Matthäus dann später seiner Bergpredigt zugrundelegt, mit einem Schlussgleichnis, das ganz auf das Tun der Hörer Jesu abzielt:

Jeder, der meine Worte hört und sie tut,
gleicht einem klugen Mann,
der sein Haus auf Felsen baute.
Als dann der Regen fiel
und die Wassermassen heranfluteten
und die Stürme tobten
und über das Haus herfielen,
da brach es nicht zusammen.
Denn es hatte sein Fundament auf Felsen.

Jeder aber, der meine Worte hört und sie nicht tut,
gleicht einem törichten Mann,
der sein Haus auf Sand baute.
Als dann der Regen fiel
und die Wassermassen heranfluteten
und die Stürme tobten
und an das Haus stießen,
da brach es zusammen,
und es wurde völlig zerstört.
(vgl. Mt 7,24–27 par Lk 6,47–49)

Das Gleichnis, das genau nach der Struktur und auch mit dem Bildmaterial rabbinischer Gleichnisse gebaut ist, setzt die Verhältnisse des palästinischen Berglandes voraus. Man legte beim Hausbau keine Fundamente, sondern baute auf Felsen. Regen, Überschwemmung und Sturm stehen nicht für die Stürme des Lebens, sondern für das Gericht Gottes. Im rabbinischen Milieu würde das Gleichnis beginnen: „Einer, der viele gute Werke aufzuweisen hat und viel Tora studiert hat, wem gleicht er? Einem Mann, der ...“[87]

Die große Nähe des Gleichnisses vom Haus auf dem Felsen zu rabbinischem Gleichnisstoff ist für seine Auslegung wichtig. Auf diese Weise wird nämlich deutlich: Die Weisung Jesu hat durchaus mit der Tora zu tun. Sie interpretiert, vollendet und verendgültigt sie. Nun ist aber die Tora die Lebensordnung, ja die Gesellschaftsordnung Israels. Also spricht Mt 7,24–27 von der Bergpredigt als einer Lebens- und Gesellschaftsordnung für das endzeitliche Gottesvolk. Es ist klar, dass man einer Gesellschaftsordnung allein mit reiner Gesinnung nicht gerecht wird. Man muss sie tun, damit das Gottesvolk als Gemeinschaft existieren kann. Deshalb sagt das Gleichnis: Es wäre eine katastrophale Fehleinschätzung, die Worte Jesu nur zu hören. Sie müssen getan werden.

Es ist erstaunlich, wie hartnäckig sich dieses Thema des „Tuns" der Weisung Jesu durch alle Quellenschichten der synoptischen Tradition zieht. Es sei noch einmal erinnert an das Jesuswort in Mk 3,35: „Wer den Willen Gottes tut, der ist mir Bruder, Schwester und Mutter." Besonders aufschlussreich ist auch eine kleine Erzählung, die aus dem Sondergut des Lukas stammt. In den Übersetzungen hat sie meist die Überschrift: „Eine Seligpreisung der Mutter Jesu":

Es geschah aber: Als er [Jesus] das sagte, erhob eine Frau aus der Menge ihre Stimme und rief ihm zu: „Selig, der Leib, der dich getragen, und die Brüste, an denen du gesaugt hast!" Da entgegnete er: „Erst recht selig diejenigen, die das Wort Gottes hören und es befolgen!" (Lk 11,27–28)

Nimmt man die orientalischen Sprachgewohnheiten ernst, dann liegt hier nur höchst indirekt eine Seligpreisung der Mutter Jesu vor. Ziel des bewundernden Ausrufs ist nicht Maria, sondern Jesus selbst. Jesus wird mit einer typisch semitischen Redewendung seliggepriesen. Er antwortet auf das Kompliment – denn das ist es – als höflicher Orientale mit einem Gegenkompliment: „Selig erst recht alle, die [jetzt von mir] das Wort Gottes hören!"

Die Frau aus der Menge hatte ihm ja die ganze Zeit zugehört. Wie es für Jesus bezeichnend ist (vgl. Mk 10,18), korrigiert er das Kompliment der Frau aber auch: Es kommt nicht darauf an, ihn seligzupreisen, sondern allein darauf, in seinem Wort das Wort Gottes zu hören und es zu tun.

Die Aufforderung, sein Wort (und damit Gottes Wort) zu tun, ist also für Jesus charakteristisch. Sie wird auch noch in anderen Texten ausgesprochen (vgl. vor allem Mt 21,28–32). Es geht Jesus – wie es für einen Juden selbstverständlich ist – stets um die konkrete Praxis. Das ist so eindeutig, dass heute eine Reduktion der Unterweisung Jesu auf reines Gesinnungsethos keine exegetischen Chancen mehr hat.

Ist die Bergpredigt erfüllbar? Auf diese Frage gibt es noch eine ganz andere Antwort. Sie wurde im Protestantismus entwickelt (wird allerdings bei Weitem nicht von allen protestantischen Theologen vertreten). Sie setzt gerade bei der Forderung Jesu, sein Wort zu tun, an und argumentiert folgendermaßen: Wer kann schon seinen Feind lieben, der Gewalt nicht widerstehen, absolut wahrhaftig sein, eine Frau nicht einmal mit Blicken begehren? Ein Einziger hat das gelebt: Jesus selbst. Er hat diese Forderungen stellvertretend für alle übrigen Menschen erfüllt. Alle anderen können angesichts der Bergpredigt nur scheitern und ihre Schuld eingestehen. Und genau das ist der Sinn der Bergpredigt. Sie zerbricht die Selbstsicherheit des Menschen. Sie richtet ihn. Sie deckt seine wahre Situation auf. So macht sie ihn überhaupt erst fähig, nichts mehr von sich selbst, aber alles von Gott zu erwarten.

Es ist klar: Hier wird mit Hilfe dessen, was Paulus in Röm 3,20 und 7,7–13 über die Rolle des mosaischen Gesetzes sagt, ein theologischer Schlüssel gewonnen, um die Bergpredigt bewältigen zu können und ihr doch noch einen Sinn abzugewinnen. Die geschilderte Position hat also anscheinend einen theologischen Rückhalt bei Paulus. Ihr Fehler ist jedoch, dass sie die paulinischen Aussagen über das Gesetz und über den Menschen unter dem Gesetz unbesehen an die Bergpredigt heranträgt. Denn die

Bergpredigt steht auf der Ebene dessen, was bei Paulus der christliche Zuspruch (die Paraklese) ist, nicht aber auf der Ebene dessen, was er über die Gesetzesgerechtigkeit sagt. Bei Matthäus und Lukas besitzt, wie wir sahen, die Bergpredigt einen programmatischen Vorbau, der deutlich macht: Alle folgenden Forderungen setzen das sich bereits realisierende Heil Gottes als absolute Vorgabe voraus. Erst recht ist bei Jesus die befreiende und heilmachende Wirklichkeit des Reiches Gottes prinzipiell Voraussetzung aller Forderungen (vgl. Mk 1,14–15).

Man muss also die ethische Unterweisung Jesu ganz vor dem Horizont seiner Reich-Gottes-Verkündigung interpretieren[88]. Nur von hier aus lässt sich das Problem der Erfüllbarkeit der Bergpredigt sachgerecht beantworten. Man wird sich dann fragen müssen: Legt die frohe Botschaft vom Reich Gottes dem Menschen unerträgliche Lasten auf oder geht vom Reich Gottes eine Faszination aus, die allen Anforderungen, die es mit sich bringt, ihre Last und ihre Schwere nimmt? Die Antwort ist eindeutig. Das zeigt besonders gut das Doppelgleichnis vom verborgenen Schatz und der kostbaren Perle (Mt 13,44–46):

Mit dem Himmelreich ist es wie mit einem Schatz, der in einem Acker vergraben war. Ein Mann entdeckte ihn, verbarg ihn aber [sofort] wieder. Und in seiner Freude geht er hin, verkauft alles, was er hat, und kauft den Acker.

Auch ist es mit dem Himmelreich wie mit einem Großkaufmann, der schöne Perlen suchte. Als er eine besonders kostbare Perle fand, verkaufte er alles, was er besaß, und kaufte sie.

Wohlgemerkt: Jesus sagt nicht, das Reich Gottes sei so kostbar wie ein vergrabener Schatz oder eine wertvolle Perle. Er sagt vielmehr: Mit dem Reich Gottes verhält es sich wie mit der ganzen Geschichte, in der ein armer Taglöhner einen vergrabenen Schatz findet, und mit dem Reich Gottes verhält es sich wie mit der ganzen Geschichte, in der ein Großkaufmann auf eine äußerst wertvolle Perle stößt. Was aber ist das Entscheidende an beiden

Geschichten? Doch nicht ein verbissenes Suchen der beiden Personen, einen Schatz oder eine Perle aufzuspüren! Auch kein heroisches Sich-Trennen von ihrem Besitz! Sie geben zwar alles her, sie handeln radikal, aber ohne jede Verbissenheit und ohne jeden Heroismus. Sie handeln beide wie Menschen, die ein Riesenglück haben, weil sie einen atemberaubenden Fund machen. Der Glanz des Gefundenen überwältigt sie und überglänzt alles, was sie tun. „In seiner Freude geht er hin …" ist das entscheidende Stichwort des Doppelgleichnisses. Eine tiefe Freude, ja ein Hingerissensein durch den Fund, macht den beiden das Verkaufen ihres Besitzes zu einer Selbstverständlichkeit. Sie brauchen gar nicht erst zu überlegen …

Jesus schildert hier also die verlockende Faszination, die vom Anbruch des Gottesreiches ausgeht. Die Gottesherrschaft, die jetzt auf die Menschen zukommt, ja schon mitten unter ihnen erscheint, ist so verlockend und faszinierend, dass es überhaupt nicht schwerfällt, sein Leben zu ändern und fortan in der Faszination des Gefundenen zu leben.

Offensichtlich gibt uns das Doppelgleichnis vom Schatz und der Perle einen Schlüssel in die Hand, mit dessen Hilfe wir die Existenz Jesu und seiner neuen Familie besser verstehen können. Jeder wirklich gute Text, den jemand spricht oder schreibt, ist ja bis zu einem gewissen Grad immer autobiographisch. Das gilt auch für dieses Doppelgleichnis. Hier hat Jesus etwas von der Grunderfahrung seines eigenen Lebens und von der Grunderfahrung seiner Jünger erzählt – allerdings mit diskreter Zurückhaltung und größtem Takt. Es ist die Geschichte eines beseligenden und faszinierenden Fundes, um dessentwillen Jesus und seine Jünger alles hergegeben haben. Es war keine heroische Entscheidung. Und fortan ganz unter den Anforderungen des Reiches Gottes zu leben, machte sie nicht zu zerquälten, verbissenen oder gedrückten Menschen. Sie machten stattdessen die Erfahrung einer neuen Leichtigkeit und einer tiefen Freiheit, die nur der kennt, der sich von den ganz großen Dingen ergreifen lässt. Die Lasten ihres Lebens wurden leicht. Jesus spricht diese Grunderfahrung noch an einer anderen Stelle aus – im sogenannten Heilandsruf (Mt 11,28–30):

Auf, alle zu mir,
die ihr euch abmüht und Lasten schleppt!
Ich werde euch Ruhe verschaffen.
Nehmt mein Joch auf euch und lernt von mir.
Denn ich bin gütig und habe ein demütiges Herz.
So werdet ihr Ruhe finden für euer Leben.
Denn mein Joch drückt nicht,
und meine Last ist leicht.

Im Hintergrund dieses Rufes steht ein Text der biblischen Weisheitsliteratur, nämlich Jesus Sirach 51,23–27. Dort lockt der Verfasser die Menschen, ihre Nacken unter das Joch der Weisheit zu beugen und deren Last auf sich zu nehmen. Er verspricht ihnen, dass sie bei der Weisheit Ruhe und Erquickung finden.

Wichtig ist nun, dass zur Zeit Jesu die von Gott kommende und die Menschen erleuchtende „Weisheit" längst mit der Tora gleichgesetzt wird (vgl. schon Sir 24,23). Die Rabbinen sprechen anstelle des „Jochs der Weisheit" vom „Joch der Gebote" und meinen damit die getreue Befolgung des Gesetzes[89]. „Beugt euren Nacken unter das Joch der Weisheit" meint also zur Zeit Jesu: „Lebt getreu und streng nach der Tora!" Erst wenn man diesen Hintergrund sieht, kann man die tiefgreifende Neuinterpretation erkennen, die in Mt 11,28–30 vorgenommen wird. Das „Joch Jesu", also sein Wort und seine Weisung, tritt hier an die Stelle der Tora. Allerdings *ersetzt* es nicht die Tora, sondern es legt sie definitiv aus; es gibt der Tora ihren letzten, endgültigen Sinn[90].

Und von dieser so zu verstehenden Weisung Jesu wird gesagt, sie sei ein Joch, das nicht drücke, sie sei eine leichte Last. Weshalb? Weil Jesus gütig und demütigen Herzens ist. Er versucht nicht wie die Herrscher der Völker (vgl. Mk 10,42), die Seinen zu beherrschen und zu vergewaltigen. Er ist der Diener aller. Er lebt nicht für sich selbst, für seine Macht und für seine Eigeninteressen, sondern er lebt ganz und ausschließlich für die Sache Gottes, für Gottes Herrschaft und Reich. So steht auch im Hintergrund dieses Textes, den man nicht nur individualisierend lesen darf, das Reich Gottes als befreiende, heilende und aufrichtende Realität. Der Text ist sicher nicht ganz leicht zu deuten – aber eines ist klar: Die Weisung Jesu ist hier kein Gesetz, das den Menschen unerbittlich richtet und angesichts dessen er nur noch voller Entsetzen sagen kann: „Gott, sei mir armem Sünder gnädig", sondern ein sanftes Joch und eine leichte Last, die den Menschen aufatmen lassen.

Versucht man, die lange und bewegende Diskussion der letzten Jahrhunderte über das Problem der Erfüllbarkeit der Bergpredigt zu überblicken – bei Weitem nicht alle der vielfältigen Lösungsversuche wurden hier genannt –, so kann man sich eines zwiespältigen Eindrucks nicht erwehren. Auf der einen Seite ist die bis heute nicht abreißende Diskussion verständlich. Jesu Forderungen sind radikal und kompromisslos. Und die Bergpredigt widersetzt sich allen Versuchen, sie für ein billiges Christentum zu vereinnahmen.

Andererseits drängt sich aber doch der Eindruck auf, dass die ganze Diskussion von einer viel zu schmalen Erfahrungsbasis ausgeht. Die Frage, ob die Forderungen Jesu erfüllbar seien oder nicht, ist letztlich nicht vom Einzelnen und schon gar nicht vom Schreibtisch aus zu entscheiden. Denn das Ethos Jesu ist eben nicht an den isolierten Einzelnen gerichtet, sondern an den Jüngerkreis, an die neue Familie Jesu, an das zu sammelnde Volk Gottes. Es hat eine eminent gesellschaftliche Basis. Ob dieses Ethos erfüllbar ist oder nicht, kann nur durch Gruppen von Menschen entschieden werden, die sich bewusst unter das Evangelium vom Reich Gottes stellen und die wirkliche Gemeinden von Brüdern und Schwestern sein wollen – Gemeinden, die einen Lebensraum des Glaubens bilden, in welchem sich alle gegenseitig helfen.

Aber sind unsere Pfarreien Gemeinden dieser Art? Haben sie überhaupt ein Gemeindebewusstsein, von dem man ja erst dann sprechen kann, wenn eine Gemeinde weiß, dass sie ihre eigene Geschichte vor Gott hat? Sind sie nicht vielmehr allzu häufig Ansammlungen vieler Einzelner, von denen der eine den anderen kaum zur Kenntnis nimmt?

Ist uns nicht der gesellschaftliche Kontext, in den hinein Jesus seine Forderungen stellt und in dem sie erst lebbar werden, weitgehend entglitten? Jesus hat sich nun einmal an das Volk Gottes gewandt und er hat Jünger um sich gesammelt, um Israel zum wahren Gottesvolk zu machen. Man kann nicht über die Erfüllbarkeit der Bergpredigt reden, ohne das alles zu bedenken.

Wenn wir wirklich wissen wollen, ob man die Bergpredigt leben kann, müssen wir diejenigen Gruppen und Gemeinden fragen, in denen Christen nicht nur nebeneinanderher leben, sondern sich als Volk Gottes auf den Weg gemacht haben. Diese Gemeinden würden uns sicher nicht verschweigen, dass es auch bei ihnen immer wieder Versagen und tiefe Schuld gibt. Sie würden uns aber auch erzählen, wie ihnen die alten Texte vom Heil des Reiches Gottes lebendig wurden und wie sie erfuhren: Das alles ist wahr; es geschieht auch bei uns, wenn wir es zulassen und einander die Lasten des Lebens tragen helfen; das Reich Gottes ist eine unaufhörliche Faszination; die Last Jesu ist leicht.

Übrigens kann auch Paulus von der Last der Christen sprechen. Er schreibt den Gemeinden in Galatien:

Einer trage des anderen Last,
so werdet ihr das Gesetz Christi erfüllen. (Gal 6,2)

Damit will er doch wohl sagen: Dort, wo die christliche Gemeinde wirklich Gemeinde ist, wo sie zusammensteht und alle einander brüderlich helfen, ist das „Gesetz Christi" erfüllbar.

7. Die Stadt auf dem Berg

Es ist noch gar nicht so lange her, da sangen die deutschen Katholiken in ihren Gottesdiensten voll Begeisterung ein Lied von Joseph Mohr, das die Kirche als wehrhafte Burg pries, gegen die alle Feinde vergeblich anrennen. Erst nach dem Zweiten Vatikanum trat der Triumphalismus dieses Liedes voll ins Bewusstsein. Im „Gotteslob", dem 1975 erstmals erschienenen Einheitsgesangbuch, enthält es vier neugedichtete Strophen, in denen nun auch von der heiligen Stadt auf dem Zionsberg, von Gottes Zelt auf Erden und vom wandernden Gottesvolk gesungen wird[91]. Nur die erste Strophe ist geblieben:

Ein Haus voll Glorie schauet weit über alle Land,
aus ewgem Stein erbauet von Gottes Meisterhand.
Gott, wir loben dich, Gott, wir preisen dich.
O lass im Hause dein uns all geborgen sein.

Man kann anhand der Erstfassung des Liedes von 1876 ermessen, wie sehr sich in Europa inzwischen das ekklesiale Bewusstsein gewandelt hat. Eine *ecclesiologia gloriae* will niemand mehr vertreten. Als Reaktion taucht nun allerdings mehr und mehr ein Kirchenbild auf, das zum genauen Gegenstück gerät: Es ist das Bild einer völlig unscheinbaren Kirche, die tief in die menschliche Gesellschaft eintaucht, die auf ihr Eigensein fast bis zur Selbstaufgabe verzichtet, die sich in der Welt verliert, um alles zu durchdringen und zu verwandeln. Im Hintergrund steht dabei wohl das Bild vom Sauerteig, der die Masse durchsäuert und von dem am Ende nichts mehr übrig bleibt.

Dieses Kirchenbild ist von einer tiefen Scham über die Herrschaftsgeschichte der Kirche seit der Konstantinischen Wende geprägt, zugleich von Aversion gegen jedes elitäre und triumphalistische Denken, von der Sehnsucht nach Solidarität mit allen Menschen und von dem Vorsatz, *einen* Fehler der Vergangenheit in Zukunft um jeden Preis zu vermeiden: die Kirche mit dem Reich Gottes gleichzusetzen.

Ein Teil der Tendenzen in diesem Kirchenbild ist richtig und unumgänglich: die Abkehr von jedem kirchlichen Triumphalismus; der Wunsch nach Solidarität mit allen Menschen; die Ablehnung einer naiven Gleichsetzung von Kirche und Reich Gottes. Die Frage ist nur, ob hier nun nicht als Gegenbewegung zu früheren Triumphalismen die Gefahr einer völligen Nivellierung der Kirche droht. In diesem Zusammenhang ist ein Text von Lothar Zenetti aufschlussreich. Der Text setzt sich mit der Erfahrung auseinander, dass der Glaube immer mehr verdunstet – und hat dafür eine biblische Rechtfertigung:

Es ist nicht zu leugnen:
Was viele Jahrhunderte galt,
schwindet dahin. Der Glaube,
höre ich sagen, verdunstet.

Gewiss, die wohlverschlossene
Flasche könnte das Wasser
bewahren. Anders die offene
Schale: Sie bietet es an.

Zugegeben, nach einiger Zeit
findest du trocken die Schale,
das Wasser schwand. Aber merke:
Die Luft ist jetzt feucht.

Wenn der Glaube verdunstet,
sprechen alle bekümmert von
einem Verlust. Und wer von
uns wollte dem widersprechen!

Und doch: Einige wagen trotz
allem zu hoffen. Sie sagen:
Spürt ihr's noch nicht?
Glaube liegt in der Luft!

(Aus: Lothar Zenetti, Auf Seiner Spur. Texte gläubiger Zuversicht
© Matthias Grünewald Verlag der Schwabenverlag AG, Ostfildern 2011.
www.verlagsgruppe-patmos.de)

99

Besser und bildhafter kann man kaum sagen, was heute viele denken: Die Kirche müsse ganz in der Welt aufgehen, ja in ihr verschwinden. Dahinter stehen sogar Bibelworte, nämlich die Bildworte vom Salz und vom Sauerteig. Allerdings werden sie falsch angewendet. Denn die Kirche dieses Textes verdunstet zu einer unsichtbaren, formlosen und gestaltlosen Kirche. Und so werden die zahllosen Texte der Schrift, die sagen, dass Gott in der Welt ein Volk haben muss – sichtbar, anschaubar, mit der richtigen Gesellschaftsgestalt –, mit Schriftworten totgeschlagen. Die traurige Tatsache, dass der Glaube bei vielen tatsächlich verdunstet, wird ideologisch verbrämt.

Anders formuliert: Hier wird eine schlimme Krankheit der Kirche in Europa mit Hilfe einer passenden Ekklesiologie heiliggesprochen – die Tatsache nämlich, dass viele christliche Gemeinden kaum noch als Gemeinden zu erkennen sind und dass sich die Christen der Gesellschaft mehr und mehr angepasst haben. Sie haben die Gesellschaft ja gar nicht verwandelt. Sie haben sich ihr angepasst. So wird aus der Not der europäischen Christenheit eine höchst fragwürdige Tugend gemacht. Ist die Vorstellung, die Kirche müsse bis zur Selbstaufgabe in die übrige Gesellschaft eintauchen, wirklich der richtige Weg, die Gesellschaft zu verändern? Offenbar denken die Evangelien hier anders. Der entscheidende Gegentext ist Mt 5,13–16:

Ihr seid das Salz der Erde. Wenn aber das Salz schal wird,
womit kann man es salzig machen? Es taugt zu nichts mehr.
Es wird aus dem Haus geworfen und von den Menschen zertreten.

Ihr seid das Licht der Welt. Eine Stadt, die auf einem Berg liegt,
kann nicht verborgen bleiben. Auch zündet man keine Lampe an
und stellt sie unter den Scheffel, sondern auf den Lampenhalter,
damit sie allen im Hause leuchtet.

So soll leuchten euer Licht vor den Menschen, damit sie eure guten
Taten sehen und euren Vater preisen, der im Himmel ist.

Im ersten Augenblick könnte man denken, der Text bestätige die Vorstellung, derzufolge die Kirche so tief in die Gesellschaft eintauchen müsse, dass sie selbst kaum noch erkennbar sei. Verbindet sich nicht das Salz völlig mit der Suppe?

Aber das hieße, die Zielrichtung des Bildes ganz und gar zu verfehlen. In Wirklichkeit ist von einem Vorrat guten und reinen Salzes die Rede, der im Haus zur Verfügung steht und der nicht verdirbt. Denn damals konnte das aus dem Toten Meer gewonnenen Salz tatsächlich verderben, weil es eine Vielzahl chemischer Beimischungen enthielt. Natürlich soll mit diesem Vorrat ständig gesalzen werden. Aber der Vorrat muss immer da sein und darf nicht ausgehen. Die Jüngerschaft, von der hier die Rede ist und die im Sinne des Matthäus die ganze Kirche bedeutet, soll für alle Zeit dazu bereitstehen, die Welt zu salzen, das heißt, sie überhaupt erst genießbar zu machen und sie vor Fäulnis zu bewahren. Wahrscheinlich geht das Bild sogar noch weiter. Die Kirche soll die Welt nicht nur genießbar machen, sie soll sie vor Gott heiligen. Denn im Kult Israels galt der Grundsatz:

Jedes Speiseopfer sollst du salzen, und du sollst deinem Speiseopfer das Salz des Bundes Gottes nicht fehlen lassen; jede deiner Opfergaben sollst du mit Salz darbringen. (Lev 2,13)

Falls diese kultische Funktion des Salzes mit im Hintergrund steht, will der Text sogar sagen: Die Kirche hat als heiliges Volk Gottes in der Welt schon allein durch ihre bloße Existenz die Aufgabe, die übrige Welt zu heiligen (vgl. 1 Petr 2,9).

Hierzu würden dann auch die Bilder vom Licht und der Stadt ausgezeichnet passen. Beide Bilder gehören in der matthäischen Komposition zusammen. Es handelt sich nicht um irgendeine beliebige Stadt, sondern um die heilige Stadt, das endzeitliche Jerusalem, von der die Propheten sagen, dass sie einst über alle Berge emporragen und dass ihr Licht die Heidenvölker erleuchten werde (vgl. Jes 2,2–5). Den guten Taten von Mt 5,16 entspricht in Jes 2,3–4 die Tora, die vom Zion ausgeht und deren Plausibilität allen Völkern einleuchtet, weil sie im endzeitlichen Israel wirklich gelebt wird[92]. Bei Matthäus steht für die Tora vom Zion die Lebens- und Sozialordnung der großen programmatischen Rede, die Christus auf dem Berg verkündet. Allerdings ziehen für Matthäus nicht mehr die Völker zum Zion, um an dem wahren Israel Anteil zu haben, sondern die Jünger werden in alle Welt ziehen, um die Völker zu Jüngern zu machen (Mt 28,19–20). Die äußere Bewegungsrichtung ist also umgekehrt, gleichgeblieben ist jedoch die Überzeugungskraft der endzeitlichen Gesellschaftsordnung des Gottesvolkes, die den Völkern einleuchtet und von ihnen übernommen wird. „Es ist genau dieses gemeint: Die Nachfolger Jesu werden durch ihr Leben nach Gottes Willen die ganze Menschheit verändern. Immer mehr werden sich verbünden zur Gemeinschaft derer, die sich am Willen Gottes orientieren."[93]

Die Kirche, die hier beschrieben wird, ist also alles andere als eine Gemeinschaft, die elitär um sich selbst kreist oder die sich gegen die Welt abschirmt. Sie ist Salz der Erde, Licht der Welt, weithin glänzende Stadt. Sie lebt eine Gesellschaftsordnung, die für die Menschen plausibel ist (Mt 5,16). Sie ist Kirche für die Welt. Aber Kirche für die Welt gerade so, dass sie nicht selbst in der Gesellschaft aufgeht, sondern ihre eigenen Konturen behält[94]. Das zeigen nicht nur die Bilder vom Licht und von der Stadt, das zeigt auch der Kontext, in dem Mt 5,13–16 steht. Unmittelbar voran gehen ja die Seligpreisungen, die nun wahrhaftig keine angepasste Gesellschaft beschreiben (die Jünger Jesu werden ja verfolgt), und unmittelbar danach folgt die definitive Tora-Auslegung Jesu, beginnend mit der Beschreibung der besseren Gerechtigkeit.

Liest man Mt 5,13–16 in seinem Kontext und vor seinem alttestamentlichen Hintergrund, so ist klar: Die leuchtende Stadt auf dem Berg ist Chiffre für die Kirche als auffallender Kontrast, und gerade durch ihren Kontrast verändert sie die Welt. Verliert sie ihren Kontrastcharakter, wird ihr Salz schal. Und hat sie ihr Licht auf sanfte Weise ausgelöscht (im Text: die Lampe unter ein Gefäß gestellt, damit sie ausgeht), so hat sie ihren Sinn verloren. Sie wird von den übrigen Menschen verachtet (im Text: mit

Füßen getreten), und die Gesellschaft ist dann nicht mehr in der Lage, Gott zu erkennen (im Text: Gott als Vater zu preisen).

Mt 5,13–16 wurde im Vorangegangenen bewusst als Text des Evangelisten interpretiert. Deshalb konnte und musste auch schon von der Kirche die Rede sein. Aber hat der historische Jesus genauso gedacht? Man darf das nicht ohne Nachprüfung voraussetzen. In Mt 5,13–16 wird zwar älteres Spruchgut verwendet, im Ganzen liegt aber doch eine matthäische Komposition vor. Entspricht also unser Text der Predigt und der Intention Jesu? Es lassen sich auf jeden Fall breite Brücken zum historischen Jesus schlagen. Das soll im Folgenden in drei Schritten geschehen:

1. Hinter Mt 5,13 steht ein Bildwort vom Salz, das bei Jesus folgendermaßen gelautet haben dürfte (vgl. Lk 14,34–35; Mk 9,50):

Nützlich ist das Salz!
Wenn aber das Salz schal wird,
womit kann man es salzig machen?
Nicht einmal für den Acker oder den Misthaufen taugt es.
Man wirft es aus dem Haus.

Es ist umstritten, wen Jesus hier angeredet hat. Handelt es sich um ein Mahnwort an seine Jünger? Dann wäre der Sinn: „Wenn ihr kein Salz mehr seid, das heißt, wenn eure Jüngerschaft ihre Ausstrahlung verliert, dann ist eure Jüngerexistenz wertlos. Die Menschen werden euch verachten." Näher liegt es allerdings, an ein Drohwort gegen Israel zu denken. Dann wäre der Sinn: „Wenn Israel kein Salz mehr ist, das heißt, wenn es seine Aufgabe, heiliges Volk zu sein, nicht mehr wahrnimmt und im entscheidenden Augenblick den Willen Gottes verfehlt, dann ist seine Existenz als Gottesvolk verwirkt. Es wird hinausgeworfen und von den Völkern zertreten." Welche der beiden Möglichkeiten die richtige ist, lässt sich bei einem isoliert überlieferten Bildwort dieser Art kaum mehr feststellen. Doch ist das auch gar nicht von letztem Gewicht. Wie immer man nämlich das Bildwort vom Salz deutet: Angesprochen ist auf jeden Fall eine Kontrastfunktion für andere: Das Salz muss Kraft haben, andere zu salzen. Ob Jesus dann von Israel oder seiner Jüngergemeinde gesprochen hat, macht keinen großen Unterschied. Matthäus hat das Wort durchaus sachgerecht auf das endzeitliche Israel bezogen.

2. Hinter Mt 5,14 b dürfte ebenfalls ein älterer Spruch stehen[95]. Er könnte gelautet haben:

> *Eine Stadt, die auf einem Berg liegt,*
> *kann nicht verborgen bleiben.*

Obwohl dieser Spruch als allgemeine Erfahrungsregel formuliert ist, ist er kaum denkbar ohne die im Alten Testament und im frühen Judentum geläufige Zionstheologie. Dies auch deshalb, weil ja das Motiv der Völkerwallfahrt bei Jesus belegt ist (vgl. Mt 8,11–12). Steht dieses Motiv im Hintergrund, so muss der Spruch von der Stadt auf dem Berg im Lichte der Reich-Gottes-Verkündigung Jesu gedeutet werden. Das Reich Gottes liegt bei Jesus eben nicht mehr in einer absoluten Zukunft, sondern es bricht bereits in der Gegenwart an. Entsprechend kann dann auch die endzeitliche Stadt Gottes keine absolute Zukunft mehr sein. Sie zeichnet sich schon jetzt ab: in der Schar der Jünger, die Jesus nachfolgen. Sie sind, mit Jesus zusammen, bereits jetzt die Stadt auf dem Berg. Das ist die Voraussetzung des in Mt 5,14 b überlieferten Spruchs.

So wie er dort formuliert ist, setzt er allerdings zusätzlich eine Situation voraus, in der sich Fragen und Zweifel meldeten – etwa folgendermaßen: „Ist dieser kleine, unscheinbare Jüngerkreis wirklich das endzeitliche Israel, die Stadt auf dem Berg, von der die Propheten gesprochen haben? Die Wirklichkeit entspricht doch gar nicht der Verheißung!" Auf Einwände solcher Art könnte Jesus dann mit der allgemeinen Erfahrungsregel, wie sie in Mt 5,14 b überliefert ist, geantwortet haben: „Sind die Anfänge auch noch so klein und unscheinbar, die Gottesstadt hat schon zu strahlen begonnen. Und eine Stadt, die auf einem Berg liegt, kann nicht verborgen bleiben. Habt daher keine Sorge, der Glanz der Stadt wird schon bemerkt werden!" Die Voraussetzung, dass Jesus im Sinne von Mt 5,14 b eine allgemeine Erfahrungsregel formuliert, wäre also einmal seine Überzeugung, dass die heilige Stadt in der Sammlungsbewegung, die er begonnen hat, schon jetzt zu leuchten beginnt, zum anderen aber Fragen und Zweifel seiner Zuhörer, vielleicht sogar seiner Jünger selbst.

3. Eine ganz ähnliche Situation setzen die sogenannten „Wachstumsgleichnisse" voraus, die deshalb für die hier vorgelegte Deutung von Mt 5,14 b eine wichtige Bestätigung liefern. Es handelt sich um die Gleichnisse vom Sämann (Mk 4,3–9), vom Senfkorn (Mk 4,30–32) und vom Sauerteig (Lk 13,20–21). In diesen drei Gleichnissen steht einem kleinen und unscheinbaren oder sogar bedrohten Anfang eine wunderbar reiche und herrliche Vollendung gegenüber: Die Bauern bringen eine große Ernte ein; ein kleines Stück Sauerteig hat eine Riesenmenge Brotteig durchsäuert; aus einem winzigen Senfkorn ist eine meterhohe Staude gewachsen, in deren Schatten die Vögel nisten. Jesus erzählt auch die Wachstumsgleichnisse, weil er auf Fragen und Zweifel stößt. Man muss ihm vorgeworfen haben: „Wieso hat das, was jetzt durch dich und deine Jünger in Israel geschieht, mit dem Gottesreich zu tun? Wenn Gottes Königsherrschaft anbricht, dann ist zuvor ganz Israel umgekehrt, dann sind die Heiden aus dem Land vertrieben, dann ist alles Herrlichkeit!" Jesus antwortet der Sache nach auf solche Einwände: „So sicher wie in Garten und Feld aus dem kleinen Anfang die überreiche Ernte entsteht, so sicher wird aus dem, was eure Augen jetzt sehen und eure Ohren jetzt hören (vgl. Lk 10,23–24), die volle Herrlichkeit. Das Reich Gottes ist schon mitten unter euch (vgl. Lk 17,21), und niemand kann das Werk Gottes mehr aufhalten. Der Glanz der endzeitlichen Gottesstadt strahlt schon auf, und niemand kann sie mehr zerstören. Habt keine Sorge: Ihr Glanz wird nicht verborgen bleiben."

Unsere Deutung, die Mt 5,14 b und die Wachstumsgleichnisse in Nachbarschaft sieht, setzt freilich voraus, dass nach Jesu Auffassung das Reich Gottes nicht nur isoliert in seinem eigenen Wirken, sondern auch im Wirken seiner Jünger, ja überhaupt in seiner Jüngergemeinde, aufleuchtet. Daran hätte man niemals zweifeln sollen[96]. Denn nicht nur Jesus proklamiert das Reich Gottes, sondern auch seine Jünger proklamieren es (vgl. Lk 10,9.11). Und nicht nur Jesus heilt Besessene, sondern auch seine Jünger sollen heilen (vgl. Mk 3,15). Wer die verborgene Gegenwart des Gottesreiches allein auf Jesus konzentriert und die Jünger von der zeichenhaften Präsenz des Reiches ausschließt, nimmt weder die Jüngeraussendung ernst noch hat er begriffen, dass im biblisch-jüdischen Denken die Gottesherrschaft ein Volk haben muss. R. Schnackenburg sagt völlig zu Recht[97]: „Die um Jesus den Messias sich bildende Gemeinde ist ebenso ein Zeichen der gegenwärtigen Mächtigkeit der Gottesherrschaft, wie es sein Wort und Heilswirken, die Sündenvergebung, die Dämonenaustreibungen und Heilungen sind." Im Übrigen: Die Urkirche hat später genau das, was bei Jesus die zeichenhafte Initiation der Vollendung, nämlich die schon gegebene Gegenwart des Reiches, ist, pneumatologisch formuliert: Die Existenz der Gläubigen im Heiligen Geist ist Vorwegnahme der eschatologischen Erfüllung. Man muss also konsequent sein: Wie nach dem Verständnis der Urkirche alle Christen den Geist haben, so sind auch schon vor Ostern alle, die sich in Israel von Jesus sammeln lassen, lebendiges Zeichen für die Gegenwart des Reiches Gottes.

Unsere historische Rückfrage hinter Mt 5,13–16, die weiter ausgreifen musste, dürfte gezeigt haben: Matthäus hat die faszinierende Deutung, die er in diesem Text der Kirche gibt, keineswegs aus der Luft gegriffen. Er konnte sich auf ältere Jesusüberlieferung stützen, die bereits in dieselbe Richtung weist. Jesus sprach zwar nicht von der Kirche. Aber er sammelte mitten in Israel und für Israel Menschen um sich, die ihm die neue Gottesfamilie, das wahre Israel, die endzeitliche Gottesstadt waren. In diesen Menschen leuchtet für Jesus das Reich Gottes schon jetzt auf, in ihnen ist das zukünftige Reich bereits zeichenhafte Gegenwart.

Man hat in den letzten Jahrzehnten mit Recht immer wieder betont, dass die Jüngergemeinde beziehungsweise die Kirche nicht mit dem Reich Gottes identifiziert werden dürfe[98]. Wer die Geschichte der Reich-Gottes-Idee im Bereich der christlichen Kirchen kennt, weiß, wie notwendig das war. Wenn diese korrigierende Gegenposition aber mit daran schuld ist, dass es in unserem gegenwärtigen Bewusstsein zu einer immer tieferen Kluft zwischen Kirche und Reich Gottes kommt, so sind erneute Korrekturen angebracht. Entscheidend für die Eschatologie Jesu ist doch – darin unterscheidet er sich von allen Apokalyptikern –, dass die Gottesherrschaft schon jetzt mitten in Israel Gegenwart wird: sichtbar und greifbar, wenn auch noch nicht vollendet. Wenn sich das aber so verhält, dann ist eine Ekklesiologie nur dann sachgerecht, wenn sie hartnäckig daran festhält, dass auch in der Kirche und in den christlichen Gemeinden das Reich Gottes Gegenwart werden muss: sichtbar, greifbar, erfahrbar, wenn auch noch nicht vollendet. Die Situation der Menschen zur Zeit Jesu müsste auch die der heutigen Menschen sein:

Selig die Augen, die sehen, was ihr seht! Denn ich sage euch: Viele Propheten und Könige begehrten zu sehen, was ihr seht, und haben es nicht gesehen, begehrten zu hören, was ihr hört, und haben es nicht gehört. (Vgl. Lk 10,23–24 par Mt 13,16–17)

Was soll eine Kirche, in der nichts Heiliges zu sehen wäre, nichts Befreiendes, nichts Rettendes, nichts Bergendes, keine Gerechtigkeit, keine Solidarität, kein helfendes Miteinander – keine Erlösung?

8. Der Gemeinschaftswille Jesu

Bevor wir diesen II. Teil abschließen, lohnt es sich, kurz zurück-
zublicken. Unsere Durchsicht der synoptischen Tradition dürfte
gezeigt haben: Es geht Jesus in einem eminenten Maß um
Gemeinschaft. Selbstverständlich spricht er Einzelne an, selbstverständlich muss sich bei ihm der Einzelne in Freiheit entscheiden
und seine Entscheidung immer neu überdenken. Aber es geht
Jesus nicht um die Summe vieler Einzelner, sondern um Israel.

Das Gottesvolk aber kann nach der über tausendjährigen
Geschichte, die es bereits hinter sich hat, weder gegründet noch
gestiftet, sondern nur gesammelt, wiederhergestellt und für seine
endzeitliche Funktion zugerüstet werden. Genau das will Jesus.
Allerdings muss der Begriff der Sammlung des Gottesvolkes, der
sich in der neutestamentlichen Wissenschaft für die Intention
Jesu gegenüber Israel mehr und mehr durchsetzt, in seiner eschatologischen Zuspitzung ernst genommen werden. Es geht – genau
wie beim Täufer – nicht um eine Erweckungsbewegung, die sich
beliebig und jederzeit wiederholen ließe, sondern um das endzeitliche Handeln Gottes, das einer Neuschöpfung gleicht. Zentraler
Inhalt der Predigt Jesu ist ja gerade, dass sich jetzt, mit seinem
Auftreten, die Zeit erfüllt. Die alten Verheißungen für die Endzeit
werden Realität. Das Reich Gottes bricht an. In dieser endzeitlichen Situation muss Israel das ihm angebotene Heil ergreifen.
Das heißt: Es muss umkehren und dem Evangelium glauben
(Mk 1,15).

Als sich die Mehrheit Israels diesem Anruf verweigert, konzentriert sich Jesus stärker als zuvor auf seine Jünger. Der Jüngerkreis
ist für ihn aber keineswegs der heilige Rest Israels oder eine Sondergemeinde innerhalb Israels oder gar ein Ersatz für Israel. Er ist
vielmehr Repräsentation Gesamt-Israels, das im Augenblick noch
nicht als Ganzes gesammelt werden kann; zugleich ist der Jüngerkreis Vorausdarstellung dessen, was das in seiner Vollzahl gesammelte endzeitliche Israel einmal sein soll. Das heißt aber: Jesus
gibt den Anspruch auf Gesamt-Israel, den er mit der Einsetzung

der Zwölf von vornherein im prophetischen Zeichen erhoben hatte, auch in der Krise Israels nicht auf.

Diese völlige Konzentration auf Israel, die beim letzten Mahl ihren Höhepunkt erreicht (vgl. I 7), schließt Universalismus des Heils keineswegs aus. Im Gegenteil! Die Vorstellung von der Völkerwallfahrt beweist, dass Jesus die Rolle Israels in dem universalen Horizont jesajanischer Tradition sieht: Israel ist nicht für sich selbst erwählt, sondern als Instrument universalen Heils für alle Völker. Das Reich Gottes in seiner Endgestalt ist deshalb für Jesus unbedingt eine das jetzige Israel übergreifende, universale Größe.

Das heißt nun aber gerade nicht, dass sich die Gottesherrschaft mit einem Schlag weltweit durchsetzt. Sie bricht nicht aus den Wolken hervor, sondern sie wird geschichtlich vermittelt. Sie setzt sich dergestalt durch, dass sie an einem konkreten Volk, nämlich an Israel, aufleuchtet und so ihr Wesen mitten in der Welt offenbart. Das Reich Gottes ist also keineswegs etwas Freischwebendes und Ortloses, sondern es ist gebunden an ein konkretes Volk, an das Volk Gottes. Wie sollte denn auch die Gottesherrschaft auf Erden ankommen, wenn sie nicht von Menschen angenommen würde – und zwar von Menschen, die in ihrer sozialen Verflochtenheit die gesellschaftliche Dimension des Reiches Gottes zum Vorschein bringen können?

In genau dem Maß, in dem sich das Gottesvolk von der Herrschaft Gottes ergreifen ließe, würde es sich verändern – in allen Dimensionen seiner Existenz. Es würde zu einer Gesellschaft im Kontrast. Was das genauerhin heißt, wird im Fortgang dieses Buches noch zu untersuchen sein (vgl. vor allem III 7, III 8 und IV 4). Jedenfalls heißt „Gesellschaft im Kontrast" keineswegs „Parallelgesellschaft" und erst recht nicht „theokratischer Staat". Wohl aber „neue Familie" von Brüdern und Schwestern, wie Jesus sie in seinem Jüngerkreis gesammelt hat.

Was sich in Jesu Jüngerkreis und über ihn hinaus als Initiation des endzeitlichen Israel abzeichnet, ist also mehr als nur eine ideelle Gemeinschaft, ist mehr als eine *societas in cordibus*. Hier herrschen nach dem Willen Jesu andere Sozialbeziehungen, als sie in der übrigen Gesellschaft vorherrschen: Es darf keine Gewalt zur Durchsetzung des Rechts mehr geben, keine Wiedervergeltung, keine imperialen Herrschaftsstrukturen. Schon allein daran wird deutlich, dass es um sehr reale gesellschaftliche Wirklichkeit geht. „Kontrast" meint nichts anderes als das jesuanische „Bei euch soll es nicht so sein" von Lk 22,26. Bereits die gesamte Tora Israels war auf Unterscheidung und Kontrast angelegt. Mit der Bergpredigt ist es nicht anders.

Das gesamte Ethos Jesu zielt auf ein in diesem Sinn sich unterscheidendes, endzeitliches Gottesvolk hin. Es richtet sich nicht an den isolierten Einzelnen, denn dieser ist gar nicht in der Lage, die Gemeinschaftsdimension des Gottesreiches darzustellen und zu leben. Das Ethos Jesu richtet sich aber auch nicht an die Welt im Ganzen. Denn der Welt im Ganzen könnte man eine neue Gesellschafts- und Lebensordnung nur mit Gewalt aufzwingen. Gerade das aber wäre gegen das innerste Wesen der Gottesherrschaft. So bleibt nur ein Weg: Dass Gott an *einer* Stelle mitten in der Welt anfängt, das Neue zu schaffen: in seinem Volk. Und als dieses Volk unbewegt bleibt, in einer noch kleineren Gruppe: in der neuen Familie der Jünger, die Jesus um sich sammelt.

Aber ist dieses ganze Bild, das sich uns in den beiden ersten Teilen dieses Buches entfaltet hat, auch richtig? Das entscheidet sich letztlich daran, ob es gelingt, alle Texte der synoptischen Tradition immer wieder zwanglos in das hier entworfene Bild einzuordnen.

Es gibt freilich noch ein zweites Kriterium: Wie hat die Urkirche, an deren Anfang die Augenzeugen und unmittelbaren Nachfolger Jesu stehen, in Sachen Gemeinschaft gehandelt? Ihre Praxis und ihr Selbstverständnis sind die beste und älteste Interpretation, die uns für das, was Jesus gewollt hat, zur Verfügung stehen. Fragen wir deshalb jetzt noch in einem III. Teil nach der Urkirche. Natürlich ist in diesem Rahmen eine umfassende Darstellung des Selbstverständnisses der neutestamentlichen Gemeinden nicht möglich. Wir können nur Stichproben machen – und zwar an besonders wichtigen Stellen, die sich aus den beiden ersten Teilen ergeben haben.

TEIL III
Die neutestamentlichen Gemeinden in der Nachfolge Jesu

1. Die Kirche als Volk Gottes

Das Selbstverständnis der Jünger nach Ostern zeigt sich zunächst einmal in ihrem Verhalten; es wird ablesbar an dem, was sie konkret tun. Und da fällt sofort auf: Die Jünger verlassen Galiläa, obwohl dort die ersten Ostererscheinungen stattgefunden haben (Mk 16,7; Mt 28,16–20); sie sammeln sich in Jerusalem und bleiben in der Hauptstadt. Die Kirche geht nicht von Galiläa, sondern von Jerusalem aus. Dort hat sie für eine ganze Reihe von Jahren ihr Zentrum. In Jerusalem und nicht in Galiläa entsteht die Urgemeinde.

Grund für dieses auffällige Verhalten der Jünger ist ihre Eschatologie. Sie sind überzeugt, dass sie mitten in den Endereignissen stehen, und erwarten deshalb das definitive Offenbarwerden des Reiches Gottes genau dort, wo nach jüdischem Glauben die Endereignisse ihren Ausgang nehmen: in Jerusalem[99].

Gerade weil die Jünger ihre Situation eschatologisch deuten, stehen sie freilich auch vor der Aufgabe, Gesamt-Israel noch einmal zur Umkehr zu rufen. Weil die Parusie des Menschensohnes unmittelbar bevorsteht, ist die Umkehr des Gottesvolkes dringendstes Gebot. Die Apostelgeschichte schildert die christliche Umkehrpredigt an das noch nicht an Jesus glaubende Israel paradigmatisch in vier Apostelreden (2,14–36; 3,12–26; 4,8–12; 5,29–32). Diese Reden gehen in ihrer Gestaltung auf den Verfasser der Apostelgeschichte zurück. Sie enthalten jedoch ältere Traditionsstücke. Das Faktum einer nachösterlichen Umkehrpredigt an Israel ist als solches nicht zu bezweifeln.

Die Hinwendung der Jüngergemeinde zu Israel zeigt sich auch im Phänomen der urchristlichen Taufe (vgl. Apg 2,38–42). Diese Taufe ist als eschatologisches Sakrament für Israel gedacht: Das Gottesvolk soll angesichts des nahen Endes versiegelt werden, damit es im Gericht des Menschensohnes bestehen kann. Die Situation der Johannestaufe wird also unter neuen Vorzeichen wiederaufgegriffen: Auch die urchristliche Taufe dient der endzeitlichen Sammlung und Zurüstung Israels[100].

Noch ein drittes Phänomen wirft Licht auf das Selbstverständnis der Urgemeinde: Der Zwölferkreis wird nach dem Ausscheiden des Judas Iskariot durch Zuwahl ergänzt (vgl. Apg 1,15–26). Diese Ergänzung ist nur von der ursprünglichen Funktion des Zwölferkreises her zu begreifen: Die Zwölf sind eschatologische Zeugen für beziehungsweise gegen Israel (vgl. oben I 2). In dem Augenblick, da dem Volk aufgrund des Sühnetodes Jesu noch einmal die Umkehr angeboten wird, muss der Zwölferkreis „symbolfähig", das heißt im Blick auf das Zwölfstämmevolk vollständig sein[101].

Die Rückkehr der Jünger nach Jerusalem, die Ergänzung des Zwölferkreises und das Angebot der Taufe an Israel beweisen: Die endzeitliche Sammlung Israels, die Jesus begonnen hatte, wird von der nachösterlichen Jüngergemeinde in Treue zu Jesus weitergeführt. Allerdings geschieht diese Sammlungsbewegung nun unter dem Vorzeichen der durch Jesu Sühnetod dem Volk neu eingeräumten Möglichkeit zur Umkehr. Die durch den Tod Jesu entstandene veränderte heilsgeschichtliche Situation ist also bezüglich der Sammlungsbewegung unbedingt zu beachten. Die Situation Israels ist von nun an qualifiziert durch die Lebenshingabe Jesu für das Gottesvolk. Deswegen genügt es in dieser veränderten heilsgeschichtlichen Situation auch nicht mehr, wie Jesus das Reich Gottes auszurufen. Zusätzlich muss jetzt auch der Tod Jesu als Ermöglichungsgrund neuer Umkehr für Israel verkündet werden. Die veränderte heilsgeschichtliche Situation zeigt sich sehr anschaulich bei der urchristlichen Taufe: Die Urgemeinde greift dabei zwar zurück auf die Johannestaufe, aber sie vollzieht sie nun „auf den Namen Jesu" (vgl. Apg 2,38), das heißt, der getaufte Israelit wird einbezogen in das mit Jesus gegebene und gesetzte Heil. So geht also die von Jesus begonnene Sammlungsbewegung weiter, aber sie geht weiter unter christologischen Vorzeichen.

Schon diese äußerst selbstbewusste und theologisch hochbedeutsame Praxis der Urgemeinde zeigt, dass sie sich keineswegs als Konventikel versteht, der sich vom übrigen Israel nur durch seinen konkreten Messiasglauben unterscheidet, der aber sonst völlig im Judentum aufgeht. Der erneute Wille zur Sammlung Israels setzt bereits voraus, dass sich die Jüngergemeinde selbst als das wahre, endzeitliche Israel begreift. Dies wird auch an zwei Selbstbezeichnungen deutlich, die sich bis auf die Jerusalemer Urgemeinde zurückverfolgen lassen.

Die christliche Gemeinde in Jerusalem nennt sich selbst die *ekklesia Gottes* (vgl. 1 Kor 15,9; Gal 1,13). An sich ist *ekklesia* im Griechischen die öffentliche Versammlung, vor allem die Volksversammlung der politischen Gemeinde. Die Septuaginta übersetzt aber an vielen und bedeutsamen Stellen den *qahal,* die Versammlung des alttestamentlichen Bundesvolkes vor *JHWH,* mit *ekklesia.* Wichtig ist besonders Dtn 23,2–9 und seine frühjüdische Auslegungsgeschichte. Hier wird die *ekklesia* als das wahre Gottesvolk verstanden, das sich von aller Unheiligkeit und Unreinheit absondert. Vor dem Hintergrund dieses biblischen Sprachgebrauchs muss sich die Urgemeinde, wenn sie sich selbst mit *ekklesia Gottes* bezeichnete, als das erwählte Gottesvolk, als das wahre, das endzeitliche Israel begriffen haben[102].

Eng verwandt mit *ekklesia* ist der Begriff „die Heiligen", der ebenfalls in die Zeit der Jerusalemer Urgemeinde zurückreicht (vgl. bes. Apg 9,13; Röm 15,25). Die Jerusalemer Gemeinde hat ihn bereits als *terminus technicus* vorgefunden und auf sich selbst bezogen: Seit Dan 7 bezeichnet der Begriff das Gottesvolk der Endzeit[103].

Wir wissen nicht, wann sich die Jünger in Jerusalem zum ersten Mal als die „Heiligen" und als die *ekklesia Gottes* bezeichnet haben. Beide Begriffe müssen jedoch in die älteste Zeit der Jerusalemer Urgemeinde zurückreichen, da sie mit der oben skizzierten nachösterlichen Sammlungsbewegung in Verbindung stehen. Beide Begriffe lassen ein außerordentliches Selbstbewusstsein erkennen. Die Urgemeinde versteht sich bereits kurze Zeit nach Ostern als das wahre Israel, als das Gottesvolk der Endzeit. Ein solches Selbstbewusstsein wäre undenkbar, wenn nicht Jesus zuvor mit dem Anspruch aufgetreten wäre, Israel angesichts des nahen Gottesreiches zu sammeln.

Mindestens ebenso bemerkenswert wie die unverzügliche Beanspruchung des Volk-Gottes-Gedankens durch die Urgemeinde ist aber folgendes Phänomen: Auch in jener geschichtlichen Phase, in der sich die frühen Gemeinden durch die Aufnahme von unbeschnittenen Heiden auf die Völkerwelt hin öffnen und so eine Kirche aus Juden und Heiden entsteht, wird der Volk-Gottes-Gedanke durchgehalten. Nicht nur die judenchristlichen Gemeinden in Palästina betrachten sich als das Volk Gottes, sondern fortan auch die neuen Missionsgemeinden, in denen die Heidenchristen bald die Überzahl haben.

Die theologische Reflexion dieses außerordentlichen Phänomens hat in erster Linie Paulus geleistet. Und zwar reflektiert er die Frage der Zugehörigkeit der Heidenchristen zum Gottesvolk hauptsächlich unter dem Stichwort der „Nachkommenschaft Abrahams" (vgl. Röm 4; Gal 3). Paulus setzt dabei als selbstverständlich voraus: Wer am Heil Anteil haben will, muss dem Gottesvolk angehören, muss „Same Abrahams" sein. Aber wie wird man Same, wie wird man Nachkomme Abrahams? Noch nicht dadurch, dass man beschnitten ist; noch nicht dadurch, dass man das Gesetz vom Sinai befolgt! Same Abrahams wird man nur, wenn man wie Abraham glaubt. Deshalb sind alle, die an Christus glauben, die wahren Nachkommen Abrahams, und das heißt: das wahre Gottesvolk.

Es ist erstaunlich, in welchem Maß die paulinische Theologie von Begriffen durchzogen ist, die streng auf den Volk-Gottes-Gedanken hingeordnet und nur von ihm her zu verstehen sind[104]. Ohne Unterschied zwischen Juden- und Heidenchristen gelten die Privilegien Israels für alle, die an Christus glauben: Abraham ist ihr Vater (Röm 4,11–12); sie sind die Erben (Gal 3,29); sie sind die Kinder der Verheißung (Gal 4,28); sie sind die Erwählten (Röm 8,33); sie sind die Berufenen (Röm 1,6–7); sie sind die Geliebten (Röm 1,7); sie sind die Kinder, die Söhne Gottes (Röm 8,16; Gal 3,26).

Bei all diesen Begriffen muss man sich vor Augen halten, dass sie von Paulus nicht in einem diffusen, individualistischen Sinn verstanden werden; sie gehören vielmehr ohne Ausnahme dem

Vorstellungsbereich „Volk Gottes" an. So darf zum Beispiel die Aussage von der Gotteskindschaft gerade nicht mit der stoischen Idee von der Gotteskindschaft aller Menschen gleichgesetzt werden. Gemeint ist vielmehr jene Kindschaft, die nach jüdischem Glauben nur dem Volk Gottes und seinen Gliedern zukommt:

Lieblinge [Gottes] sind die Israeliten,
denn sie sind Kinder Gottes genannt worden;
eine besondere Liebe ist ihnen kundgetan worden,
dass sie Kinder Gottes heißen, denn es heißt:
„Kinder seid ihr dem Ewigen, eurem Gott" (Dtn 14,1).
(Rabbi Akiba, Abot III 15)

Die konsequente Ausweitung der Ehrentitel des alten Gottesvolkes auf die Kirche aus Juden und Heiden ist bei Paulus aber noch viel umfassender: Die an Christus Glaubenden stehen unter dem neuen Gottesbund der Endzeit (2 Kor 3,6); ihr Angesicht spiegelt die Herrlichkeit des Herrn, den strahlenden Glanz seiner machtvollen Gegenwart, mit der er die Väter Israels durch die Wüste begleitete und die dann im Tempel ihren endgültigen Ort bekam (2 Kor 3,18); die Gemeinden der an Christus Glaubenden sind vom Heiligen Geist erfüllter Tempel Gottes (1 Kor 3,16); sie sind Gottes Pflanzung (1 Kor 3,5–9); sie sind Gottes Bau (1 Kor 3,9). Ja, sie sind sogar die wahre Beschneidung (Phil 3,3), denn Beschneidung ist allein, was durch den Geist am Herzen geschieht (Röm 2,29).

Nirgendwo bezeichnet Paulus die Kirche unmittelbar als das „wahre Israel" – er hätte dann vom „Israel dem Geiste nach" sprechen müssen. Trotzdem ist der Sachverhalt als solcher bei ihm ständig indirekt ausgesprochen. Genau das Gleiche gilt für die übrigen Verfasser der neutestamentlichen Schriften. Wer die Christen als die „zwölf Stämme in der Zerstreuung" (Jak 1,1) anredet, versteht die Kirche als das wahre Israel Gottes.

Es ist wohl nicht notwendig, mit ähnlichen Beobachtungen fortzufahren. Nur so viel sei noch gesagt: Allein schon der überall im Neuen Testament geübte Schriftbeweis setzt eindeutig die

Überzeugung, das wahre Israel zu sein, voraus. Denn der Schriftbeweis bekundet den Anspruch der christlichen Gemeinden auf die Schrift. Mehr noch: Er bekundet ihren Anspruch, das wahre, geistgewirkte Verständnis der Schrift zu besitzen (vgl. 2 Kor 3, 14–16).

Der Anspruch der christlichen Gemeinden, selbst das wahre Israel zu sein, schuf nun allerdings auch ein Problem, das hier auf keinen Fall übergangen werden darf: Gerade dieser Anspruch musste es nahelegen, dem nicht an Christus glaubenden Israel die Rolle des Gottesvolkes einfachhin abzusprechen und so seine weitere heilsgeschichtliche Funktion zu leugnen. Tatsächlich ist dieser folgenschwere theologische Schritt bereits innerhalb der Frühen Kirche bei einigen Autoren vollzogen worden, vor allem vom Verfasser des Barnabasbriefes und vom Verfasser des Diognetbriefes.

Diese heilsgeschichtliche Disqualifikation der Synagoge war jedoch absolut unbiblisch und theologisch pervers (von den entsetzlichen Judenverfolgungen, die darauf aufbauten, einmal ganz abgesehen). Denn Jesus wollte ja gerade die Sammlung des ganzen Gottesvolkes und hielt noch in seinem Tod an seiner Sendung zu Gesamt-Israel fest. Seine Jüngergemeinde war nicht als Ersatz oder gar als Ablösung für Israel gedacht, sondern sie sollte für Israel geöffnet und ständig auf ganz Israel ausgerichtet sein. Sie sollte das endzeitliche Israel präfigurieren; sie sollte zeichenhaft darstellen, was eigentlich in Gesamt-Israel hätte geschehen sollen. Angesichts dieses hartnäckigen Anspruchs Jesu auf das ganze Israel muss jede Ekklesiologie, die nicht die bleibende heilsgeschichtliche Bezogenheit zwischen Kirche und Synagoge herausarbeitet, als unjesuanisch in Frage gestellt werden.

Glücklicherweise gibt es im Gefüge der neutestamentlichen Theologien eine Stimme, die der ganzen Frage des Verhältnisses Kirche – Synagoge ausdrücklich und ausführlich nachgeht und dabei klar und entschieden an der heilsgeschichtlichen Rolle des noch nicht an Christus glaubenden Israel festhält: Es ist Paulus in den drei Israel-Kapiteln des Römerbriefs (Röm 9–11). Paulus erklärt hier in aller Deutlichkeit:

118

Nicht alle, die aus Israel stammen, sind deshalb auch schon Israel (9,6). Israel sind nur die, die an Christus glauben (9, 30–10,21). Dennoch bleibt die Geschichte aller, die an Christus glauben, unauflösbar mit der Geschichte des anderen Israel verknüpft. Paulus beleuchtet diese Verknüpfung von den verschiedensten Seiten her:

1. Gerade durch das Versagen Israels kam das Heil zu den Völkern (11,11). Gerade durch das Versagen Israels wurden die Heiden hineingenommen und eingepflanzt in die Erwählungsgeschichte Israels (11,13–24).

2. Das Versagen Israels ist der Kirche als beständige Warnung vor Augen gestellt: Keiner, der berufen ist, darf überheblich werden; Gott verschont eine ungläubige Kirche so wenig, wie er das ungläubige Israel verschont hat (11,20–22).

3. Das Versagen Israels schenkt eine beständige, unzerstörbare Hoffnung: An Israel kann die Kirche lernen, dass Gott getreu ist und seine Gnade niemals zurücknimmt. Israel bleibt trotz seines Versagens berufen (11,29). Es ist nicht verworfen (11,1), sondern für immer von Gott geliebt (11,28). Es wird eines Tages wieder zum wahren Israel werden (11,26–27) und dann durch seine Rettung der ganzen Welt Leben bringen (11,12).

4. In der Zwischenzeit hat die Kirche vor allem die Aufgabe, Israel eifersüchtig zu machen (11,11.14). Damit will Paulus sagen: Die Kirche muss ihre messianische Existenz so überzeugend leben, dass Israel seine Zurückhaltung aufgibt und zum Glauben an Christus kommt. Der Unglaube Israels ist also eine beständige Frage an die Kirche, ob sie ihre Existenz als Gottesvolk glaubhaft realisiert[105].

Die Kirche kann somit nach Paulus ohne Israel gar nicht existieren. Nicht nur, dass die Heidenkirche als eingepfropfter Zweig von der Kraft des alten Ölbaums Israel lebt (11,17). Sie lernt auch an dem schuldig gewordenen Israel ständig die Gefahr der Überheblichkeit der Erwählten und die Unwiderruflichkeit der erwählenden Liebe Gottes kennen. Mehr noch: Einzig und allein

Israel kann die Kirche immer wieder radikal vor die Frage stellen, ob sie ihre messianische Existenz tatsächlich lebt. Deshalb würde die Kirche ihre Identität verlieren, wenn sie ihre bleibende Bezogenheit auf Israel vergäße.

Erst wenn die Aussagen von Röm 9–11 in ihrer ganzen Tragweite herausgestellt sind, darf zum Abschluss dieses Kapitels zusammenfassend gesagt werden: Die Jünger haben nach Ostern die Sammlung Israels, mit der Jesus begonnen hatte, wiederaufgenommen. Sie haben sich selbst als das wahre Israel verstanden und damit den Gedanken Jesu vom Jüngerkreis als der Präfiguration des endzeitlichen Israel ernst genommen. Als die Heidenkirche in der Gefahr stand, ihre Verwurzelung in Israel zu vergessen, hat Paulus die bleibende Bezogenheit von Kirche und Synagoge herausgearbeitet und gerade auf diese Weise unbeirrbar an der Hinordnung der Jüngergemeinde auf Gesamt-Israel im Sinne Jesu festgehalten.

2. Die Gegenwart des Geistes

Wenn die Urgemeinde sich selbst als das wahre Israel verstand, so war das kein ideologischer Anspruch, der von der Wirklichkeit nicht gedeckt gewesen wäre. Hinter diesem Selbstverständnis stand vielmehr eine Geschichte sehr konkreter Erfahrungen: zunächst die Sammlungsbewegung Jesu selbst, die zur Scheidung in Israel geführt hatte; darüber hinaus aber vor allem die überwältigenden Manifestationen des Geistes, die nach Ostern geradezu abrupt in der Urgemeinde aufgebrochen waren. Der Schrift zufolge ist das Kommen des Gottesgeistes ein Phänomen der Endzeit: Der Geist wird beschrieben als die Gabe Gottes an die endzeitliche Gemeinde, mehr noch: als die Kraft Gottes, die das endzeitliche Israel überhaupt erst schafft (vgl. Jes 32,15; 44,3; Ez 11,19; 36,26–27; 37,14; Joël 3,1–2). Die bewegenden und zutiefst erschütternden Geisterfahrungen der Urgemeinde mussten deshalb das schon von Jesus her grundgelegte Bewusstsein vertiefen:

Jetzt geschieht die endzeitliche Erfüllung, jetzt sammelt sich mit uns das wahre Gottesvolk! Es ist kein Zufall, dass Lukas im Zusammenhang seiner Schilderung der Pfingstereignisse an hervorgehobener Stelle Joël 3 (in leicht veränderter Form) zitiert:

In den letzten Tagen wird es geschehen, spricht Gott, dass ich von meinem Geist ausgieße über alles Fleisch. Eure Söhne und eure Töchter werden dann prophetisch reden, eure jungen Männer werden Visionen haben, und eure Alten werden Träume träumen. Selbst über meine Knechte und meine Mägde werde ich in jenen Tagen von meinem Geist ausgießen, sodass auch sie prophetisch reden. Ich werde Zeichen geschehen lassen droben am Himmel und Wunder unten auf der Erde [...]. (Apg 2,17–19)

Wahrscheinlich deutete die Urgemeinde schon sehr früh anhand dieses Textes die in ihr aufbrechenden charismatischen Phänomene (Prophetie und Visionen) als Gaben des Geistes an das wahre, endzeitliche Israel. Es ist deshalb unmöglich, über das Selbstverständnis der Urkirche zu reden, ohne auf ihr Bewusstsein von der lebendigen Gegenwart des Geistes in ihrer Mitte einzugehen. Geisterfahrung gab es in der Urkirche freilich in vielfältiger Form; im Folgenden soll nur auf eine ganz bestimmte Art charismatischen Geschehens eingegangen werden: auf die Heilungswunder. Dies deshalb, weil es ja in unserem Zusammenhang nicht auf eine umfassende Beschreibung der Urkirche, sondern auf ihre Treue und Kontinuität zu Jesus ankommt.

Wir hatten gesehen (vgl. oben I 3): Die Heilungen von Kranken sind aus dem Leben Jesu nicht wegzudenken. Sie stehen in festem Zusammenhang mit seiner Reich-Gottes-Verkündigung. Das Reich Gottes kommt nicht nur im Wort, sondern auch in der Tat. Und es ergreift den ganzen Menschen. Der ganze Mensch aber ist niemals isoliertes Individuum. Zu ihm gehört die Gesellschaft, die ihn umgibt. Deshalb können die Heilungswunder Jesu auch nicht allein als Taten an Einzelnen gesehen werden. Sie haben immer mit dem Volk Gottes im Ganzen zu tun. Viele

Krankheiten sind überhaupt nur heilbar, wenn die Umgebung des Kranken mitgeheilt wird. Die Krankheit des Einzelnen ist immer auch die aufbrechende Wunde einer kranken Gesellschaft.

Diese Verbindung von Krankheit und Milieu tritt besonders in den Phänomenen der Besessenheit zutage, die doch wohl in erster Linie zeitgebundene, psychosomatische Verobjektivierungen der Zwänge und Unmenschlichkeiten einer kranken Gesellschaft sind[106]. Wenn das Reich Gottes Gegenwart wird, muss es deshalb nicht nur bis tief in die Leiblichkeit des Menschen hinein heilen; es muss auch heilen bis tief in die Dimension des Gesellschaftlichen hinein; es muss frei machen für neue Gemeinschaft; es muss frei machen von den isolierenden und zerstörenden Dämonen einer kranken Gesellschaft; es muss frei machen von Besessenheit. Erst von hier aus kann man das Ineinander von Verkündigung und Therapie bei Jesus wirklich verstehen. Er sendet die Zwölf nicht nur zur Predigt, sondern auch zum Heilen aus:

Dann rief er die Zwölf zusammen und gab ihnen Macht über alle Dämonen und Kraft, die Kranken gesund zu machen. Er sandte sie aus, das Reich Gottes zu verkünden und die Hinfälligen zu heilen. (Lk 9,1–2)

Das Faszinierende ist nun, dass die Verknüpfung von Verkündigen und Heilen in der Urkirche bestehen bleibt. Nachdem Lukas das erste Auftreten der Apostel am Pfingsttag geschildert hat – die große Rede des Petrus ist gerade erst beendet –, berichtet er in einem Summarium: „Alle wurden von Furcht ergriffen. Viele Wunder und Zeichen geschahen durch die Apostel" (Apg 2,43). Im Anschluss an das Summarium schildert Lukas dann sofort zur Illustration ein konkretes Wunder: die Heilung des Gelähmten im Tempel durch Petrus und Johannes (Apg 3,1–10).

Aber nicht nur die Apostel, sondern alle großen Verkündiger wirken Lukas zufolge Wunder: Stephanus (6,8), Philippus (8,6–8.13), Barnabas (15,12) und Paulus (13,6–12; 14,3.8–18; 16,16–18; 19,11–12; 20,7–12; 28,1–6.8–10). Die Apostelgeschichte ist geradezu durchzogen von Wundererzählungen oder summarischen Notizen über die Wundertätigkeit der Verkündiger. Die Krankenheilungen und Dämonenaustreibungen, die Lukas aufgrund einer vielfältigen Überlieferung erzählen kann, unterstützen die Verkündigung als „legitimierende Begleitzeichen"[107]. Sie zeigen die unwiderstehliche Macht des Evangeliums, das niemand aufhalten kann. Sie zeigen aber auch, dass das Evangelium eine befreiende und heilende Macht ist. Während das sich abwendende Israel keine Wunder hervorbringen kann (Apg 19,13–16), blüht das Wunder im wahren Gottesvolk auf (vgl. noch Apg 5,12–16; 9,17–18.32–35.36–43).

Wenn Lukas auf diese Weise erzählt, so ist das keine nachträgliche Ausschmückung einer von ihm romantisch verklärten Anfangszeit der Kirche. Der Verfasser des Hebräerbriefs, der völlig unabhängig von Lukas schreibt, sieht die Dinge nämlich genauso. Gleich zu Anfang seines Briefes mahnt er seine Leser, das Evangelium, durch das sie zum Glauben gekommen waren, nicht zu missachten. Und dann sagt er von diesem Evangelium:

Wie sollen wir [dem Gericht Gottes] entrinnen, wenn wir uns um ein so großes Heil nicht kümmern, das seinen Anfang nahm durch die Verkündigung des Herrn, das bei uns durch die Ohrenzeugen bestätigt wurde und für das Gott selbst Zeugnis gegeben hat durch Zeichen und Wunder, durch vielfältige Machttaten und durch Gaben des Heiligen Geistes nach seinem Willen. (Hebr 2,3–4)

Auch dem Hebräerbrief zufolge gehören also die Wunder als Begleitzeichen zur apostolischen Verkündigung (vgl. auch Mk 16,20). Sie bezeugen die Wahrheit des Evangeliums. Der Verfasser des Hebräerbriefs denkt dabei allerdings nicht nur an eine äußerliche, sozusagen juridische Bestätigung der Botschaft. Die das Evangelium begleitenden Wunder machen auch deutlich, dass Gottes „Heil" (vgl. Hebr 2,3) nun wirklich greifbare Realität wird. Die Gemeinde kostet ja bereits jetzt die Kräfte des kommenden Äons (Hebr 6,5).

Wie verbreitet die Auffassung der Apostelgeschichte und des Hebräerbriefs in der Urkirche war, zeigt Paulus. Nirgendwo äußert er sich kritisch gegen Wunder. Er setzt vielmehr als selbstverständlich voraus, dass überall dort, wo eine christliche Gemeinde aus dem Evangelium lebt, Wunderkräfte aufbrechen. Charismen der Heilung sind nach Paulus für eine Gemeinde so selbstverständlich wie Charismen der Prophetie oder der Leitung:

> *So hat Gott in der Gemeinde Einzelne eingesetzt erstens als Apostel, zweitens als Propheten, drittens als Lehrer; dann die Wunderkräfte, dann die Gaben der Heilung, der Hilfe, der Leitung; endlich die verschiedenen Arten verzückter Rede. (1 Kor 12,28; vgl. 12,9–10)*

Dort, wo eine Gemeinde das Evangelium angenommen hat, wird eine neue Wirklichkeit freigesetzt, die tief in die Dimension des Leiblichen hineinreicht. Paulus ist deshalb überzeugt, dass Wunder geradezu konstitutiv zur Verkündigung des Evangeliums hinzugehören (vgl. 1 Thess 1,5; 1 Kor 2,4–5; 2 Kor 12,12). J. Jervell hat völlig zu Recht darauf hingewiesen, dass dieser Aspekt der paulinischen Missionsarbeit meist übersehen oder gar verdrängt wird[108]. Im heutigen Paulusbild erscheint der Apostel als der Mann des reinen Wortes. Die historische Wirklichkeit war völlig anders. Am Ende des Römerbriefs blickt Paulus auf seine apostolische Tätigkeit im Osten zurück und spricht dabei – fast beiläufig und mit der größten Selbstverständlichkeit – von den Wundern, die seine Wortverkündigung überall begleiteten:

> *Ich habe Grund, mich in Christus Jesus vor Gott zu rühmen. Denn ich wage nur von dem zu reden, was Christus, um die Heiden zum Gehorsam zu führen, durch mich in Wort und Tat bewirkt hat, in der Kraft von Zeichen und Wundern, in der Kraft des Geistes. So habe ich von Jerusalem aus in [weitem] Kreis bis nach Illyrien die Verkündigung des Evangeliums vollendet. (Röm 15,17–19)*

Aufschlussreich ist auch der Galaterbrief. Haben die Christen von Galatien das Heil durch Gesetzesbefolgung oder durch die Annahme des Evangeliums empfangen?, fragt Paulus in Gal 3,5. Dabei kann er diskussionslos voraussetzen, dass die galatischen Gemeinden das Heil wirklich empfangen haben. Er braucht nur darauf hinzuweisen. Und wodurch wissen die Galater, dass das Heil bei ihnen Gegenwart geworden ist? Antwort: durch den Geist, den sie empfangen haben. Und wodurch wissen sie, dass sie den Geist empfangen haben? Antwort: durch die Wundertaten, die sich mitten unter ihnen ereigneten und ereignen:

O ihr unvernünftigen Galater! [...] Dies eine nur möchte ich von euch erfahren: Habt ihr den Geist durch die Werke des Gesetzes oder durch die Botschaft des Glaubens empfangen? Seid ihr denn so unvernünftig? Im Geist habt ihr begonnen – erwartet ihr denn jetzt vom Fleisch die Vollendung? Ist euch denn so Großes vergeblich widerfahren? Sollte es wirklich vergeblich gewesen sein? Weshalb gibt euch denn Gott den Geist und wirkt Machterweise unter euch? Weil ihr das Gesetz befolgt oder weil ihr die Botschaft des Glaubens angenommen habt? (Gal 3,1–5)

In diesem Text tritt ein Zusammenhang zutage, der für uns von größter Wichtigkeit ist: Die Wunder in den Gemeinden sind nicht nur zu beschreiben als legitimierende Begleitzeichen der Evangeliumsverkündigung, sondern auch als Zeichen für die Gegenwart des Geistes. Beides hängt selbstverständlich auf das Engste zusammen, denn der Glaube an das Evangelium schenkt ja den Geist. Aber es ist doch notwendig, den inneren Zusammenhang zwischen der Gegenwart des Geistes und den Wundern in den Gemeinden eigens hervorzuheben. Genau hier zeigt sich nämlich von Neuem, wie getreu sich die Grundlinien des Wirkens Jesu in der Urkirche fortsetzen. Inwiefern?

Die charakteristische Eigenart der Verkündigung Jesu liegt ja darin, dass die Endereignisse nicht mehr in der reinen Zukunft liegen. Das Reich Gottes bricht bereits an. Es wird vor den

Augen derer, welche die Zeichen der Zeit verstehen, schon Gegenwart. Dass es bereits Gegenwart ist, zeigt sich nun aber vor allem in den Heilungswundern Jesu:

Wenn ich mit dem Finger Gottes die Dämonen austreibe,
dann ist ja das Reich Gottes [schon] zu euch gekommen.
(Lk 11,20; vgl. 17,21)

Man kann geradezu die Regel aufstellen: Überall dort, wo Jesus von der Gegenwart des Reiches Gottes spricht, hat er seine Wunder und Machttaten im Blick. Die Gegenwart des Reiches manifestiert sich für Jesus also offenbar vor allem im Freiwerden der Menschen von Krankheit und Besessenheit.

Hat die Urkirche die entscheidende Eigenart der Verkündigung Jesu, dass die Endereignisse schon begonnen haben, dass das erhoffte Heil bereits Gegenwart wird, durchgehalten? Die Antwort ist ein unbedingtes Ja. Die neutestamentlichen Gemeinden halten fest an der Spannung zwischen dem „Schon" der sich bereits erfüllenden Gegenwart des Heils und dem „Noch nicht" der noch ausstehenden Vollendung. Das Heil ist bereits Gegenwart – wenn auch die Vollendung noch aussteht. Allerdings redet die Urkirche kaum mehr von der Gegenwart des Reiches Gottes (vgl. freilich Röm 14,17; 1 Kor 4,20). Ihre entscheidende Erfahrung, in der sie das „Schon" des geschenkten Heils erst wirklich begriffen hat, ist die Erfahrung des Geistes. Der Gottesgeist der Endzeit ist bereits ausgegossen, er wirkt schon in den Gemeinden in vielfältigen Charismen. Redet Jesus von der Gegenwart des Reiches Gottes, so redet die Urkirche von der Gegenwart des Geistes. Die Sprache hat sich also, angestoßen durch die Erfahrungen nach Ostern, gewandelt. Aber die Grundlinie der Botschaft Jesu setzt sich fort: Die Zukunft des endzeitlichen Heils hat bereits begonnen!

Gerade deshalb ist es kein Zufall, dass sich die Wunder Jesu in der Urkirche fortsetzen durch die Wunder der Verkündiger und Charismatiker. Und es ist erst recht kein Zufall, dass sie als Wunder in der Kraft des Geistes beschrieben werden (vgl. Apg 2; 13,9; 1 Kor 12,9–10; Gal 3,5). Wunder und Zeichen gehören also zum Wesen der neutestamentlichen Gemeinden, so wie sie für die Verkündigung Jesu wesentlich waren. Wo das Heil Gottes Gegenwart wird, müssen Krankheit und Besessenheit weichen.

Unsere heutigen Gemeinden täten gut daran, darüber nachzudenken, warum in ihrer Mitte keine Wunder mehr geschehen – oder warum von den Wundern, die geschehen, niemand mehr erzählt. Zwar werden wir heute von Wundern viel differenzierter sprechen müssen als die Christen der frühen Kirche. Und wir werden uns darüber im Klaren sein müssen, dass es einen geschichtlich bedingten Gestaltwandel des prozeduralen Ablaufs von Wundern gibt. Trotzdem wird dort, wo sich christliche Gemeinden wieder in wirkliche Gemeinden verwandeln, das Wunder beginnen.

*

Dieses Kapitel sprach von der Geisterfahrung der Urkirche; es sprach von der Gegenwart des verheißenen Geistes der Endzeit im konkreten Leben der ersten Christen – vor allem aber von Heilungs- und Wunderkräften, die in den frühen Gemeinden zu den geistgewirkten Charismen gerechnet wurden. Diese starke Betonung der urchristlichen Geisterfahrung gleich zu Beginn des III. Teiles könnte zu einem Missverständnis führen. Zu dem Missverständnis nämlich, in diesem Buch werde das urchristliche Amt ausgeklammert, genauer: hier werde vorausgesetzt, dass in der Urkirche das Amt in einem Bündel vielfältiger Charismen seinen adäquaten und alleinigen Ort gehabt habe. Und diese Position sei, wie 1 Kor 12,4–11 zeige, ja auch richtig. Gerade die paulinischen Gemeinden seien charismatische Gemeinden gewesen, ihre Ämter charismatische Dienste, also lediglich Einzelfälle und Aktualisierungen des Charismas der gesamten Gemeinde, deshalb im hohen Grade zufällig, variabel und wandelbar[109].

Diesem Missverständnis soll hier mit Nachdruck entgegengetreten werden. Eigentlich dürfte es gar nicht entstehen, denn schon Kapitel I 2 hat ja gezeigt, welch fundamentale Bedeutung die Wahl, die Konstitution und die Aussendung der Zwölf für Jesus und seine Reich-Gottes-Praxis hatte. Die Zwölf sind eben nicht nur Symbol für den Willen Jesu, ganz Israel zu sammeln und für die Gottesherrschaft bereit zu machen. Sie werden *gesendet*. Sie werden ausgesandt zu Israel mit der Vollmacht:

Wer euch hört, hört mich,
und wer euch ablehnt, lehnt mich ab;
wer aber mich ablehnt, lehnt den ab,
der mich gesandt hat. (Lk 10,16)

Die Zwölf haben also ein offizielles Zeugenamt. Sie repräsentieren Jesus. Sie reden und handeln *in persona* Jesu. Bei Paulus ist es dann nicht anders. Er versteht sich keineswegs als Repräsentant der Gemeinde, sondern als Bevollmächtigter Jesu Christi (so sehr er auch betont, dass alle Charismen in den Gemeinden geist-gewirkt sind und vom Auferstandenen herkommen). Mit größ-tem Nachdruck betont und verteidigt er sein Apostelamt (Röm 1,1–7; 2 Kor 10–12), das er nicht von seinen Gemeinden, sondern vom Auferstandenen empfangen hat und das er in Absprache mit den Führenden in Jerusalem ausübt (Gal 2,2). Und die Briefe, die nach dem Tod des Paulus unter seinem Namen geschrieben wer-den (neben Kolosser- und Epheserbrief vor allem die drei Pasto-ralbriefe) wenden sich in der apostolischen Autorität des Paulus an die Gemeinden im paulinischen Missionsgebiet. Sie bilden so den Übergang zwischen Paulus selbst und dem sich formierenden Amt des Einzelbischofs, das dann bei Ignatius von Antiochien greifbar wird[110].

Selbstverständlich gehört auch diese Thematik zu dem, was neutestamentliche Gemeinde ist[111]. Aber Bücher, in denen umfas-send und erschöpfend zu allem alles gesagt wird, sind langweilig und – eben erschöpfend.

3. Die Aufhebung der sozialen Schranken

Wir waren im vorangegangenen Kapitel auf Joël 3,1–5 gestoßen. Offenbar hat dieser Text für das Selbstverständnis der frühen Kirche eine wichtige Rolle gespielt. Es ist wenig wahrscheinlich, dass ihn erst Lukas zur Deutung der Pfingstereignisse herangezogen hat. Joël 3,1–5 könnte schon der Urgemeinde die Einsicht vermittelt haben, dass die in ihr seit dem Pfingsttag abrupt aufbrechenden ekstatischen und prophetischen Phänomene[112] die eschatologische Geistausgießung bedeuteten. Der Text des Propheten Joël verhalf aber nicht nur zu einer endzeitlichen Deutung von Glossolalie und Prophetie, er konnte auch ein immer stärker ins Bewusstsein tretendes soziales Phänomen begreifbar machen: Die Jesusjünger, die sich in Jerusalem gesammelt hatten, wurden immer mehr zur Gemeinde, und zwar zu einer Gemeinde, in der alle von Gott ergriffen waren und eben damit auch untereinander in ein neues Verhältnis traten, das Privilegien und Zurücksetzungen ausschloss.

Joël kündet diese neue Sozialstruktur des Gottesvolkes an, indem er sagt: Wenn Israel wieder ins Leben gerufen wird, gießt Gott seinen Geist über das gesamte Volk aus. Ganz Israel wird dann zu einem „Volk von Propheten"[113]. Geistbegabung ist von da an nicht mehr das Privileg eines einzelnen Propheten oder einer Prophetengruppe. Vielmehr werden dann alle in Israel zu Geistträgern: die Frauen genauso wie die Männer, die Jungen genauso wie die Alten, die Unfreien genauso wie die Freien:

Danach wird es geschehen,
dass ich meinen Geist ausgieße über alles Fleisch.
Eure Söhne und eure Töchter werden weissagen,
eure Alten werden [prophetische] Träume haben
und eure jungen Männer Visionen.
Selbst über die Knechte und die Mägde
werde ich in jenen Tagen meinen Geist ausgießen.
(Joël 3,1–2)

Man sieht deutlich, dass es dem Propheten hier nicht nur um das eschatologische Kommen des Gottesgeistes geht, sondern genauso sehr um die Geistbegabung des gesamten Gottesvolkes unter Aufhebung aller gesellschaftlichen Unterschiede. „Alles Fleisch" meint – wie der Kontext klar erkennen lässt – nicht die Menschheit im Ganzen, sondern das Gottesvolk mit all seinen Gruppen und in seiner ganzen Erstreckung. Die sozialen Schranken in Israel werden durch den Geist niedergerissen; die überwältigende Erfahrung des Geistes führt zu neuer Gemeinschaft. In Apg 2 ist diese soziale Dimension der Joël-Prophetie nicht unterschlagen, sondern sogar noch ausgebaut. Ausdrücklich wird festgestellt (durch eine Erweiterung des alttestamentlichen Textes), dass die Knechte und Mägde nicht nur am Geist Anteil erhalten, sondern dass selbst sie „prophezeien".

Wenn unser früher entwickelter Leitsatz richtig ist, dass der urkirchlichen Gegenwart des Geistes bei Jesus die Gegenwart des Reiches Gottes entspricht (vgl. I 7; III 2), dann muss die Aufhebung der sozialen Schranken, die sich die Urgemeinde anhand von Joël 3 bewusst machte, schon in der Reich-Gottes-Praxis Jesu ihren Anfang genommen haben. Das Neue, das durch die österliche Geisterfahrung in der Urgemeinde Gestalt annahm, muss dann zugleich Fortsetzung dessen gewesen sein, was bereits Jesus selbst begonnen hatte.

Das ist auch tatsächlich der Fall: Für Jesus ist es charakteristisch, dass er ständig Gemeinschaft herstellt[114] – und zwar gerade für diejenigen, denen man damals die Gemeinschaft versagt oder die religiös nicht als vollwertig gelten. Jesus macht durch sein Wort, mehr aber noch durch sein konkretes Verhalten deutlich, dass er religiös-soziale Grenzziehungen und Deklassierungen nicht anerkennt. Das Reich Gottes duldet keine Stände, und es steht grundsätzlich allen Menschen in Israel offen, die Jesu Botschaft annehmen.

Jesus will Israel als versöhnte Gesellschaft. Deshalb wendet er sich an die Reichen (Lk 19,1–10) und an die Armen (Lk 6,20), an die Gebildeten (Lk 14,1–6) und an die Ungebildeten (Mt

11,25–26), an die Landbevölkerung von Galiläa (Mk 1,14) und an die Stadtbevölkerung von Jerusalem (Mt 23,37), an die Gesunden und an die Kranken (Mt 4,23), an die Gerechten (trotz Mk 2,17) und an die Sünder (Lk 19,10). Ja, man muss sogar sagen: Jesus ist geradezu parteiisch für die Armen (Lk 7,22), die Hungernden (Lk 6,21), die Trauernden (Lk 6,21), die Beladenen (Mt 11,28), die Kranken (Mk 3,1–6), die Sünder (Mk 2,17), die Zöllner (Mt 11,19), die Dirnen (Mt 21,31–32), die Samaritaner (Lk 10,25–37), die Frauen (Mt 5,31–32), die Kinder (Mk 10,13–16) – und zwar deshalb, weil die damalige jüdische Gesellschaft gerade diesen Gruppen die Gleichwertigkeit abspricht oder ihnen sogar die Gemeinschaft versagt. Das allzu oft sentimental missbrauchte Wort Mk 10,14 „Lasst die Kinder zu mir kommen und hindert sie nicht, denn solchen gehört das Gottesreich" will deutlich machen, dass im Reich Gottes alle Empfangende sind und dass deshalb dort, wo das Reich Gottes anbricht, niemand mehr als religiös nicht vollwertig disqualifiziert werden darf.

So viel zur Praxis Jesu! Bevor wir zur Urkirche weitergehen, um zu prüfen, ob sie diese Praxis fortgeführt hat, muss nun allerdings zuerst noch ein schwerwiegender Einwand zur Sprache kommen: Hat sich Jesus bei seiner kühnen, das damalige Bewusstsein durchaus sprengenden Praxis nicht doch in einem bestimmten Punkt restriktiv verhalten: nämlich gegenüber der Frau? Er hat ja keine Frauen in den Kreis der Zwölf aufgenommen, und er hat das entscheidende Paschamahl vor seinem Tod allein mit Männern gefeiert. War damit die Rolle der Frau im Reich Gottes nicht massiv abgewertet?

Man wird in dieser Frage zu Fehleinschätzungen kommen, wenn man sich nicht vor Augen hält, dass die Einsetzung der Zwölf durch Jesus eine prophetische Zeichenhandlung ist. Die zwölf Jünger bezeichnen Jesu Anspruch auf das Zwölfstämmevolk (vgl. I 2). Die Urgemeinde nimmt diese Zeichendimension so ernst, dass sie die Zwölfzahl nach dem Ausscheiden des Judas Iskariot sofort wiederherstellt (Apg 1,15–26) – andernfalls hätte das Zeichen eben seine Symbolkraft verloren. Genauso hätte nun aber dem Zeichen die Symbolkraft gefehlt, wenn Jesus Frauen in den Zwölferkreis hineingenommen hätte. Denn die Namen der zwölf Stämme sind die Namen der zwölf Söhne Jakobs: Ruben, Juda, Levi, Josef, Benjamin, Dan, Simeon, Issachar, Sebulon, Gad, Ascher und Naftali (Ez 48,30–35). Diese Stämme können in einer prophetischen Zeichenhandlung, die davon lebt, dass sie sofort einleuchtet, schlechterdings nicht durch Frauen symbolisiert werden – zumindest nicht in einem patriarchalisch eingestellten Milieu. Wäre Jesus dieses Wagnis eingegangen, hätte er seiner eigenen Zeichenhandlung die Leuchtkraft und Plausibilität genommen.

Von hier aus wird auch verständlich, weshalb Jesus sein letztes Paschamahl nur mit Männern feierte. An sich ist das Paschamahl ein Familienmahl. Die Festpilger in Jerusalem bildeten Mahlgemeinschaften *(chaburot)* mit 10–20 Mitgliedern, die jeweils ein Lamm verzehrten. Eine solche ad hoc gebildete Mahlgenossenschaft konnte zwar ausschließlich aus Männern bestehen, normalerweise gehörten ihr aber auch Frauen an[115]. Jesus jedoch lässt an seiner *chabura* in diesem besonderen Fall keine der Frauen teilnehmen, die mit ihm nach Jerusalem hinaufgezogen waren (Mk 15,40–41), sondern er feiert das Paschamahl ausschließlich mit den Zwölfen: „Und als es Abend geworden ist, kommt er mit den Zwölfen. Und sie legen sich zum Mahl nieder und essen …" (Mk 14,17–18).

Weshalb dieses Fehlen von Frauen? Die Antwort kann nur sein: Beim Abendmahl erreicht die Dimension der Zeichen, die bei Jesus schon vorher eine außerordentliche Rolle spielt, ihre letzte Verdichtung. Jesus deutet Brot und Wein auf sein eigenes Leben, das in den Tod dahingegeben wird. Sein Tod aber gilt den „Vielen": „Dies ist mein Bundesblut, das für viele vergossen wird" (Mk 14,24). Wir hatten gesehen, dass mit den „Vielen" zunächst Israel gemeint war (vgl. I 7). Israel ist beim letzten Mahl aber nicht nur auf der Ebene des deutenden Wortes gegenwärtig, sondern auch auf der Ebene des Zeichens, und dazu gehören auch die Zwölf. Den Zwölfen und niemandem sonst reicht Jesus in einer feierlichen Geste das Brot und den Wein, um so deutlich zu machen, dass seine Lebenshingabe, die in dem Darreichen von Brot und Wein angezeigt ist, dem Zwölfstämmevolk Israel gilt. Auch hier wäre die Leuchtkraft des Symbols zerstört worden, hätte Jesus mit einer zufälligen Zahl von Mahlgenossen oder mit einer aus Männern und Frauen gemischten *chabura* sein letztes Pascha gefeiert.

Nimmt man die bei Jesus stets präzisen Symbolhandlungen ernst, so folgt aus unseren Beobachtungen: Das Fehlen von Frauen im Zwölferkreis und im Abendmahlssaal besagt für die Rolle, die Jesus der Frau im Gottesvolk zuweist, noch nicht das Geringste. Dieses Fehlen ist vielmehr einzig und allein dadurch bedingt, dass die Zwölf die Stämme Israels repräsentieren – und Stämme können nun einmal nicht durch Frauen dargestellt werden, jedenfalls nicht im damaligen Orient.

Welche Rolle die Frau für Jesus in dem schon jetzt aufleuchtenden Gottesreich spielt, darf deshalb nicht am Symbol der Zwölf, sondern muss an der Zusammensetzung des Jüngerkreises erhoben werden. Gerade dort aber zeigt sich, dass Jesus in einer erstaunlichen Freiheit und ohne Rücksicht auf die Vorstellungen seiner Zeitgenossen Frauen in seinen Schülerkreis integriert. Markus berichtet am Ende der Kreuzigungsszene, dass Jesus nicht nur von Jüngern, sondern auch von Jüngerinnen begleitet wurde:

Es schauten aber auch Frauen von Weitem zu, unter ihnen Maria aus Magdala, Maria, die Mutter von Jakobus dem Kleinen und von Joses, sowie Salome. Diese waren ihm, als er noch in Galiläa war, nachgefolgt und hatten ihm gedient. Und [es schauten] noch viele andere [Frauen zu], die mit ihm nach Jerusalem hinaufgezogen waren. (Mk 15,40–41)

Lukas ist auf Grund weiterer Nachrichten in der Lage, diese Namensliste noch zu modifizieren. Er schreibt in 8,1–3:

Und es geschah in der Zeit darauf: Er predigte und verkündete
das Evangelium vom Reich Gottes und zog dabei von Stadt zu
Stadt und von Dorf zu Dorf; mit ihm die Zwölf und einige Frau-
en, die von bösen Geistern und Krankheiten geheilt worden
waren: Maria, gerufen Magdalena, von der sieben Dämonen aus-
gefahren waren, und Johanna, die Frau des Chuzas, eines Beam-
ten des Herodes, Susanna und viele andere, die ihnen mit ihrem
Hab und Gut dienten.

Für uns ist die ältere Nachricht in Mk 15,40–41 entscheidend.
Wenn es dort heißt, dass Frauen, von denen lediglich drei stellvertretend genannt werden, Jesus während seiner galiläischen Wirksamkeit dienten, so liegt schon allein darin ein Hinweis, dass es
sich um Jüngerinnen handelt. Denn wir sahen ja bereits früher
(II 1), dass nach jüdischem Verständnis der Jünger seinen Lehrer
helfend und dienend umgab. Wichtiger ist freilich Folgendes:
Markus verwendet das Verb *akolouthein* (nachfolgen), bestimmt
also das dem Dienen zugrundeliegende Geschehen mit genau
demselben Wort, das in der Sprache der Urkirche die Existenz
der Jesusjünger charakterisiert. Man kann daraus nur folgern:
Jesus hat auch Frauen berufen.

Zum Jüngerkreis Jesu gehören also Männer und Frauen. Der
Jüngerkreis aber ist nach dem Willen Jesu schon der Anfang des
endzeitlichen Gottesvolkes. In ihm soll stellvertretend sichtbar
werden, wie die Gemeinschaft des wahren Israel gedacht ist.
Jesus zeigt mit der selbstverständlichen Integration von Frauen
in den Kreis derer, die ihm nachfolgen: In der neuen Ordnung
des Reiches Gottes, die im endzeitlichen Gottesvolk Wirklichkeit
wird, darf es keine Zurücksetzung der Frau mehr geben[116] – so
wenig wie eine Zurücksetzung der Armen, der Gescheiterten und
der Kinder. Hat die Urkirche diese Programmatik durchgehalten?
Jedenfalls hat sie Paulus in kongenialer Weise aufgegriffen und
sogar noch vertieft. Er schreibt in Gal 3,26–29:

Alle seid ihr Söhne Gottes durch den Glauben, den ihr in Christus Jesus [habt]. Ihr alle nämlich, die ihr auf Christus getauft wurdet, habt Christus [wie ein Gewand] angezogen. Da gibt es nicht mehr den Juden oder den Griechen, den Sklaven oder den Freien, den Mann oder die Frau, denn ihr alle seid einer in Christus Jesus. Wenn ihr aber Christus angehört, dann seid ihr Abrahams Same und entsprechend der Verheißung Erben.

Es ist wichtig, dass man die entscheidende Aussage von Vers 28 in ihrem Zusammenhang sieht. Deshalb wurde hier auch der Kontext mitzitiert. Dieser Kontext zeigt sofort: Es geht nicht um die Menschheit im Allgemeinen, sondern um die Nachkommenschaft („den Samen") Abrahams, es geht um diejenigen, die Erben der Verheißung an Abraham sind, es geht um die wahre Sohnschaft (vgl. III 1) – mit einem Wort: Es geht um das Volk Gottes, und zwar genauerhin um jenes Volk Gottes, das hier eindeutig als Einheit in Jesus Christus bestimmt wird. Das heißt aber: Es geht um die Kirche. Sie ist das wahre, endzeitliche Gottesvolk, das durch Glaube und Taufe zum Leben kommt. Diejenigen, die an Christus glauben und sich durch die Taufe in den Christusleib eingliedern lassen (der Text sagt: sich mit Christus bekleiden lassen), werden in ihm zu einer neuen Schöpfung, in der die Gegensätze, die in der übrigen Gesellschaft gelten, aufgehoben sind. In 1 Kor 12,12–13 wird der Leibgedanke noch deutlicher herausgestellt und das Geistmotiv mithinzugenommen:

Wie der Leib eine Einheit ist und doch viele Glieder hat, alle Glieder des Leibes aber, obwohl es viele sind, einen einzigen Leib bilden, so ist auch der Christus[leib]: Durch den einen Geist wurden wir ja alle in den einen Leib getauft – Juden und Griechen, Sklaven und Freie – und wir wurden alle mit einem Geist getränkt.

Wie in Joël 3 schafft also der Geist die neue Ordnung. Nur durch die überreich geschenkte eschatologische Geistesgabe ist die neue Gemeinschaft, die jenseits aller rein innerweltlichen Möglichkeiten steht, zu verwirklichen. Nur im Geist ist es möglich, die völkischen und gesellschaftlichen Barrieren, die Gruppeninteressen, Standesunterschiede und Geschlechtsdominanzen abzubauen. Das Sakramentale und das Gesellschaftliche lassen sich dabei überhaupt nicht trennen. Das, was „vor Gott" im Bereich des Glaubens geschieht, hat unmittelbare soziale Konsequenzen in der Kirche. Denn das Gottesvolk beziehungsweise der Christusleib der Kirche ist eine gesellschaftliche Wirklichkeit.

Paulus spricht somit in Gal 3,28 und 1 Kor 12,13 weder von der Gleichheit aller Menschen im Sinne eines allgemeinen Weltbürgertums, noch spricht er nur davon, dass „vor Gott" alle Glaubenden gleich seien. Er spricht vielmehr von dem „in Christus geschehenen Anbruch der neuen Welt Gottes, die in der Gemeinde schon begonnen hat"[117] – und zwar mit ganz konkreten gesellschaftlichen Konsequenzen für das Gottesvolk.

Man wird sagen müssen, dass in Gal 3,28 und 1 Kor 12,13 die Prophetie Joëls und die Reich-Gottes-Praxis Jesu in atemberaubender Kühnheit aufgegriffen sind. Man wird weiterhin sagen müssen, dass hier nicht nur ein Programm formuliert wird. Hinter den zitierten Texten (denen noch Kol 3,10–11 hinzuzufügen wäre) steht die konkrete Praxis der paulinischen Missionsgemeinden: Da gibt es nicht mehr den Juden oder den Griechen. Wie sehr Paulus darum gekämpft hat, dass auch die unbeschnittenen Heidenchristen voll in das Gottesvolk integriert werden, braucht hier nicht im Einzelnen gezeigt zu werden. Paulus hat in dieser Hinsicht radikal zu Ende geführt, was schon vor ihm die Hellenisten begonnen hatten (vgl. Apg 11,19–26). Ins Angesicht hinein widersteht er dem Petrus, als dieser in Antiochien die schon praktizierte Tischgemeinschaft mit den Heidenchristen wieder aufhebt (Gal 2,11–21). Für Paulus steht bei diesem Verhalten des Petrus neben vielem anderen auch die Einheit der Kirche im Sinne von Gal 3,28 auf dem Spiel. Was Petrus tut, ist für ihn gerade die Aufrichtung des Gegensatzes von Juden und Griechen im Gottesvolk.

Paulus hat aber nicht nur hartnäckig die Freiheit der Heidenchristen vom Gesetz verteidigt, er hat sich auch unablässig bemüht, die kirchliche Gemeinschaft mit den gesetzestreuen Judenchristen in Judäa sichtbar zum Ausdruck zu bringen. Konkretes Zeichen dieser Gemeinschaft war ihm die Kollekte für Jerusalem (Gal 2,9–10), in die er außerordentlich viel Zeit investierte (vgl. 2 Kor 8–9) und die ihn letztlich das Leben gekostet hat. Paulus hat mit seiner ganzen Existenz wahr gemacht: „Da gibt es nicht mehr den Juden oder den Griechen."

Auch der Satz: Da gibt es nicht mehr den Sklaven oder den Freien ist keine bloße Theorie geblieben. Paulus hat zwar niemals versucht, gegen das antike Institut der Sklaverei auf einer allgemein-politischen Ebene anzukämpfen. Dazu hätte ihm nicht nur jede Möglichkeit gefehlt, sondern ein solcher Kampf konnte auch gar nicht in seiner Absicht liegen. Woran ihm stattdessen entscheidend lag, war die Gemeinde. Dort, wo sich die Gemeinde als Gemeinde versammelte, wo sie sich als das eschatologische Gottesvolk darstellte, durfte der Unterschied Sklave / Freier keine Rolle mehr spielen. Zwar bleiben die Sklaven ihrem Stande nach Sklaven. An den Rechtsstrukturen wird nicht gerüttelt. Das zeigt die spezifische „Sklavenparänese" in 1 Kor 7,17–24; Kol 3,22–4,1; Eph 6,5–9; 1 Tim 6,1–2; Tit 2,9–10 und 1 Petr 2,18–25. Sie zeigt jedoch zugleich, dass der konkrete Umgang mit den Sklaven sich ändern musste. Wie sich das konkret und in Einzelheiten auswirkte, wird in den paulinischen Briefen nicht geschildert, weil die Gemeinden es ja wussten. Immerhin gibt uns der Philemonbrief einen Anhaltspunkt.

Dem Christen Philemon war ein heidnischer Sklave namens Onesimus entlaufen. Er hatte bei Paulus Zuflucht gesucht und war von diesem für den christlichen Glauben gewonnen worden. Obwohl Paulus den Onesimus gern bei sich behalten hätte, schickte er ihn seinem Herrn zurück – „nicht mehr [nur] als einen Sklaven, sondern als einen, der mehr ist als ein Sklave: als geliebten Bruder" (Phlm 16). Dass Onesimus inzwischen getauft worden ist, hat zwar seinen Status als Sklaven nicht aufgehoben, aber indem er für Paulus und Philemon zum „Bruder", das heißt zum Mitchristen, geworden ist, hat sich eben doch Entscheidendes geändert. Onesimus ist in Zukunft „im Dienst am Evangelium seinem Herrn völlig gleichgestellt"[118]. Er nimmt nun teil an den Versammlungen der Hausgemeinde des Philemon (Phlm 1–2) und tauscht in den Eucharistiefeiern dieser Hausgemeinde mit seinem Herrn den Bruderkuss[119]. Das aber hat mit Sicherheit Auswirkungen über die Eucharistiefeiern hinaus. Philemon wird Onesimus als seinen „geliebten Bruder" behandeln – „sowohl im Fleisch als auch im Herrn" (Phlm 16), das heißt: nicht nur im Binnenraum des Glaubens und der Gemeinde, sondern darüber hinaus im alltäglichen Umgang.

So wenig wir über das konkrete Zusammenleben christlicher Sklaven mit ihren christlichen Herren aus dem Neuen Testament auch erfahren – die völlige Gleichstellung der Sklaven im Bereich der Gemeinde wurde offenbar niemals bestritten. Hier scheint es keine Konfliktstoffe gegeben zu haben. Nimmt man hinzu, dass es in den christlichen Gemeinden der ersten drei Jahrhunderte überraschend viele Sklaven gab und dass man ihnen auch die höchsten kirchlichen Ämter nicht verweigerte[120], so wird hier durchaus etwas von der neuen eschatologischen Ordnung des Gottesreiches deutlich.

Nun wurde allerdings in jüngerer Zeit der alte Vorwurf verschärft, Paulus sei der Mitte seiner eigenen Rechtfertigungsbotschaft untreu geworden, weil er nicht in der heidnischen Öffentlichkeit gegen die antike Sklavenhaltergesellschaft und ihre sogenannten Sozialordnungen angegangen sei[121]. Dieser Vorwurf verkennt jedoch zutiefst jenes Grundprinzip biblischer Theologie, auf das wir nun schon mehrfach gestoßen sind: Es geht zwar durchaus um die eschatologische Veränderung der gesamten Welt, aber diese Veränderung setzt voraus, dass das Gottesvolk zuerst einmal in seiner eigenen Mitte die neue Wirklichkeit lebt. Im Übrigen: Wenn Paulus sagt, in der christlichen Gemeinde spiele die Unterscheidung von Sklaven und Freien keine Rolle mehr, dann bleiben die Gesellschaftsstrukturen der antiken Welt damit keineswegs unangetastet. Denn man kann unsoziale und korrupte Systeme einer herrschenden Gesellschaft gar nicht schärfer angreifen, als wenn man in ihrer Mitte eine Gegengesellschaft formiert. Diese ist dann durch ihre bloße Existenz ein viel wirkungsvollerer Angriff gegen die alten Strukturen als alle Programme zu einer allgemeinen Weltveränderung, die persönlich nichts kosten.

Bleibt das dritte Gegensatzpaar: Da gibt es nicht mehr den Mann oder die Frau. Liegt nicht auf der Hand, dass die neutestamentlichen Gemeinden zumindest hinter diesem Satz weit zurückgeblieben sind? Haben sie nicht der Frau den Zugang zu kirchlichen Ämtern weitgehend versagt?

Es ist richtig, dass dort, wo sich das klassische kirchliche Amt, nämlich das Bischofsamt, herausbildet, die Frau von Anfang an ausgeschlossen bleibt. Dem Amt der Episkopen entspricht im Judenchristentum das der Presbyter, und auch hier ist es höchst fraglich, ob eine Frau je als „Älteste" gegolten hat. Als sich die klassische Ämtertrias Bischof, Diakon, Presbyterium entwickelt hat, partizipiert die Frau lediglich am Diakonat – und das offensichtlich auch nur im Osten, nicht im Westen[122]. Seit wann ihr das öffentliche Reden beziehungsweise Lehren in den Gemeindeversammlungen verboten ist, bleibt bis heute umstritten. Die Entscheidung hängt davon ab, ob man 1 Kor 14,33b–36 als spätere Interpolation in den 1. Korintherbrief ansieht oder nicht. Vieles spricht gegen die Echtheit dieser Stelle, vor allem 1 Kor 11,5. Auf jeden Fall betonen gegen Ende des 1. Jahrhunderts die Pastoralbriefe, dass der Frau öffentliches Lehren nicht gestattet sei (1 Tim 2,11–15). Wahrscheinlich hat die für die Kirche lebensnotwendige Abgrenzung von der Gnosis mit zu dieser Entwicklung beigetragen. Sicher ist jedenfalls, dass hinsichtlich der Frau die Programmatik von Gal 3,28 schon im 2. Jahrhundert nicht mehr realisiert wird.

Dieser negative Befund darf nun allerdings nicht dazu führen, dass wir die Anfangszeit der Kirche übersehen. In den ersten Jahrzehnten spielt die Frau in der Kirche eine ganz andere Rolle, als wir es von der Folgezeit her gewohnt sind. Damals war es zum Beispiel noch möglich, dass Frauen als Prophetinnen auftraten, ohne dass sich sofort kirchlicher Widerstand formierte. Der Evangelist Philippus hat vier Töchter, die prophetisch reden (Apg 21,8–9) – bestimmt nicht in ihrer Kammer, sondern vor der versammelten Gemeinde. Auch Paulus setzt in 1 Kor 11,5–16 ohne jede Diskussion voraus, dass im Gottesdienst Frauen mit prophetischer Rede auftreten. Er fordert lediglich, dass sie dies mit „verhülltem Haupt" (mit einer der Sitte entsprechenden Haartracht?) tun. Im Übrigen ist es für Paulus selbstverständlich, dass der Geist in unverfügbarer Weise jedem in der Kirche das Charisma zuteilt, das er ihm schenken will (1 Kor 12,11). Warum nicht auch Frauen das Charisma der Prophetie? Zur richtigen Einschätzung des Phänomens weiblicher Prophetie in der Urkirche ist auch noch Folgendes zu bedenken: Prophetie ist damals viel mehr als nur Weissagung. Prophetie ist auch Deutung der Gegenwart, Verurteilung, Mahnung, Tröstung, Verkündigung des Willens Gottes, Bewegung der Gemeinde zu einem bestimmten, von Gott gewollten Ziel. Das breite Spektrum des prophetischen Wirkens reicht also bis in das hinein, was wir heute Gemeindeleitung nennen würden.

Genauso wichtig wie die prophetische Tätigkeit von Frauen in der Urkirche ist der Dienst missionierender Ehepaare. Zu nennen sind Petrus und seine Frau (1 Kor 9,5), Aquila und Priska (Röm 16,3–5), Andronikus und Junia (Röm 16,7). Die meisten Nachrichten besitzen wir über Aquila und Priska[123]. Sie werden stets zusammen genannt, standen also wohl beide aktiv in der Missionsarbeit. Sie müssen mit ihrer Treue und Opferbereitschaft für die paulinische Mission eine außerordentliche Hilfe gewesen sein, sodass Paulus sagen kann, alle heidenchristlichen Gemeinden seien ihnen zu Dank verpflichtet (Röm 16,4). Er bezeichnet beide ausdrücklich als seine „Mitarbeiter" (Röm 16,3). Vor diesem Hintergrund ist es dann noch einmal von Bedeutung, dass Priska meist vor ihrem Mann genannt wird[124]. H.-J. Klauck[125] deutet zu Recht: „Dieser Befund ist sicher nicht als Höflichkeit zu verstehen … es werden im Gegenteil die antiken Konventionen durchbrochen, was auf die besondere Bedeutung dieser Frau für die urchristliche Mission hinweist. Sie entfaltete ihre weittragende Wirksamkeit von der Basis ihrer Hausgemeinde aus."

Ein weiteres missionierendes Ehepaar, das in der Grußliste von Röm 16 angeführt wird, ist Andronikus und Junia[126]. Wie bei Aquila und Priska handelt es sich um Judenchristen. Paulus sagt von ihnen, dass sie schon vor ihm zum Glauben gekommen waren und dass sie „angesehen sind unter den Aposteln" (Röm 16,7). Das lässt sich kaum anders erklären, als dass bei ihnen (wie bei Paulus) Bekehrung und Berufung zusammenfielen: Sie gehörten offenbar beide zu jener größeren Gruppe von Aposteln, die 1 Kor 15,7 zufolge eine Erscheinung des Auferstandenen hatte. Eine Zeit lang missionierten sie mit Paulus gemeinsam (von Antiochien aus?) und gerieten irgendwann mit ihm zusammen in Gefangenschaft (Röm 16,7). Von den Kirchenvätern wurde Junia ausnahmslos als weiblicher Apostel verstanden. Erst seit dem Mittelalter deutete man ihren Namen immer häufiger als einen Männernamen, weil man nicht wahrhaben wollte, dass in der Frühzeit der Kirche eine Frau Apostel war und von Paulus auch noch als „angesehen unter den Aposteln" bezeichnet wurde.

Gerade Priska und Junia können uns zeigen, dass die missionarische Tätigkeit von Frauen im 1. Jahrhundert keineswegs auf karitative Dienste oder auf den Familienbereich begrenzt war. Dagegen spricht auch die Erwähnung von Evodia und Syntyche in Phil 4,2–3. Paulus bezeichnet beide Frauen als seine „Mitkämpferinnen für das Evangelium". Von anderen Frauen, nämlich von Maria, Tryphäna, Tryphosa und Persis, sagt er in Röm 16,6.12, dass sie „sich im Herrn abgemüht haben". „Mühe" und „sich abmühen" aber sind paulinische *termini technici* für schwere Missionsarbeit[127].

Man tut also gut daran, die Rolle der Frau im paulinischen Missionswerk und überhaupt in der heidenchristlichen Mission nicht zu unterschätzen. Die Grußliste im 16. Kapitel des Römerbriefs wirft für einen Augenblick überraschendes Licht auf einen Bereich, aus dem wir sonst fast keine Nachrichten haben. Auf Grund dessen, was Paulus dort eher beiläufig sagt, dürfen wir mit Sicherheit annehmen, dass er es verstand, eine große Zahl von Mitarbeiterinnen für seine Mission zu gewinnen, dabei die Charismen der Frau für die Verkündigung des Evangeliums voll einzusetzen und so auch in diesem Punkt sein in Gal 3,28 formuliertes Programm wahrzumachen: „Da gibt es nicht mehr den Mann oder die Frau."

Dass die Verwirklichung von Gal 3,28 in den paulinischen Missionsgemeinden wenigstens annäherungsweise gelang, hing aber nicht nur mit dem Vorbild des Apostels und der charismatischen Struktur seiner Gemeinden zusammen, sondern auch damit, dass sich damals die Christen zur gottesdienstlichen Versammlung noch in relativ kleinen, überschaubaren Hausgemeinden trafen. P. Stuhlmacher sagt treffend[128]: „Die Bedeutung der frühchristlichen Hausgemeinden sollte nicht unterschätzt werden. Paulus hat selbst in Hausgemeinden gelebt, gelehrt und solche begründet. Für ihn war nicht nur die Großgemeinde, sondern auch die Hausgemeinde der Ort, wo die in der Antike besonders gravierenden soziologischen und ethnisch-religiösen Barrieren zwischen Juden und Heiden, Freien und Unfreien, Männern und Frauen, Hoch und Niedrig, Gebildet und Ungebildet zerbrochen und vergleichgültigt wurden zugunsten und von der neuen Bindung aller an Christus als den Herrn (Gal 3,27; 1 Kor 1,26ff.; 12,12f.). Gerade auch die Hausgemeinden waren dementsprechend die Stätten, wo man über der gemeinsamen Feier des Herrenmahls zu dem einen, pluriformen Leib Christi zusammenwuchs, zur Gemeinschaft der Versöhnten. Wo dies gelang, da konnte man ohne weltfremden Enthusiasmus wirklich von der Gemeinde als der ‚neuen Schöpfung', d. h. dem Vorzeichen der neuen Welt Gottes, und von der Verpflichtung und Realität eines neuen Lebens sprechen (Gal 6,15f.; Röm 6,4)."

4. Die Praxis des „Miteinander"

Wir sind dabei, anhand von Stichproben in der Briefliteratur des Neuen Testamentes zu prüfen, ob die Reich-Gottes-Praxis Jesu in der nachösterlichen Kirche fortgesetzt wurde. Im vorangegangenen Kapitel hat sich gezeigt, dass die Absicht Jesu, aus dem zerrissenen und kranken Gottesvolk eine versöhnte Gesellschaft zu machen, in dem Miteinander von Juden und Griechen, Sklaven und Freien, Männern und Frauen der paulinischen Missionsgemeinden fortgeführt wurde.

Dieses Miteinander ist nun noch – über die Programmatik von Gal 3,28 hinaus – weiterzuverfolgen. Man könnte dies zum Beispiel anhand des für die Urkirche höchst bedeutsamen Begriffs der Gemeinschaft *(koinonia)* tun[129]. Im Folgenden soll jedoch von einem ganz anderen Begriff oder besser: von einer ganz anderen sprachlichen Erscheinung ausgegangen werden, an der sich die Sache des Miteinander ziemlich genau und vielleicht sogar noch eindrücklicher feststellen lässt als am Begriff der kirchlichen *communio*. Es handelt sich um das ganz unscheinbare Reziprokpronomen „einander" *(allelon)*[130]. Das zehnbändige „Theologische Wörterbuch zum Neuen Testament" von Kittel-Friedrich, das sonst sogar einzelne Präpositionen behandelt, hat *allelon* keines Artikels gewürdigt, obwohl sich an diesem kleinen Wort ein wichtiges Stück urchristlicher Theologie der Gemeinde aufzeigen ließe. Betrachten wir nur die folgende, keineswegs vollständige Liste[131]:

Einmütigkeit untereinander suchen (Röm 12,16)
auf den anderen bedacht sein (Röm 12,16)
einander annehmen (Röm 15,7)
einander zurechtweisen (Röm 15,14)
einander mit heiligem Kuss grüßen (Röm 16,16)
aufeinander warten (1 Kor 11,33)
einträchtig füreinander sorgen (1 Kor 12,25)
einander in Liebe Sklavendienste leisten (Gal 5,13)
einander die Lasten tragen (Gal 6,2)

einander in Liebe ertragen (Eph 4,2)
gütig und barmherzig zueinander sein (Eph 4,32)
sich einander unterordnen (Eph 5,21)
einander verzeihen (Kol 3,13)
einander trösten (1 Thess 5,11)
einander aufbauen (1 Thess 5,11)
untereinander Frieden halten (1 Thess 5,13)
einander Gutes tun (1 Thess 5,15)
einander die Sünden bekennen (Jak 5,16)
füreinander beten (Jak 5,16)
einander von Herzen lieben (1 Petr 1,22)
gastfreundlich zueinander sein (1 Petr 4,9)
einander in Demut begegnen (1 Petr 5,5)
miteinander Gemeinschaft haben (1 Joh 1,7)

Die Liste zeigt schon auf den ersten Blick, dass die sprachliche Struktur des Miteinander innerhalb der neutestamentlichen Briefliteratur ihren Ort in der Ermahnung (Paraklese) hat. Besonders häufig und vielfältig ist der Gebrauch des Reziprokpronomens in den echten Paulusbriefen und in jenen Briefen, die in der paulinischen Tradition stehen (Eph, Kol, 1 Petr). Es gibt nur eine Ausnahme: In den Pastoralbriefen (1 Tim, 2 Tim, Tit) kommt *allelon* im positiven Sinn kein einziges Mal mehr vor – ein deutliches Zeichen, dass dort die dem historischen Paulus so wichtige Verantwortung der Gemeindeglieder füreinander kein Briefthema mehr ist.

Um die reiche Thematik des Miteinander in der neutestamentlichen Ekklesiologie etwas anschaulicher zu machen, greife ich aus meiner Liste zunächst einmal eine bestimmte Formel heraus, nämlich „einander aufbauen" (1 Thess 5,11).

Hinter dem Stichwort „Erbauung" *(oikodome / oikodomein)* verbirgt sich einer der wichtigsten Begriffe des Neuen Testamentes[132], der später im Pietismus eine außerordentliche Wirkungsgeschichte hatte. Dort bahnte sich allerdings auch eine Entwicklung an, in welcher der Begriff individualistisch auf das religiöse Innenleben der christlichen Persönlichkeit eingeengt wurde. Paulus hingegen denkt bei Erbauung vorwiegend an die Ortsgemeinde, in der sich für ihn die Kirche darstellt. Man könnte anhand des Begriffs der Erbauung einen guten Teil der paulinischen Ekklesiologie entfalten.

Die Wurzeln der christlichen Rede von Erbauung liegen im Alten Testament und dort vor allem bei Jeremia. Bei ihm bildet das Begriffspaar „aufbauen und niederreißen" geradezu ein Leitmotiv (vgl. Jer 1,10). Gott kann Völker erbauen, er kann sie aber auch niederreißen (Jer 12,14–17). Vor allem aber: Gott wird nach Beendigung des Exils Israel zu einer neuen Gemeinde erbauen:

Seht, es werden Tage kommen – Spruch des HERRN –,
da säe ich über das Haus Israel und das Haus Juda
eine Saat von Menschen und eine Saat von Vieh.
Und es wird geschehen: Wie ich über sie gewacht habe,
um auszureißen und einzureißen,
zu zertrümmern, zu vernichten und Unheil zu bringen,
so werde ich nun über sie wachen,
um zu bauen und zu pflanzen – Spruch des HERRN.
(Jer 31,27–28)

Der Text zeigt: „Bauen" meint aufrichten, zum Leben bringen und kann sich unmittelbar auf das Volk Gottes beziehen. Das wird noch deutlicher in der Gottesrede von Jer 24,5–7:

[…] Ich schaue liebevoll auf die Verschleppten aus Juda,
die ich von diesem Ort vertrieben habe ins Land der Chaldäer.
Ich richte meine Augen liebevoll auf sie
und bringe sie wieder zurück in dieses Land.
Ich will sie aufbauen und nicht [mehr] niederreißen,
einpflanzen und nicht [mehr] ausreißen.
Ich gebe ihnen ein Herz, mich zu erkennen,
dass ich der HERR bin.
Sie werden mein Volk sein, und ich werde ihr Gott sein,
denn sie werden mit ganzem Herzen zu mir umkehren.

Wie das Präskript des Römerbriefs (1,1–7) und Gal 1,15 zeigen, versteht Paulus seine eigene Berufung im Lichte der Berufung Jeremias. Er übernimmt aus Jer 1,4–10 die Formel vom Bauen und Niederreißen: Er hat vom Herrn die Vollmacht bekommen, die Gemeinde von Korinth zu „bauen, nicht sie niederzureißen" (2 Kor 10,8; 13,10). Der Gemeindeaufbau ist sein apostolisches Amt. Dabei unterscheidet Paulus aber noch einmal zwischen der Fundamentlegung der Gemeinden und dem späteren Weiterbau. Den Weiterbau werden andere betreiben; seine eigentliche Aufgabe ist es, überall als Erster das Fundament, welches Christus ist, zu legen (1 Kor 3,6.10; Röm 15,20).

Erinnern wir uns nun an die Intention Jesu, Israel zu sammeln (vgl. I 1–8). Es scheint, dass der paulinische Begriff der Erbauung der Gemeinden das präzise Analogon zur Sammlung Israels bei Jesus ist. Jesus hätte dann stärker auf Ezechiel, Paulus stärker auf Jeremia zurückgegriffen. Jesus weiß, dass Gott selbst es ist, der sein Volk sammelt (Mt 6,9). Und trotzdem – das ist sein Geheimnis – sammelt er selbst Israel (Mt 12,30; 23,37). Genauso weiß Paulus, dass die Einbringung der Heiden das große eschatologische Werk Gottes ist (Röm 14,20; 15,18; 1 Kor 3,9). Und trotzdem ist die Erbauung der heidenchristlichen Gemeinden seine grundlegende apostolische Aufgabe. Beiden, Jesus wie Paulus, geht es um die Sammlung beziehungsweise um den Bau des einen Gottesvolkes, das jetzt, in der Endzeit, nach dem unabänderlichen Willen Gottes endgültig errichtet wird.

Mit all dem dürfte klar sein: Erbauung bezieht sich nicht auf den Einzelnen, der zu einer geistlichen Persönlichkeit reifen soll, sondern auf die Kirche, die für Paulus allerdings in den konkreten Ortsgemeinden existiert. Philipp Vielhauer sagt mit Recht[133]: „Nicht das fromme Individuum ist das Ziel der Wege Gottes, sondern die Eine Heilige Allgemeine Kirche in dem prägnanten und radikal eschatologischen Sinne des Neuen Testamentes; ihre Schaffung und Erhaltung, Förderung und Verwirklichung bezeichnet Paulus mit *oikodomein*."

Das Faszinierende ist nun freilich, dass Paulus von seiner apostolischen Vollmacht, Gemeinde zu bauen, nur höchst selten spricht. Er tut es eigentlich nur, wenn er von seinen Gegnern (etwa in Korinth) dazu gezwungen wird (vgl. 2 Kor 10,7–9; 13,10). Normalerweise spricht er von „Erbauung der Gemeinde" im Zusammenhang der Verantwortung, die alle in der Gemeinde füreinander haben. Diese Verantwortung aller füreinander zeigt sich zum Beispiel im Gottesdienst. Der damalige Gottesdienst weist eine Vielfalt von Formen auf, bei denen sich die Gemeinde beteiligen kann und bei denen die verschiedensten Charismen zum Zug kommen:

Wenn ihr zusammenkommt, trägt jeder etwas bei: einer einen Psalm, ein anderer eine Lehre, ein anderer eine Offenbarung; einer redet in Zungen, ein anderer deutet es. Alles soll zur Erbauung geschehen. (1 Kor 14,26)

Ein Problem ist dabei freilich das Reden in Zungen, die Glossolalie. Sie ist ein Lobpreis der Großtaten Gottes in ekstatischer, unverständlicher Sprache. Wer im Gottesdienst in Zungen redet, hat selber sehr viel davon – Paulus sagt: Er baut sich selbst auf –, die anderen jedoch haben nichts davon. Keiner versteht ihn ja. Wer hingegen prophetisch redet, redet verständlich, „er baut auf, er ermutigt, er spendet Trost" (1 Kor 14,2–4). Paulus verlangt deshalb einen Gottesdienst, der so geordnet ist, dass er die Gemeinde aufbaut (14,26). Ekstatische Gebete sind nur zugelassen, wenn sie anschließend für alle gedeutet werden (14,13.27–28). Aber auch prophetisches Reden muss nacheinander, nicht durcheinander geschehen – wiederum, damit es für die Übrigen verständlich ist (14,29–33).

Bei all dem wird deutlich: Die Erbauung der zum Gottesdienst versammelten Gemeinde ist nicht allein Aufgabe des Leiters der Versammlung (von einem solchen Leiter sagt Paulus übrigens in 1 Kor 14 kein einziges Wort), sondern die Aufgabe aller, die sich versammelt haben. Ohne eine höchst kommunikative und verantwortungsvolle Form von Gottesdienst ist ein solches Ziel natürlich nicht zu erreichen. Aber Paulus will ja gerade, dass im Gottesdienst ein Höchstmaß an sinnvoller, aufbauender Kommunikation geschieht. Er will, dass die Gottesdienstteilnehmer aufeinander warten, einander begrüßen, einander Mut zusprechen, einander trösten, einander zurechtweisen, einander belehren und füreinander sorgen. Mit anderen Worten: Die Liste zu Beginn dieses Kapitels bezieht sich nicht nur auf den Alltag der damaligen Christen, sondern zu weiten Teilen auch auf ein von Paulus erhofftes und gewünschtes gottesdienstliches Verhalten.

Dann aber ist der Blick auf 1 Kor 14 fast wie ein Blick in eine andere Welt. Wenn Paulus bereits über eine die Kommunikation zerstörende Glossolalie so unglücklich war, was hätte er dann erst zu der Mehrzahl unserer heutigen Sonntagsgottesdienste gesagt, in denen soziale Kommunikation kaum noch stattfindet – beziehungsweise dort, wo sie stattfindet, extrem ritualisiert ist. Wo hat bei uns der normale Gottesdienstbesucher (schon das Wort ist verräterisch!) die Möglichkeit, die übrige Gemeinde durch einen Zuspruch, durch eine Lehre, durch eine geistgewirkte Einsicht, durch einen (neuen) Psalm (den er selbst gedichtet hat) aufzubauen?

Man wird sogar noch weitergehen müssen. Selbst ritualisierte Kommunikationsformen, wie etwa der gegenseitige Friedensgruß der Gemeinde, stoßen bei uns nicht selten auf Gleichgültigkeit oder Ablehnung. Was würden heutige „Gottesdienstbesucher" erst sagen, wenn sie aufgefordert würden, sich den Frieden so zuzusprechen, wie es in den urchristlichen Gemeinden üblich war: „Grüßt einander mit heiligem Kuss" (Röm 16,16; 1 Kor 16,20; 2 Kor 13,12; 1 Petr 5,14)?

Man wird freilich, um gerecht zu sein, sagen müssen, dass die nach dem Zweiten Vatikanischen Konzil in der katholischen Kirche neu eingeführte Form des Friedensgrußes teilweise auch mit Begeisterung aufgenommen wurde. Hinter dieser Begeisterung steht die Sehnsucht nach einem menschlicheren, kommunikativeren Gottesdienst. Beides, Ablehnung und Sehnsucht, sind Zeichen, dass in unseren Gottesdiensten vieles nicht stimmt. Sie erzeugen nicht Miteinander, sondern Nebeneinander. Und dass unsere Gottesdienste so gemeinschaftshemmend sind, ist auch wieder nur ein äußeres Zeichen dafür, dass in unseren Gemeinden die Kommunikation außerhalb der Gottesdienste nicht stimmt. Sie findet meist nur noch in verkümmerter Form statt. Was in der Liste am Anfang dieses Kapitels steht, gibt es zwar oft im christlichen „Privatbereich", jedoch viel seltener auf der Ebene der christlichen Gemeinde.

Nun werden die urchristlichen Gemeinden in all dem, wozu die paulinische Paraklese aufforderte, ebenfalls oft versagt haben. In diesem Buch geht es wahrhaftig nicht darum, ein romantisch-verklärtes Bild der Urkirche zu malen. Davor bewahrt allein schon die Lektüre des 1. Korintherbriefs. Das eigentlich Gefährliche ist nicht unsere Schuld und unser Versagen. Das eigentlich Gefährliche liegt darin, dass wir uns unseres Zurückbleibens gegenüber dem, was Gemeinde und Volk Gottes vom Neuen Testament her sein sollten, nicht einmal mehr bewusst sind. Wir halten die Wirklichkeit unserer anonymen, gut verwalteten, aber weithin kommunikationslosen Großgemeinden für normal, vielleicht sogar für gottgewollt. Wir merken gar nicht mehr, wie wenig bei diesem Typ von Pfarreien (oder gar Pfarrverbänden) elementare Forderungen neutestamentlichen Gemeindelebens überhaupt noch stattfinden können, zum Beispiel

Einmütigkeit untereinander suchen (Röm 12,16)
einträchtig füreinander sorgen (1 Kor 12,25)
einander aufbauen (1 Thess 5,11)
einander die Sünden bekennen (Jak 5,16)
einander zurechtweisen (Röm 15,14)

Bleiben wir noch einen Augenblick bei der letzten Wendung: einander zurechtweisen. Paulus schreibt der Gemeinde von Thessalonich: „Wir ermahnen euch, Brüder, weist die [unter euch] zurecht, die ein ungeordnetes Leben führen" (1 Thess 5,14). Der Kontext zeigt, dass Paulus diese Mahnung gegen Missverständnisse und Übertreibungen absichern will. Er fährt nämlich fort:

„Ermutigt die Ängstlichen, nehmt euch der ‚Schwachen' an, seid geduldig mit allen." Diese notwendige Absicherung ändert aber nichts daran, dass Paulus die gegenseitige Zurechtweisung innerhalb der christlichen Gemeinde als lebenswichtig ansieht. Das zeigt auch Röm 15,14:

> *Was mich selbst euch gegenüber betrifft, meine Brüder, so bin ich überzeugt, dass auch ihr voll guter Gesinnung seid, erfüllt von aller Erkenntnis und durchaus fähig, einander selbst zurechtzuweisen.*

Wie fest die Mahnung zur gegenseitigen Zurechtweisung in der Paraklese des Paulus verankert ist, beweist schließlich Gal 6,1–2[134]:

> *Brüder, wenn einer [aus der Gemeinde] bei einer Verfehlung angetroffen wird, dann bringt den Betreffenden als Geisterfüllte in der Gesinnung der Sanftmut wieder auf den rechten Weg. Sieh aber zu, dass du nicht selbst versucht wirst. Einer trage des anderen Lasten; so werdet ihr das Gesetz des Christus erfüllen.*

Paulus differenziert hier sehr sorgfältig: Sein eigenes Gewissen prüfen, dass er nicht selbst versucht werde, soll jeder für sich (Singular!). Den Bruder oder die Schwester auf den richtigen Weg zurückbringen, sollen dagegen alle (Plural!). Sie können es, weil sie alle Geistliche sind. Wieder zeigt sich, wie ernst die Erfüllung von Joël 3 in der Urkirche genommen wird. Die ganze Gemeinde hat den Geist empfangen und ist deshalb berechtigt und auch fähig, den Schuldiggewordenen zur Umkehr zu führen.

Die Praxis der gegenseitigen Zurechtweisung findet sich aber nicht nur in den paulinischen Gemeinden. Das zeigen Texte wie Jak 5,19–20 und Didache 15,3. In Mt 18,15–17 wird der Weg der brüderlichen Zurechtweisung sogar in einem dreistufigen Verfahren geregelt: Die Ermahnung soll zuerst unter vier Augen geschehen; fruchtet das nichts, dann im Beisein von ein oder zwei Zeugen; ist auch das vergeblich, schließlich vor der gesamten Gemeinde.

Die angeführten Texte machen deutlich: Die schwere Verfehlung eines einzelnen Gemeindeglieds wird in der Urkirche nicht als Privatsache betrachtet, die der Einzelne allein mit Gott abzumachen hat. Man ist vielmehr überzeugt: Eine solche Verfehlung belastet die gesamte Gemeinde, sie beeinträchtigt die Gemeinschaft, sie ist eine tiefe Wunde am Leib der Gemeinde[135]. Eine solche Sicht von Sünde setzt mit Sicherheit ein höchst intensives Gemeinschaftsbewusstsein voraus.

Noch etwas sollten wir bedenken: Die richtige Zurechtweisung verlangt von dem Zurechtweisenden sehr viel: zum Beispiel den Mut, sich dann auch seinerseits zurechtweisen zu lassen; aber auch das Wissen, dass man in einer wirklich brüderlichen Gemeinde Konflikte nicht verdrängen oder künstlich verdecken darf, sondern dass sie unbedingt geklärt werden müssen. Der Mut, andere brüderlich zurechtzuweisen, und die Demut, sich seinerseits zurechtweisen zu lassen, ist eines der sichersten Indizien, ob überhaupt echte Gemeinschaft vorhanden ist, ob Gemeindebewusstsein vorliegt.

Wieder, wie schon bei dem Phänomen der gegenseitigen Erbauung, muss die Frage erlaubt sein: Findet heute in den durchschnittlichen Pfarrgemeinden der christlichen Großkirchen so etwas wie brüderliche Zurechtweisung überhaupt noch statt? Wenn nicht – was ist der Grund? Ist der Grund nicht der, dass das Bewusstsein, vor Gott eine Gemeinde zu sein, die zusammengehört, die füreinander verantwortlich ist, die eine gemeinsame Heils- und Unheilsgeschichte hat, meist gar nicht mehr vorhanden ist?

So zeigt sich bei genauerer Betrachtung, dass in dem zunächst so unscheinbaren *allelon* ein sehr hartes Kriterium für die Realität von Gemeinde gegeben ist. Die Liste zu Beginn dieses Kapitels ist alles andere als harmlos. Sie impliziert eine ekklesiale Grundentscheidung. Hinter ihr steht letztlich die Intention Jesu, das Gottesvolk wieder zu einer wahren Gemeinschaft zusammenzuführen.

5. Die Bruderliebe

Jesus verheißt denen, die ihm auf seinen Wegen durch Palästina nachfolgen und deshalb ihre Familien verlassen, schon jetzt, für diese Zeit, hundertfältigen Ersatz: Gott ist von nun an ihr Vater (Mt 23,9), und sie werden im Übermaß Mütter, Brüder und Schwestern erhalten (Mk 10,29–30). Das ist, wie wir sahen (vgl. II 3), die Programmatik einer neuen Familie. Diese neue Familie soll aber nicht nur die unmittelbaren Nachfolger Jesu umfassen, sondern alle, die seine Botschaft vom Reich Gottes annehmen und so den „Willen Gottes tun": „Wer den Willen Gottes tut, der ist mir Bruder, Schwester und Mutter" (Mk 3,35).

Seit dieser Deklaration der neuen Familie Jesu geht durch Israel ein tiefer Riss. Die Familien spalten sich. Es steht von jetzt an „der Vater gegen den Sohn und der Sohn gegen den Vater, die Mutter gegen die Tochter und die Tochter gegen die Mutter" (Lk 12,53). Denn nun hat, mitten in Israel, das endzeitliche Israel begonnen, in welchem die bisherigen Familienstrukturen in einen neuen Zusammenhang gestellt, teilweise sogar aufgegeben werden.

Auch in diesem Punkt ist die Urkirche Jesus treu geblieben. Sie hat die Programmatik der neuen Familie weitergeführt und weiterbedacht. Eine wichtige Rolle spielen dabei die urchristlichen Apostel und Wandermissionare, die das radikale Nachfolgeethos Jesu am intensivsten weiterüberliefern[136] und es in ihrer eigenen Existenz zu verwirklichen suchen. Sie praktizieren die *tropous kyriou*, „die Lebensweise des Herrn" (Didache 11,8). Später wird die Tradition dieser Wandermissionare vom syrischen Asketentum, von den iro-schottischen Mönchen, von Franziskanern und Dominikanern aufgegriffen und weitergeführt werden. Überhaupt wird die Programmatik der neuen Familie vor allem durch das Mönchtum in der Kirche lebendig bleiben.

Zunächst aber sind neben den Wandermissionaren und ihren Sympathisanten die urchristlichen Hausgemeinden der eigentliche Ort, an dem christliche Brüderlichkeit konkret realisiert werden kann. In jeder Stadt, in der Christen leben, gibt es eine oder mehrere Familien, die ihre Häuser für die Zusammenkünfte der Gemeinde zur Verfügung stellen[137]. Die Besitzer dieser Häuser entfalten oft eine rege missionarische Tätigkeit (vgl. Priska und Aquila); sie machen ihr Haus in opferbereiter Gastfreundschaft zum Mittelpunkt des Gemeindelebens, aber auch zum Stützpunkt für Christen, die auf der Durchreise sind. Dabei geht es nicht nur um die Beherbergung von Boten, die im Auftrag einer Gemeinde reisen (vgl. etwa 2 Kor 8,23–24), sondern auch um die gastliche Aufnahme von Christen, die in eigener Sache, etwa aus beruflichen Gründen, unterwegs sind. Die Beherbergung von fremden „Brüdern" spielt in der Urkirche eine außerordentliche Rolle[138]. Insgesamt wird man sagen müssen, dass sich damals gerade in den Familien derer, die ihr Haus der christlichen Gemeinde zur Verfügung stellen, die Struktur der neuen, offenen Familie, die ihre eigenen Grenzen auf Gemeinde hin durchbricht, exemplarisch abzeichnet. Im Raum der Hausgemeinden werden Brüderlichkeit und Schwesterlichkeit konkret gelebt. Wenn Matthäus für seine Gemeinden formuliert: „Ihr sollt euch nicht Rabbi nennen lassen, denn nur einer ist euer Meister, ihr alle aber seid Brüder" (Mt 23,8), so ist „Bruder" nicht nur eine ekklesiologische Wesensbestimmung (Kirche als Bruderschaft). Hinter dem Spruch steht vielmehr konkrete Praxis in den Gemeinden: Man redet sich gegenseitig mit „Bruder" und „Schwester" an. Was bei uns heute auf Sekten, Freikirchen, Ordensgemeinschaften oder die „Mitbrüder im geistlichen Amt" beschränkt bleibt, ist in der Urkirche selbstverständliche Anrede innerhalb der Gemeinden. Der „Bruder" und die „Schwester" sind die christlichen Glaubensgenossen.

Das ist sprachlich zwar nicht neu. Schon die deuteronomische Reform hatte in Israel die Bruder-Anrede eingeführt. Auch in den antiken Kultvereinen, in Qumran und überhaupt im Judentum redete man den Glaubensgenossen mit „Bruder" an. Nicht die Sprache ist also neu. Wohl aber der Begründungszusammenhang: Die Brüderlichkeit und Schwesterlichkeit der urchristlichen

Gemeinden gründet in der eschatologischen Geistausgießung. Denn die Erfahrung des Geistes bedeutet zugleich Erfahrung der für die Endzeit verheißenen Gotteskindschaft (Röm 8,14–16; Gal 4,6–7). Das Bewusstsein aber, Gottes geliebte Söhne und Töchter zu sein, macht die Christen untereinander zu Brüdern und Schwestern.

Offenbar spricht man mit „Bruder" und „Schwester" nicht nur ein schönes Wort aus; der Geist der Brüderlichkeit wird auch konkret fassbar. Hören wir noch einmal, wie Paulus wegen des entlaufenen Sklaven Onesimus an Philemon schreibt:

[Ich] Paulus, Gesandter Jesu Christi, jetzt aber auch noch sein Gefangener, bitte Dich für mein Kind Onesimus, dem ich im Gefängnis zum Vater geworden bin. Früher war er Dir unnütz, doch jetzt ist er mir und Dir nützlich. Ich schicke ihn zu Dir zurück, ihn, das heißt mein eigenes Herz. Ich hätte ihn gern bei mir behalten, damit er mir an Deiner Stelle hilft, solange ich um des Evangeliums willen im Gefängnis bin. Aber ohne Dein Einverständnis wollte ich nichts tun, und Deine gute Tat soll nicht erzwungen, sondern freiwillig sein. Denn vielleicht ist er nur deshalb eine Zeit lang von Dir getrennt worden, damit Du ihn für alle Zeit zurückerhältst – nicht mehr nur als Sklaven, sondern als einen, der mehr ist als ein Sklave: als geliebten Bruder. Das ist er jedenfalls für mich, um wie viel mehr dann für Dich – sowohl als Mensch als auch als Christ [wörtlich: sowohl im Fleisch als auch im Herrn].

Da Du mich zum Gefährten hast, nimm ihn auf wie mich selbst. Wenn er Dich aber geschädigt hat oder Dir etwas schuldet, so setze es auf meine Rechnung. Ich, Paulus, schreibe es hiermit eigenhändig nieder: Ich werde Schadenersatz leisten – um nicht davon zu reden, dass Du selber Dich mir schuldest. Ja, Bruder, ich möchte Deiner im Herrn froh werden. Lass mein Herz aufatmen in Christus.
(Phlm 9–20)

Es kommt in unserem Zusammenhang nicht nur darauf an, dass dieser Brieftext die urchristliche Bruder-Anrede besonders konkret vor Augen führt. Genauso wichtig ist die Art, wie Paulus hier argumentiert. Seine Argumentation lebt aus der Identifikation mit Onesimus: J. Gnilka schreibt zu Recht[139]: „Nimm ihn auf wie mich, setze seine Schuld auf mein Konto, mir bereitest du Freude durch seine Aufnahme, er ist mein Herz, er kommt als Quartiermacher für mich … Die Erfüllung der Bitte wäre nichts weiter als die Erfüllung der christlichen Bruderliebe. Darum wird Philemon bewusst gemacht, dass er in denselben familiären Beziehungen steht. Auch er ist Bruder, auch er verdankt sich dem Apostel, steht in seiner Schuld … Als Christ ist er der Bruderliebe verpflichtet."

Noch wichtiger als dies alles ist freilich der Tonfall, in dem Paulus schreibt. Der kleine Brief macht etwas deutlich, was sonst im Urchristentum wegen fehlender Quellen schwer zu fassen ist: die Frische, die Herzlichkeit, die Liebenswürdigkeit, die dort aufblüht, wo man das Neue erfahren hat, nämlich die schwesterliche und brüderliche Gemeinschaft, die aus dem vom Geist ermöglichten Neuanfang kommt. Das schönste Wort der Urkirche für das Neue, das in dieser von Gott geschenkten Gemeinschaft um sich greift, ist *agape* (Liebe).

Es lohnt sich gerade in unserem Zusammenhang, dieses Wort genauer ins Auge zu fassen. Wenn heute im Christentum von Liebe gesprochen wird und dabei nicht die Liebe zu Gott oder zu Christus oder zum Ehegatten, sondern die Liebe zu den Mitmenschen gemeint ist, hat das Wort fast stets einen universalen Klang. Die Liebe zum Nächsten, so wird zu Recht immer wieder gesagt, muss alle Grenzen der Gruppe, der Nation, der Rasse, der Religion, sprengen. Jeder, der mich braucht, ist mein Nächster. Es soll hier nicht untersucht werden, was alles zu dieser radikalen Universalisierung des Begriffs der Nächstenliebe geführt hat. Entscheidend mit dazu beigetragen hat auf jeden Fall Jesus selbst, der im Gleichnis vom barmherzigen Samariter (Lk 10,25–37) den Begriff des Nächsten neu definiert hat und der dazu aufgefordert hat, selbst noch die Feinde zu lieben:

Liebt eure Feinde,
tut Gutes denen, die euch hassen,
segnet, die euch verfluchen,
betet für die, die euch misshandeln.
(Lk 6,27–28)

Wichtig für unser heutiges Verständnis von Nächstenliebe wurde aber auch die erst von den modernen Kommunikationsmitteln ermöglichte, nahezu apokalyptische Erfahrung, wie viele Menschen täglich in der Welt verhungern. Die breite Resonanz, welche die kirchlichen Fastenaktionen (in Deutschland: „Brot für die Welt" und „Misereor") von Anfang an gefunden haben, zeigt, dass unter Christen ein tiefes Bedürfnis besteht, den Notleidenden überall in der Welt, völlig unabhängig von Fragen der Religionszugehörigkeit, zu helfen. Hier hat, zumindest in Mitteleuropa, heute der Begriff „Nächstenliebe" seinen Sitz im Leben. Er hat sich weitgehend von der Hinwendung zum Glaubensgenossen innerhalb der Kirche losgelöst. Das heißt natürlich nicht, dass es im Binnenraum der christlichen Gemeinden keine Nächstenliebe mehr gäbe. Aber diese Liebe wird lediglich als Teilbereich der großen, universalen Liebe empfunden, die allen Menschen in der Welt zu gelten hat.

Angesichts dieser christlichen Bewusstseinslage wirkt es wie ein Schock, wenn man als Exeget eines Tages feststellt, dass im Neuen Testament zwischenmenschliche Liebe fast ausnahmslos die Liebe zum Glaubensbruder, also die Liebe der Christen untereinander, meint[140]. Es gibt offenbar kaum ein Phänomen im Neuen Testament, das so intensiv verdrängt wird wie dieser Tatbestand[141].

Hellhörig müsste freilich bereits das teilweise gehäufte Vorkommen bestimmter Formeln machen wie „einander lieben"[142], „die Brüder lieben"[143], „den Bruder lieben"[144], „die Bruderschaft lieben"[145], „die Kinder Gottes lieben"[146], „die Liebe untereinander"[147], „die Liebe zu den Heiligen"[148].

Viel wichtiger ist allerdings die Beobachtung, dass in der neutestamentlichen Briefliteratur für die Zuwendung zum Mitmenschen über die Gemeinde hinaus regelmäßig eben nicht *agape* / *agapan* (Liebe / lieben) gebraucht wird, sondern eine ganz andere Begrifflichkeit. Da gerade diese Beobachtung von Bedeutung ist, soll sie im Folgenden an einigen Texten veranschaulicht werden. Am auffälligsten ist 1 Petr 2,17, wo vom Verfasser des 1. Petrusbriefs besonders sorgfältig differenziert wird:

> *Ehret alle Menschen,*
> *liebt die Brüder [wörtlich: die Bruderschaft],*
> *fürchtet Gott,*
> *ehrt den Kaiser.*

Das ist, wie sofort ersichtlich, eine hochrhetorische Reihung, deren Formulierungen nicht gepresst werden dürfen; nach Meinung des Verfassers soll man selbstverständlich auch Gott lieben. Aber die sorgfältig durchgeführte viergliedrige Ermahnung zeigt doch, dass für das Verhalten im Binnenraum der Gemeinde (2. und 3. Glied) eine andere Terminologie am Platz ist als für das Verhalten über die Gemeinde hinaus (1. und 4. Glied).

Wichtig für unsere Fragestellung ist auch der 1. Thessalonicherbrief. Hier begegnet in 3,12 der einzige neutestamentliche Beleg (über das jesuanische Gebot der Feindesliebe bei Lukas und Matthäus hinaus), wo die *agape* auch die Nichtchristen außerhalb der Gemeinde umgreifen könnte: „Der Herr lasse euch wachsen und reich werden in der Liebe zueinander und zu allen." Aber wer sind „alle"? Alle Menschen? Oder die Mitchristen in den anderen christlichen Gemeinden? Schon in den beiden folgenden Kapiteln differenziert Paulus genauer. Geht es um den Binnenraum der Gemeinden, so formuliert er dort:

> *Ihr habt es nicht nötig, dass ich euch über die Bruderliebe schreibe,*
> *denn ihr seid von Gott selbst belehrt, einander zu lieben, und ihr*
> *handelt auch entsprechend an allen Brüdern in ganz Mazedonien.*
> *Wir ermahnen euch aber, darin noch reicher zu werden.*
> *(1 Thess 4,9–10)*

Hier ist völlig eindeutig, wie das „einander" und das „alle" zu verstehen ist. Aber Paulus differenziert noch weiter. Geht es um ein Verhalten, das über den Binnenraum der Gemeinden hinausgreift, so formuliert er wenig später:

Seht zu, dass keiner einem anderen Böses mit Bösem vergilt,
sondern bemüht euch stets um das Gute,
untereinander und zu allen. (1 Thess 5,15)

Hier ist mit dem „alle" der Binnenraum der Gemeinde ganz offensichtlich überschritten. Deshalb verwendet Paulus nicht „lieben", sondern „Gutes tun". Diese auffällige Differenzierung hat eine exakte Parallele in Gal 5–6. Zum Stichwort „Liebe" sagt Paulus dort in 5,13–15:

Dient einander in Liebe. Denn das ganze Gesetz ist in dem einen
Wort zusammengefasst: Du sollst deinen Nächsten lieben wie dich
selbst. Wenn ihr aber einander beißt und verschlingt, dann gebt
Acht, dass ihr euch nicht gegenseitig umbringt.

Das Liebesgebot aus Lev 19,18 steht hier eindeutig in einem Zusammenhang, der allein das Verhalten der Gemeinde untereinander bespricht. Der „Nächste" ist deshalb, wie auch sonst bei Paulus, niemand anders als der Glaubensgenosse[149].

Paulus setzt dann auch im Folgetext (Gal 5,16–6,8) seine Ermahnungen über das rechte Verhalten im Binnenraum der Gemeinde fort. Erst ab 6,9 lenkt er, zum Schluss seiner gesamten Paraklese, noch den Blick auf die Nichtchristen außerhalb der Gemeinde, nun aber bezeichnenderweise nicht mehr unter dem Stichwort „Liebe", sondern genau wie in 1 Thess 5,15 unter dem Stichwort „Gutes tun":

Lasst uns nicht müde werden, Gutes zu tun; denn wenn wir darin
nicht nachlassen, werden wir ernten, sobald die Zeit dafür gekom-
men ist. Deshalb wollen wir, solange wir noch Zeit haben, allen

Gutes tun, besonders aber den Hausgenossen des Glaubens. (Gal 6,9–10)

Mit den „Hausgenossen des Glaubens" sind selbstverständlich die Mitchristen gemeint. Paulus betrachtet die Gemeinde hier als eine Familie von Glaubenden, in der man sich nach drinnen noch einmal anders verhält als nach draußen. Gerade das haben manche Theologen Paulus übel genommen. H. Weinel[150] spricht von einer „kirchlichen Verengung der Liebe", H. Preisker[151] von einem „Abstrich gegenüber der unbegrenzten Lebensfülle der Liebe". Man sieht deutlich: Dem Apostel werden hier von unserem heutigen Begriff der Nächstenliebe her Zensuren erteilt. Aber ist dieser heutige Begriff auch der Begriff der Bibel? Blicken wir, bevor wir eine Antwort versuchen, zunächst noch auf das 12. und 13. Kapitel des Römerbriefs.

Dort beginnt in 12,9 ein neuer Abschnitt innerhalb der Paraklese. Er behandelt unter dem Motto „eure Liebe sei ungeheuchelt" (12,9) zunächst das rechte Verhalten innerhalb der Gemeinde. Von 12,14 an gerät auch das Verhalten zu den Nichtchristen in den Blick, ab 12,17 sogar ausschließlich. Der Blick nach draußen reicht bis 13,7. Innerhalb des gesamten Abschnitts, der nach draußen blickt (12,17–13,7), fällt kein einziges Mal das Stichwort „Liebe". Wohl aber begegnet von Neuem die uns nun schon aus 1 Thess 5,15 und Gal 6,10 bekannte Aufforderung: „Seid allen Menschen gegenüber auf das Gute bedacht" (12,17). Sie wird hier allerdings noch erweitert durch die Sätze:

Wenn möglich haltet, soweit es in eurer Macht steht, mit allen Menschen Frieden. Rächt euch nicht selbst, Geliebte, sondern gebt Raum dem Zorn [Gottes]. Es steht ja geschrieben: Mein ist die Rache, ich werde vergelten, spricht der Herr. Vielmehr: Wenn dein Feind Hunger hat, gib ihm zu essen. Wenn er Durst hat, gib ihm zu trinken. Tust du das, so sammelst du glühende Kohlen auf sein Haupt. Lass dich nicht vom Bösen besiegen, sondern besiege das Böse durch das Gute. (12,18–21)

Paulus bietet hier die längste Ausführung zum Gebot der „Feindesliebe", die sich bei ihm überhaupt findet. Aber er verwendet dabei gerade nicht den Begriff der Liebe. Er hält sich vielmehr an eine hochethische alttestamentliche Mahnung bezüglich der Behandlung des Feindes aus Spr 25,21–22, die ebenfalls das Stichwort „Liebe" vermeidet, obwohl sie sich inhaltlich durchaus mit dem deckt, was Jesus an Verhalten gegenüber dem Feind gefordert hat[152]. Erst in 13,8–10 taucht bei Paulus der Begriff der Liebe wieder auf. Wie in Gal 5,14 wird Lev 19,18 zitiert: „Du sollst deinen Nächsten lieben wie dich selbst." Wie in Gal 5,14 kann auch hier nur die Bruderliebe gemeint sein, denn es ist von der gegenseitigen Liebe die Rede (13,8). „Gegenseitige Liebe" setzt ja stets eine festumrissene Gruppe voraus. Außerdem ist zu beachten, dass der „Nächste" auch in Röm 15,2 eindeutig den Glaubensgenossen bezeichnet[153].

Allerdings macht bei dieser Interpretation von Röm 13,8–10 der Übergang in den Versen 7 / 8 Schwierigkeiten. Paulus hat nämlich zuvor in Vers 7 von dem gesprochen, was die Christen den staatlichen Organen schuldig sind (Steuern, Zölle, Respekt, Ehrerbietung) und fährt dann fort:

Bleibt niemandem irgendetwas schuldig
außer der gegenseitigen Liebe. (13,8)

Vom Kontext (Vers 7) und von der Satzkonstruktion her erwartet man, dass von der Liebe zu allen Menschen gesprochen wird. Wegen des Begriffs der „gegenseitigen Liebe" ist dies jedoch höchst unwahrscheinlich[154]. Man kann deshalb Vers 8 nur so deuten, dass Paulus zunächst von dem spricht, was man allen Menschen schuldet. Hiervon darf man nichts schuldig bleiben. Es gibt aber etwas, das man niemals ableisten kann und mit dem man niemals an ein Ende kommt – die Liebe. Sie setzt jedoch einen anderen Raum voraus: den Raum des Miteinander, den Raum der Gemeinde. Deshalb wechselt Paulus den Bezugspunkt: Ab Vers 8 b spricht er wieder vom Verhalten zu den Glaubensgenossen.

So bestätigt schließlich auch Röm 12–13: Wenn das Neue Testament von zwischenmenschlicher Liebe spricht, meint es fast ausnahmslos die Bruderliebe innerhalb der Gemeinden. Die johanneische Literatur, in der dieses Phänomen schon immer beobachtet wurde, steht also keineswegs allein. Johannesbriefe und Johannesevangelium spiegeln nur besonders deutlich wider, was für das gesamte Neue Testament gilt.

Wenn das alles so ist, stellt sich jetzt allerdings unausweichlich die Frage, ob die neutestamentlichen Gemeinden die Position Jesu nicht doch verraten haben. Denn Jesus fordert eben ausdrücklich dazu auf, die Feinde zu lieben. Hätte die apostolische Mahnung diese Terminologie nicht übernehmen müssen? Hier ist zweierlei zu beachten:

1. Die Sache, die Jesus mit der Feindesliebe gemeint hat, ist in der neutestamentlichen Briefliteratur durchaus vorhanden. Den Gemeinden wird dort ja gesagt: „Segnet eure Verfolger" (Röm 12,14; 1 Petr 3,9), „vergeltet nicht Böses mit Bösem" (Röm 12,17; 1 Petr 3,9), „besiegt das Böse durch das Gute" (Röm 12,21) und „wenn dein Feind Hunger hat, gib ihm zu essen" (Röm 12,20). Das alles trifft in der Sache sehr genau das, was Jesus mit der Feindesliebe gewollt hat. Das Segnen der Verfolger geht sogar auf ein Jesuswort zurück (Lk 6,28 par Mt 5,44). Männer wie Paulus oder der Verfasser des 1. Petrusbriefs scheuen sich lediglich, die aufgezählten Verhaltensweisen als „Liebe" zu bezeichnen.

2. Die Position Jesu wäre missverstanden, wenn man sie undifferenziert als universale Menschheitsliebe definieren würde[155]. Jesus steht durchaus auf dem Boden des Alten Testaments, wo der Nächste zuerst einmal der Nachbar und der Glaubensgenosse ist. Jesus relativiert dann zwar den Begriff des Nächsten, indem er deutlich macht, dass jeder, der in Not ist, zum Bruder wird. Aber das heißt genau genommen, dass sich die Bruderliebe, die im Volk Gottes ihren bleibenden und eigentlichen Ort hat, auf den, der in Not ist, ausweiten muss. Der Begriff des Nächsten wird dadurch zwar radikal entgrenzt, aber er verfällt keineswegs einer „universalen Abstraktion"[156]. Die ständige Entgrenzung der Bru-

derliebe behält ihre Basis im Volk Gottes, das zunächst einmal in seinem Binnenraum lebt, was Nächstenliebe heißt. Gerade indem diese Basis beibehalten wird, kann dann die Grenze nach draußen ständig überschritten werden.

Sieht man unvoreingenommen zu, ist wohl auch hier die Urkirche auf den Spuren Jesu – wahrscheinlich viel genauer als wir. Die neutestamentlichen Gemeinden haben niemals daran gedacht, sich mit einem „Alle Menschen werden Brüder" oder gar mit einem „Seid umschlungen, Millionen" naiven Träumen hinzugeben. Sie haben sehr nüchtern versucht, Bruderliebe zuerst einmal in ihren eigenen Reihen zu verwirklichen, sich dann aber gleichzeitig bemüht, die Grenzen nach außen ständig zu überschreiten. Auf diese Weise werden immer mehr Menschen in die Brüderlichkeit der Gemeinden einbezogen und immer neue Nächstenverhältnisse möglich[157].

Eine Frage am Schluss dieses Kapitels: Hat sich unser langer und vielleicht sogar ermüdender Weg durch die *agape*-Texte der neutestamentlichen Briefliteratur gelohnt? War er überhaupt notwendig? Wäre es in einer Welt, in der uns islamistische Gruppen täglich brutalen Hass vorführen – und auch noch Hass im Namen ihres Gottes –, wäre es in einer solchen Welt nicht viel wichtiger, ausführlich von der Liebe über die eigenen Gemeinden hinaus, also von der Liebe zu allen Menschen zu sprechen?

Sieht man genau zu, ist diese Frage längst beantwortet. Nächstenliebe und Feindesliebe lassen sich nicht säuberlich trennen. Sie hängen miteinander zusammen, sie bedingen sich gegenseitig. Ich kann meine Feinde draußen nur lieben, wenn ich zuvor gelernt habe, meine Nächsten in der Gemeinde zu lieben. Von „Fernstenliebe" zu träumen ist leicht. Den zu lieben, der mir in nächster Nähe Tag für Tag auf die Nerven geht, braucht mehr. Feindesliebe wird durch die Nächstenliebe erlernt. Denn der „Feind" lebt als „Nächster" oft unmittelbar neben mir.

Es sei auch noch einmal erinnert an die Weltkriege des 20. Jahrhunderts. In ihnen haben unablässig Christen Christen umgebracht. Wenn die Christen damals auch nur eine Ahnung von dem gehabt hätten, was mit binnenkirchlicher *agape* gemeint ist, wäre es unmöglich gewesen, dass Christen aus Deutschland sich von einem großmäuligen Hitler zu einem Angriff auf polnische oder französische Christen hätten kommandieren lassen. Weiterhin: In Deutschland haben unzählige Christen weggesehen, als die Synagogen brannten und ihre jüdischen Brüder und Schwestern diskriminiert und später abtransportiert wurden. Dabei gehörten doch all diese vergewaltigten Juden zum Gottesvolk. Gerade ihnen hätte damals die christliche *agape* gelten müssen. Es rede also keiner davon, dass mit der Klarstellung, wo die *agape* ihren eigentlichen Ort hat, eine gemütliche christliche Kuschelecke geschaffen würde. Wer lernt, dem christlichen Bruder und der christlichen Schwester in Liebe zugetan zu sein (Röm 12,9), der hat auch gelernt, gegenüber allen Menschen auf Gutes bedacht zu sein (Röm 12,17).

6. Der Verzicht auf Herrschaft

Jesus lehnt ungerechte Herrschaft und den Menschen unterdrückende Herrschaftsstrukturen für die Jüngergemeinde auf das Bestimmteste ab. In seiner neuen Familie von Brüdern und Schwestern dürfen keine Patriarchen mehr herrschen. Gottesherrschaft heißt gerade nicht Menschenherrschaft. Hat die Urkirche diese Programmatik einer neuen Gesellschaft, in der es keine Unterdrückung mehr gibt, ernst genommen? Ist eine solche Gesellschaft überhaupt zu verwirklichen?

Eines wird man auf jeden Fall sagen dürfen: Die Urkirche hat den Willen Jesu, das endzeitliche Israel nicht mehr auf Unterdrückung anderer aufzubauen, klar erkannt, hat ihn in einem entscheidenden Text zur Sprache gebracht und hat diesen Text dann weitertradiert. Er steht heute an herausgehobener Stelle im Markusevangelium. Unmittelbar davor wird von einer Bitte der Zebedäussöhne Jakobus und Johannes erzählt (Mk 10,35–38):

„Meister, wir wollen, dass du uns erfüllst, worum immer wir dich [jetzt] bitten werden." Er antwortete ihnen: „Was ist es, was ich euch erfüllen soll?" Sie sprachen: „Gewähre uns, dass in deiner Herrlichkeit einer von uns zu deiner Rechten und der andere zu deiner Linken sitzen darf." Da sagte Jesus zu ihnen: „Ihr wisst nicht, um was ihr bittet. Könnt ihr den Kelch trinken, den ich trinken werde, oder seid ihr bereit, mit der Taufe getauft zu werden, mit der ich getauft werde?"

Die Szene beschwört ein Bild fast wie aus Tausendundeiner Nacht. Ein neuer König hat den Thron bestiegen und so seine Herrschaft angetreten. Links und rechts von seinem Thron lässt er seine beiden höchsten Wesire Platz nehmen, ebenfalls auf Thronsesseln. Sie werden mit ihm zusammen herrschen und mit ihm zusammen richten. Offenbar geht es Jakobus und Johannes um sehr reale Macht im anbrechenden Gottesreich, die sie sich, bevor andere kommen, rechtzeitig sichern wollen. Die Übrigen aus dem Zwölferkreis verstehen das auch sehr genau. Als sie von dem Vorgang hören, sind sie über die beiden Zebedäiden aufgebracht (Mk 10,41).

Auf diese Szene folgt der Text, um den es hier geht. Wir müssen ihn uns erneut ansehen. Es handelt sich um eine kleine Redekomposition, welche die Meinung des historischen Jesus über menschliche Herrschaft wohl ziemlich exakt wiedergibt. So wie der Text vorliegt, ist er allerdings eine nachösterliche Komposition, in der bereits Herrschaftsprobleme in der Kirche reflektiert werden:

Ihr wisst, dass diejenigen, die als die Herrscher der Völker gelten, ihre Völker herrschaftlich unterdrücken und sie durch ihre Großen [ihre hohen Beamten] vergewaltigen. Unter euch hingegen darf es so nicht sein. Wer unter euch ein Großer werden will, muss euer Diener sein. Und wer unter euch ein Erster sein will, muss aller Sklave sein. Denn auch der Menschensohn ist nicht gekommen, dass er sich dienen lasse, sondern dass er diene und sein Leben als Lösegeld dahingebe für viele. (Mk 10,42–45)

Wie gesagt, der Text spielt schon auf Herrschaftsprobleme in der Kirche an. Es geht um die Grundstruktur kirchlicher Ämter, die in Anlehnung an die dienende Existenz Jesu definiert werden. Autorität und Vollmacht muss es also in der Kirche geben. Das wird vorausgesetzt. Aber diese Autorität darf gerade nicht Herrschaft sein von der Art, wie Herrschaft in der Gesellschaft immer wieder ausgeübt wird. Dort verfolgt Herrschaft nur allzu oft die Interessen der Herrschenden. Die Autorität im Gottesvolk muss hingegen ganz aus dem Dienen erwachsen. In der Kirche kann nur der zur Autorität werden, der von sich selbst und seinen eigenen Interessen absieht und seine Existenz für die anderen lebt.

Aber der Text geht noch viel weiter. Man muss ja davon ausgehen (obwohl es nicht unmittelbar formuliert wird), dass es selbstlose Hingabe für die Anderen auch in der übrigen Gesellschaft gibt. Es gibt zwar Tyrannen, aber es gibt auch Herrscher, die in ihrem Amt die Interessen des Gemeinwohles an die erste Stelle setzen. Doch selbst sie müssen das Wohl der Gesellschaft mit Machtmitteln erzwingen oder verteidigen – mit den Machtmitteln, die ihnen Recht und Gesetz in die Hand geben und die in der Gesellschaft auch unbedingt nötig sind. Andernfalls würde das Chaos ausbrechen. In der von Gott ermöglichten Gegenwelt, die unser Text im Auge hat, darf aber nicht einmal das geschehen. Die Autorität, von der hier die Rede ist, kann nicht einmal mehr erzwingen, was legitim und richtig ist. Sie kann es nur noch bezeugen und notfalls dafür sterben. Es ist alles andere als ein Zufall, dass am Ende des Textes von der Lebenshingabe Jesu für die Vielen gesprochen wird (10,45). Jesus hat für seine Botschaft eben keine Machtmittel eingesetzt. Er hat die Bewegung, die er in Israel auslöste, nicht einmal organisiert. Er war nur Zeuge, und er hat seine Jünger zu Zeugen gemacht. Als man daranging, ihn wegen seiner Botschaft mit Gewalt zu beseitigen, hat er sich lieber umbringen lassen, als die Gewalt seiner Gegner mit Gegengewalt zu beantworten. Das ist die Autorität Jesu. Es ist eine bis ins Letzte paradoxe Autorität, die in ihrer Ungeschütztheit und Verletzbarkeit alle sonst üblichen Arten von Herrschaft auf den Kopf stellt.

Mk 10,42–45 definiert von diesem Verhalten Jesu her in bestürzender Folgerichtigkeit jede nur mögliche Art von Autorität innerhalb der Kirche. Die Gewaltlosigkeit, der Herrschaftsverzicht und deshalb auch die erschreckende Ausgesetztheit sind der Kirche und ihren Ämtern durch die Praxis Jesu unabänderlich eingestiftet.

Das Programm ist also klar erkannt. Nicht nur von Markus, sondern auch von Matthäus (20,25–28) und Lukas (22,24–27). Lukas hat den kirchlichen Bezug der Redekomposition sogar noch stärker herausgearbeitet als Markus (vgl. Lk 22,26). Aber hat die Urkirche dieses Programm, das sich von den üblichen (und auch notwendigen) Formen menschlichen Herrschaftswillens aufs Schärfste absetzt, auch gelebt? Sie hat es zumindest nicht vergessen. Sooft sie an Mk 10,42–45 auch gescheitert ist – sie wusste doch wenigstens immer, dass hier der Ernstfall gegeben war, das Kriterium, an dem sich entschied, ob sie wirklich das wahre Gottesvolk, die Gegenwelt Gottes in der Welt war.

Vor allem Paulus ist in diesem Punkt das wache Bewusstsein der Urkirche. An sich besitzt er ein sehr ausgeprägtes Wissen um seine apostolische Vollmacht – viel ausgeprägter, als es manche Exegeten wahrhaben möchten[158]. Paulus war keineswegs nur ein väterlich „Ermahnender" oder in Grenzsituationen dann auch ein „charismatischer Richter", wie K. Wegenast behauptet[159]. W. Schrage hat in seiner Arbeit über „Die konkreten Einzelgebote in der paulinischen Paränese" gezeigt, wie sehr Paulus gerade kraft apostolischer Vollmacht Anordnungen für seine Gemeinden gegeben hat: „Man darf das autoritative und gebieterische Moment gewiss nicht überbetonen (vgl. 2 Kor 1,24; 8,8), aber man darf es auch nicht unterschlagen und die apostolischen Weisungen zu taktvollen Empfehlungen und guten Ratschlägen verharmlosen."[160]

Paulus ist zwar primär Verkündiger des Evangeliums, aber in dieser Verkündigung trifft den Menschen nicht nur Gottes Erbarmen, sondern auch Gottes richterliche Forderung. Deshalb gibt der Apostel mit derselben Autorität, mit der er das Evangelium verkündet, bindende Anordnungen für das sittliche Leben des Einzelnen und für das Zusammenleben in den Gemeinden. Diese Anordnungen reichen sogar bis in die Rechtssphäre hinein: Der Apostel kann im Geist des auferstandenen Herrn verbindlich und Recht setzend entscheiden[161].

Paulus weiß also durchaus um seine apostolische Vollmacht *(exousia)*, die ihm von Christus selbst verliehen ist. Aber das ist nur die eine Seite der Sache. Denn die Ausübung dieser Vollmacht ist bei ihm fast immer in einer eigentümlichen Weise gebrochen; sie ist integriert in die Struktur des Dienens *(diakonia)*. So gerät die Ausübung seiner apostolischen Vollmacht erst gar nicht in den Verdacht, Herrschaft über die Gemeinde zu sein. Sie hat den Charakter sich hingebenden Dienstes[162]. Paulus kommt nach Korinth lieber „im Geist der Liebe und Sanftmut" als mit Härte (1 Kor 4,21). Er hätte in Thessalonich das Gewicht seiner Autorität „als Apostel Christi" geltend machen können; stattdessen war er zu den Thessalonichern „liebevoll wie eine Mutter, die ihre Kinder an sich drückt" (1 Thess 2,7). Er hätte dem Philemon durch die „Freiheit, die er in Christus besitzt, befehlen können", aber er bittet ihn stattdessen lieber „um der Liebe willen" (Phlm 8–9). Trotz der schweren Auseinandersetzungen, die er mit den Korinthern hat, schreibt er der Gemeinde: „Wir sind nicht Herren über euren Glauben, sondern wir sind Mitarbeiter an eurer Freude" (2 Kor 1,24).

Nun könnten solche Texte ja reine Deklarationen sein. Insofern ist es wichtig, dass wir keineswegs auf Einzelformulierungen dieser Art angewiesen sind. Wie wenig Paulus Herr sein will über den Glauben der Gemeinden, beweist bereits die Form seiner Briefe an sich. Sie gehören literarisch zu den umfangreichsten und persönlichsten Briefen, die uns überhaupt aus der Antike überliefert sind. Aber das hängt eben damit zusammen, dass Paulus nicht in erster Linie dekretiert, sondern mit hohem theologischem Engagement argumentiert. Er sucht seine Gemeinden zu überzeugen, er ringt um ihr Einverständnis, damit sie in der gewonnenen Einsicht mitentscheiden können. Paulus nimmt die Freiheit und Eigenverantwortung seiner Gemeinden ernst.

Dass er nicht einfach nur verordnet und befiehlt, zeigt aber nicht nur der erste, argumentierende Teil seiner Briefe, sondern auch ihr zweiter, ihr ermahnender Teil: die Paraklese. Die Paraklese des Paulus ist gewiss auch Anordnung und Weisung, sie ist aber gleichzeitig Aufruf, Ermunterung, Zuspruch, Trost, Einladung, ja Bitte[163]. All das steckt in dem griechischen Wort *parakalein*, das für den zweiten Teil der paulinischen Briefe charakteristisch ist (vgl. besonders Röm 12,1). Wenn Paulus anordnet, so ist die sehr persönliche und herzliche Bitte stets spannungsvoll mit allen Anordnungen verbunden und durchbricht sie ständig.

Noch sprechender als die Form, in der Paulus schreibt, ist die Behandlung seiner Mitarbeiter, die immer wieder aus seinen Briefen erkennbar wird. Bereits das Wort „Mitarbeiter" *(synergos)* ist signifikant. Es wird von Paulus nicht nur relativ häufig verwendet[164], sondern hat durch ihn auch eine sprachliche Eigenprägung erfahren. Paulus bezeichnet mit diesem Wort die Männer und Frauen, die mit ihm zusammen am gemeinsamen Werk der Mission arbeiten. W.-H. Ollrog hat in einer glänzenden Untersuchung über „Paulus und seine Mitarbeiter" gezeigt, dass die paulinische Missionsform als „Mitarbeitermission" zu kennzeichnen ist – für die Urkirche keineswegs eine Selbstverständlichkeit[165]. Ollrog hat weiterhin gezeigt, dass Paulus angesichts der Vielzahl seiner Mitarbeiter nicht die eigene Person zum „Einheit gewährleistenden Mittelpunkt" macht, sondern das „gemeinsame Werk" *(ergon)*. Er ist selbst „Mitarbeiter" an diesem Werk (1 Kor 3,9) und behandelt die übrigen Mitarbeiter nicht als seine Gehilfen, sondern als mündige und selbstständige Partner[166].

Zur „Praxis" des Paulus gehören aber auch seine Misserfolge und Niederlagen. Die Leiden des Apostels entstehen ja nicht nur aus Verfolgungen von außen, sondern auch aus der ständigen „Sorge um alle Gemeinden" (2 Kor 11,28). In einer Reihe von

Ortskirchen, vor allem in Korinth, scheint es Paulus nur wenig oder nur zeitweise geglückt zu sein, seine theologische Konzeption von Gemeinde verständlich zu machen. Das lag nicht nur daran, dass seit dem antiochenischen Konflikt ständig judenchristliche Delegaten in sein eigenes Missionsgebiet einbrachen und die Gemeinden durcheinanderbrachten; es lag auch daran, dass Paulus seine Gemeinden nicht unmündig halten wollte, sondern ihnen einen außerordentlich großen charismatischen Spielraum einräumte. Paulus setzte auf freien Gehorsam und band die Charismen an die Vernunft des Geistes und der Liebe[167] – und ging damit ein hohes Risiko ein. Aber genau das ist das Risiko herrschaftsfreier Autorität in der Nachfolge Jesu. Die Kirche wird sich immer zwischen der Sicherheit der Unfreiheit und dem Risiko der Freiheit entscheiden müssen.

Übrigens hat Paulus diese Alternative mehr als jeder andere reflektiert. Er wusste sehr wohl, dass eine Autorität, die auf Herrschaft verzichten muss, sehr schnell in die Nähe des Kreuzes Christi gerät. Sein apostolischer Dienst vollzieht sich in Schwachheit, und diese Schwachheit hat sehr viel mit der Ohnmacht des gekreuzigten Christus zu tun:

Wohin wir auch kommen – immer tragen wir das Todesleiden Jesu an unserem Leib, damit auch das Leben Jesu an unserem Leib sichtbar wird. Denn ständig werden wir, obwohl wir leben, um Jesu willen in den Tod gegeben, damit auch das Leben Jesu an unserem sterblichen Fleisch offenbar wird. (2 Kor 4,10–12)

Allerdings ist diese Schwäche und Ohnmacht der apostolischen Existenz (vgl. auch 1 Kor 4,9–13) nun gerade ihre Stärke: „Wenn ich schwach bin, dann bin ich stark" (2 Kor 12,10). Inwiefern? Auch Dienen kann ja in sublimer Weise in Herrschaft umschlagen. Aus dieser abgründigsten aller Versuchungen kommt der Träger von Autorität nur dadurch heraus, dass er seine Misserfolge und Niederlagen als Mit-Sterben mit Christus begreift. Erst in solcher Ohnmacht wird sein Dienst ganz selbstlos und gewinnt eben damit eine alles überwindende Mächtigkeit. Erst in solcher Ohnmacht kann der Verkündiger wahrhaft sagen:

Wir verkündigen nicht uns selbst,
sondern Jesus Christus als den Herrn,
uns aber als eure Knechte um Jesu willen.
(2 Kor 4,5)

Es ist eine der tragischsten Verblendungen der Kirche, dass sie ihre Autorität (die durchaus notwendig und legitim ist), immer wieder durch Herrschaft absichern möchte. In Wirklichkeit zerstört sie auf diese Weise gerade ihre Autorität und schadet dem Evangelium aufs Schwerste. Die wahre Autorität kann nur in der Ohnmacht des Herrschaftsverzichts aufleuchten. Es ist die Autorität des Gekreuzigten. Paulus hat das wie kein anderer gewusst und hat deshalb die Paradoxie seiner apostolischen Autorität immer wieder mit der Paradoxie des Gekreuzigten und Auferstandenen in Verbindung gebracht. Es ist erstaunlich, in welcher Intensität sich Mk 10,42–45 der Sache nach bei Paulus wiederfindet.

Muss noch eigens gesagt werden, dass es bei dem Dienst an den Gemeinden aus der Ohnmacht des Kreuzes Christi heraus keineswegs nur um eine innere Haltung oder um die rechte Gesinnung der Amtsträger geht? Es wäre fatal, Mk 10,42–45 und seine Parallelen nur gesinnungs- und individualethisch auszulegen. Es geht in neutestamentlichen Texten dieser Art immer auch um die konkrete Gestalt des kirchlichen Amtes, das die Macht- und Herrschaftsstrukturen der Welt nicht widerspiegeln darf.

Die Versuchung, Herrschaft durchzusetzen und sich Recht zu erzwingen, gibt es freilich nicht nur bei den Amtsträgern. In Korinth haben Glieder der Gemeinde Rechtsstreitigkeiten untereinander. Sie bemühen dafür weltliche Gerichte. Paulus ist über solche Vorgänge tief empört:

170

Gibt es denn keinen einzigen verständigen Mann unter euch, der in der Lage ist, zwischen Bruder und Bruder einen Schiedsspruch zu fällen? Stattdessen zieht ein Bruder den anderen vor Gericht und auch noch vor Ungläubige. (1 Kor 6,5–6)

Nach Meinung des Paulus dürfen also Christen mit ihren Rechtsstreitigkeiten nicht vor ein heidnisches Gericht gehen. Sie müssen ihre Rechtssachen innerhalb der Gemeinde selbst klären. Das ist das Erste, was Paulus den Korinthern in einem solchen Fall zu sagen hat. Aber dann setzt er noch radikaler an und schreibt:

Ist es nicht schon grundverkehrt, dass ihr überhaupt Prozesse gegeneinander führt? Warum leidet ihr nicht lieber Unrecht? Warum lasst ihr euch nicht lieber ausrauben? (1 Kor 6,7)

An dieser Stelle der paulinischen Argumentation zeigt sich der Geist Jesu in hellem Licht (vgl. II 5). Innerhalb des wahren Gottesvolkes darf es keinen Kampf um Rechte mehr geben. Wer solche Kämpfe führt, trägt die Strukturen der heidnischen Gesellschaft in das Gottesvolk hinein und verdunkelt damit den Charakter der Kirche als einer Kontrastgesellschaft.

Die Ächtung des Kampfs um Rechte heißt freilich nicht, dass es in der Kirche kein Recht mehr geben dürfte. Das wäre genauso unsinnig wie die Forderung, es dürfe in der Kirche keine Autorität oder keine Institutionen mehr geben. Letztlich laufen solche Forderungen auf eine unsichtbare Kirche hinaus, die mit dem neutestamentlichen Kirchenbegriff nicht mehr das Geringste zu tun hätte. Selbstverständlich muss es Recht in der Kirche geben. Andernfalls wäre sie kein „Volk Gottes", kein „Leib Christi", nicht der gesellschaftlich fassbare „Herrschaftsraum Christi in der Welt". Aber das Recht in der Kirche kann im Vergleich zum weltlichen Recht immer nur analoges Recht sein. Es muss in allem auf den Geist Jesu hin gebrochen und relativiert sein. Es darf zwar Autorität und Verbindlichkeit nicht ausschließen, aber es kann nicht getragen sein von Institutionen, die dieses Recht mit Machtmitteln zu erzwingen haben. Es kann nur getragen sein von Gemeinden, die sich einmütig[168] und in freiem Gehorsam unter ein solches Recht stellen und es leben. Solche Einmütigkeit ist von Menschen her unmöglich. Als von Gottes Geist immer neu bewirktes Wunder aber ist sie möglich[169]. Dort, wo Gott am Werk ist, gelingt plötzlich das, was sonst trotz aller moralischen Anstrengungen ständig misslingt: vom Anderen her zu denken, sich vertrauend auf ihn einzulassen, die Einheit zu finden.

7. Die Kirche im Kontrast

Der Begriff des Kontrasts (oder gar der Kontrastgesellschaft), der in diesem Buch nun schon mehrfach Verwendung fand, stößt wahrscheinlich bei manchen Lesern auf Verwunderung, bei anderen auf Unverständnis. Auf viele deutsche Theologen wirkt der Begriff wie ein rotes Tuch. Ich bin erstaunt, manchmal geradezu erschrocken, was seine Kritiker alles in dieses Wort und seine Kontexte hineingeheimnissen. Da wird gemutmaßt[170], Kontrastgesellschaft bedeute „Rückzug aus der Welt", „Verschanzung hinter Klostermauern", „Flucht in fromme Konventikel", „geschlossene Gesellschaft", „Gespräch nur noch mit Gleichgesinnten", „Verweigerung von Kommunikation", „gesellschaftliche Abkapselung", „Realitätsverlust", „Verachtung der Menschen da draußen", „Isolation gegenüber den realen Alltagskonflikten", eine „in sich abgeschlossene Sonderwelt", Rückzug in ein „Ghetto seelischer Selbstbefriedigung", eine vermeintlich „heile Welt" – „ja vielleicht das Reich Gottes selbst".

Bisweilen steigert sich der Abwehrkampf ins Hochmoralische. Dann wird „Sektenmentalität" unterstellt, „ethischer Rigorismus", „penetrantes Erwählungspathos", „permanente sittliche Überforderung des Menschen", „Integralismus" oder sogar ein „totalitäres Kirchenbild"[171]. Spätestens bei solchen Insinuationen fragt man sich verwundert: Leidet also Paulus unter „Realitätsverlust", wenn er die Christen in Korinth vehement ermahnt, nicht vor heidnische Richter zu gehen, sondern ihre Konflikte selbst zu regeln (1 Kor 6,5–7)? Und formuliert der Verfasser des 1. Petrusbriefes in einem „elitären Erwählungspathos", wenn er schreibt: „Ihr aber seid ein auserwähltes Geschlecht, eine königliche Priesterschaft, ein heiliger Stamm, ein Volk, das sein besonderes Eigentum wurde" (1 Petr 2,9)? Und erst der Autor des Epheserbriefes! Wie kann er es wagen, seinen Leserinnen und Lesern zu schreiben: „Lebt nicht mehr wie die Heiden in ihrem nichtigen Denken. [...] Denn einst wart ihr Finsternis, jetzt aber seid ihr durch den Herrn Licht geworden. Lebt als Kinder des Lichts!" (Eph 4,17; 5,8). Ist das womöglich „Sektenmentalität", die vor der Gesellschaft flieht, sich zurückzieht und sich als etwas Besseres betrachtet? Oder war Jesus vielleicht doch ein „ethischer Rigorist", und hat er seine Hörer nicht völlig „überfordert", weil er ihnen sagte: „Wenn dich deine rechte Hand zum Bösen verführt, dann hau sie ab und wirf sie von dir. Denn es ist besser für dich, dass eines deiner Glieder verloren geht, als dass dein ganzer Leib in die Hölle kommt" (Mt 5,30)?

Es ist eigentümlich: Untersucht man die Texte jener Autoren, die den Begriff „Kontrastgesellschaft" attackieren, weil er sie zutiefst aufregt, so findet man keine einzige durchschlagende biblische Argumentation, sondern Einwürfe aus ganz anderen Motivfeldern, die eher unter dem Verdacht stehen, dass sich in der Bundesrepublik Deutschland nichts an dem Verhältnis zwischen Kirche und Staat ändern darf. Statt mit der Bibel argumentieren die Verächter des Begriffs lieber mit angeblich gesundem Menschenverstand. Auf die Soziologie jedenfalls können sie sich nicht berufen. Peter L. Berger und Thomas Luckmann schrieben 1966 in ihrem berühmten Buch „Die gesellschaftliche Konstruktion der Wirklichkeit": „Kontrast-Bestimmungen von Wirklichkeit brauchen Kontrast-Gesellschaften."[172] Daher rührt der Begriff. Wenn Berger – Luckmann recht haben, muss man folgern: Die jüdisch-christliche Sinnwelt ist eine andere als die des Heidentums. Der jüdisch-christliche Glaube versteht die Wirklichkeit der Welt kontrastiv zu den Weltdeutungen heidnischer Gesellschaften. Deshalb muss das neutestamentliche wie schon das alt-testamentliche Gottesvolk Gesellschaft im Kontrast sein.

Aber offenbar leben viele Christen weit von der Welt der Bibel entfernt. Einer der Grundgedanken der Bibel, der alle biblischen Bücher durchzieht, ist der Gedanke, dass Gott in der Welt ein Volk haben muss. Um es immer wieder zu sagen: Ein Volk gerade um der Welt willen und um *über dieses Volk* die ganze Welt zu erreichen. Dieses Volk muss selbst Welt sein. Es lebt gerade keine Weltlosigkeit, sondern soll Welt sein in ihrer ganzen Fülle und ihrer unverstellten Wahrheit und Schönheit. Nur so kann es in seiner eigenen Mitte Welt verändern, verwandeln und heiligen. Und zwar nicht um seiner selbst willen, sondern eben um der Welt willen. Um aber Welt verändern zu können, darf sich das Gottesvolk nicht der Gesellschaft anpassen oder sogar „Anschluss-fähigkeit" an die Gesellschaft demonstrieren, sondern muss das Neue leben, das mit Abraham in die Welt gekommen ist und durch Jesus vollendet wurde.

Selbstverständlich bedeutet das keine Arroganz gegenüber der Gesellschaft, in der die Kirche wie in der Zerstreuung lebt. Die Kirche hat von der Gesellschaft viel zu lernen. Auch die Gesellschaft hat ja ihre Propheten. Es gehörte seit Abraham zum Wesen des Gottes-volkes, dass es unablässig die großen Einsichten und Wahrheiten der Völker gesammelt und verinnerlicht hat. Aber dabei wurden diese Wahrheiten zugleich gesichtet, kritisiert, neu durchdacht, geklärt, gereinigt, ja in vielen Fällen zu sich selbst befreit.

Selbstverständlich hat „Kontrastgesellschaft" auch nichts mit einer „Parallelgesellschaft" zu tun, die sich sozial und kulturell abschottet, nach Möglichkeit sämtliche Institutionen verdoppelt, den staatlichen Institutionen der „Mehrheitsgesellschaft" die Aner-kennung versagt und heimlich oder offen damit droht, die Gesell-schaft, in der sie jetzt noch Minderheit ist, eines Tages zu beseitigen.

Die Versuchung, so etwas wie Parallelgesellschaft zu werden, stellte sich der Kirche schon sehr früh. Denn die Kirche versagte dem römischen Staat jenen Loyalitätsbeweis, der für diesen Staat höchste Bedeutung hatte: das Opfer vor den Göttern und die

Beteiligung am Kaiserkult. Die frühen Christen mussten sich wegen ihres Glaubens aber auch vielen anderen Institutionen der heidnischen Gesellschaft verweigern – den staatlichen Festmählern zum Beispiel, dem Besuch von Zirkusspielen und teilweise sogar dem Kriegsdienst. Gerade deshalb legte die Kirche größten Wert darauf, in sämtlichen anderen Belangen den Kaiser – und damit den römischen Staat – anzuerkennen. Diese Anerkennung wird schon sehr früh, fast wie in Vorwegnahme späterer Probleme, formuliert:

> *Jeder leiste den Trägern der staatlichen Gewalt den schuldigen Gehorsam [...]. Wer sich der staatlichen Gewalt widersetzt, stellt sich gegen die Ordnung Gottes, und wer sich ihm entgegenstellt, wird dem Gericht verfallen. (Röm 13,1–2; vgl. 1 Tim 2,1–2; Tit 3,1)*

„Kontrastgesellschaft" hat also mit dem seit Anfang der 1990er-Jahre virulent werdenden Begriff der „Parallelgesellschaft" nichts zu tun. Kontrastgesellschaft ist etwas anderes. In der Bibel kommt das Wort zwar nicht vor. Die Sache, die mit Kontrastgesellschaft gemeint ist, füllt die Bibel aber vom Anfang bis zum Ende. Nur ist uns diese Sache weitgehend entglitten; wir nehmen sie in der Bibel nicht mehr wahr. Deshalb drängt es sich geradezu auf, einen Begriff aus der Wissenssoziologie zu Hilfe zu nehmen, damit die Sache der Bibel unter dem Firnis einer Sprache, die für uns oft nur noch erbaulich-harmlos klingt, wieder zum Vorschein kommen kann. Im Übrigen hängen mein Bruder und ich nicht an dem Wort. Es geht uns um die Sache[173].

In der Bibel ist das Volk Gottes immer als Kontrastgesellschaft verstanden. Volk Gottes – das ist etwas anderes als das nationale Gebilde etwa zur Zeit Salomos oder der Hasmonäer. Volk Gottes meint also nicht „Gottesstaat". Volk Gottes ist aber auch nicht nur die geistige Gemeinschaft von Frommen, die als die Stillen im Land auf das Heil warten. Volk Gottes ist jenes Israel, das sich mit seiner ganzen Existenz (und das heißt auch: mit all seinen gesellschaftlichen Dimensionen) von Gott erwählt und berufen weiß. Volk Gottes – das ist jenes Israel, das sich nach dem Willen Gottes von allen Völkern der Erde unterscheiden soll:

Denn du bist ein Volk, das Jhwh, deinem Gott, heilig ist. Dich hat der Herr, dein Gott, ausgewählt, damit du unter allen Völkern, die auf der Erde leben, das Volk wirst, das ihm persönlich gehört. Nicht weil ihr zahlreicher als die anderen Völker wäret, hat euch der Herr ins Herz geschlossen und ausgewählt; ihr seid das kleinste unter allen Völkern. Weil der Herr euch liebt und weil er auf den Schwur achtet, den er euren Vätern geleistet hat, deshalb hat der Herr euch mit starker Hand herausgeführt und euch aus dem Sklavenhaus freigekauft, aus der Hand des Pharao, des Königs von Ägypten. (Dtn 7,6–8)

Dem befreienden Handeln Gottes, der Israel aus allen Völkern ausgewählt und aus Ägypten errettet hat, muss das Verhalten des Volkes entsprechen. Es soll ein heiliges Volk sein, mit einer Gesellschaftsordnung, die es von den übrigen Völkern unterscheidet:

Deshalb sollst du auf das Gebot achten, auf die Gesetze und Rechtsvorschriften, auf die ich dich heute verpflichte, und du sollst sie halten. (Dtn 7,11)

Dass Israel ein heiliges Volk ist, hat also zwei Gründe: zunächst die erwählende Liebe Gottes, der es aus allen Völkern zu seinem Eigentumsvolk gemacht hat. Das ist völlig unverdient. Das ist reines Geschenk, das ist reine Gnade. Die Heiligkeit Israels hängt aber auch davon ab, ob es die Gesellschaftsordnung, die Gott ihm geschenkt hat und die zu den Gesellschaftsordnungen aller übrigen Völker in Kontrast steht, wirklich lebt. Besonders prägnant wird dieser Zusammenhang im sogenannten „Heiligkeitsgesetz" (Lev 17–26) formuliert, etwa wenn es dort heißt:

*Seid mir heilig, denn ich, der Herr, bin heilig[174],
und ich habe euch aus allen Völkern ausgesondert,
damit ihr mir gehört. (Lev 20,26)*

Dass Gott sein Volk erwählt und geheiligt hat, um es so zu einem heiligen Volk unter den übrigen Völkern zu machen, ist auch für Jesus der selbstverständliche Hintergrund all seines Handelns. Der Unterschied zwischen Jesus und den zitierten Texten aus Levitikus und Deuteronomium liegt lediglich darin, dass für Jesus aufgrund der Botschaft der Propheten alles noch zusätzlich unter eschatologischen Vorzeichen steht: Die Taten Gottes in der Vergangenheit treten weit zurück gegenüber dem nun in Gang gesetzten endzeitlichen Handeln Gottes, in welchem sich dieser sein Volk wiederherstellt, ja es geradezu neu schafft, um so endgültig und unwiderruflich seinen Plan durchzuführen, ein heiliges Volk inmitten der Völker zu haben.

Die Sammlungsbewegung Jesu in Israel ist ohne diesen Hintergrund überhaupt nicht zu verstehen. Sie zielt auf das wahre, endzeitliche Israel, in welchem die Gesellschaftsordnung des Reiches Gottes gelebt wird. Jesus hat zwar niemals zu einer politisch-revolutionären Veränderung der jüdischen Gesellschaft aufgerufen. Aber die Umkehr, die er als Konsequenz seiner Reich-Gottes-Botschaft verlangt, will im Gottesvolk eine Bewegung in Gang setzen, der gegenüber Revolutionen der üblichen Art Harmlosigkeiten sind. Denken wir etwa an die Aufforderung Jesu zu absolutem Gewaltverzicht (vgl. II 5). Dieser Gewaltverzicht ist keineswegs nur eine Sache der inneren Gesinnung; es geht um konkrete Praxis. Er ist aber auch nicht nur Sache des Einzelnen; er setzt Menschen voraus, die gemeinsam mit der Gewaltlosigkeit ernst machen. Beim Verzicht auf Herrschaft (vgl. III 6) ist das alles noch deutlicher! Gewaltlosigkeit wie Herrschaftsverzicht können sich nur im Geflecht gesellschaftlicher Wirklichkeit vollziehen und sie wollen eben diese Wirklichkeit verändern. Der Aufruf Jesu zu Gewaltlosigkeit und Herrschaftsverzicht impliziert also bereits die Perspektive einer alternativen Gesellschaft, die zu den Gesellschaften der Welt, die durch legitime oder illegitime Gewalt geprägt sind, in scharfem Kontrast steht.

Im Übrigen spricht bei Jesus die „Sammlungsbitte" des Vaterunsers eine deutliche Sprache. In ihr wird die gesamte Heiligkeitsthematik des Alten Testaments aufgegriffen. Wir hatten ja bereits früher gesehen (vgl. I 4): „Geheiligt werde dein Name" – das heißt nichts anderes als: „Sammle und erneuere dein Volk; lass es zum wahren Gottesvolk werden." Vor dem Hintergrund von Dtn 7,6–11 und Lev 20,26 können wir nun noch präzisieren. „Geheiligt werde dein Name" – das heißt auch: „Sammle dir ein erneuertes Volk, das wahrhaft heilig ist, damit so das Reich Gottes aufleuchten kann und dein heiliger Name in seiner ganzen Herrlichkeit allen Völkern vor Augen steht."

Hat die Urkirche diese Intention Jesu begriffen und fortgeführt? Verstand sie sich selbst oder, besser, verstanden sich die neutestamentlichen Gemeinden als prinzipielles Gegenüber zum Heidentum, als heiliges Volk, das aus anderen Wurzeln lebt als die heidnische Gesellschaft? Diese Frage ist deshalb so wichtig, weil die christlichen Kirchen das Gefühl des „Gegenüber" zur Gesellschaft seit Jahrhunderten kaum noch kennen. Nur die Missionskirchen konnten wirklich begreifen, was es hieß, gegen die übrige Gesellschaft zu glauben. In den christlichen Volkskirchen blitzte diese Ahnung nur noch zeitweise auf – für die deutschen Katholiken etwa im Kulturkampf der Bismarckzeit oder für Teile der deutschen Protestanten und Katholiken im Widerstand gegen das Dritte Reich. Aufs Ganze gesehen haben sich die Kirchen in Europa jedoch in einer bestürzenden Weise mit der übrigen Gesellschaft und ihren Strukturen bewusstseinsmäßig identifiziert. Widerstand oder Verweigerung verwirklichen sie sehr selten oder höchstens punktuell. Dass die Kirche im Ganzen eine alternative Art von Gesellschaft sein müsste, ist den Christen Europas nicht mehr bewusst oder gelangt gerade erst in den letzten Jahren langsam wieder in ihr Bewusstsein.

Im Neuen Testament ist das noch anders. In vielfältigen Begriffen, aber auch in größeren Redestrukturen lebt dort das Wissen von der Kirche als der Kontrastgesellschaft Gottes mitten in der übrigen Gesellschaft. Eine solche Redestruktur wird zum Beispiel greifbar in dem schon erwähnten Text Eph 5,8:

Einst wart ihr Finsternis,
jetzt aber seid ihr Licht im Herrn.
Lebt deshalb wie Kinder des Lichts!

In scharfem Kontrast werden hier zwei Zustände einander gegenübergestellt: das Einst und das Jetzt. Einst waren die angesprochenen Gläubigen „Finsternis". Jetzt sind sie „Licht". „Finsternis" ist dabei Metapher für die ehemalige Existenz im Heidentum, „Licht" ist Metapher für die jetzige Existenz in der Kirche, denn „im Herrn" meint das Leben im Herrschaftsbereich Christi, und das ist in der paulinischen Sprachtradition die Kirche. An die Feststellungen im Indikativ schließt sich noch ein Imperativ an: Die Christen sind zwar aus der Taufgnade heraus „Licht", aber sie müssen auch in ihrem Leben vollziehen, was sie sind.

Ähnliche Redestrukturen sind in der Briefliteratur so häufig, dass man von einem festen Schema sprechen kann[175]. Man hat es das Schema von „Einst und Jetzt" genannt[176]. Es ist nicht immer so knapp formuliert wie in Eph 5,8. Oft ist seine Durchführung viel wortreicher und ausladender. So zum Beispiel in Tit 3,3–6:

Einst waren auch wir unverständig, ungehorsam und verblendet, waren Sklaven vielfältiger Wünsche und Leidenschaften, lebten in Bosheit und Rivalitäten, waren verhasst und hassten einander. Als aber die Güte und Menschenfreundlichkeit Gottes, unseres Retters, erschien, hat er uns gerettet; nicht aufgrund von Werken der Gerechtigkeit, die wir vollbracht hätten, sondern aufgrund seiner Erbarmung. [Er hat uns gerettet] durch das Bad der Wiedergeburt und der Erneuerung im Heiligen Geist. Ihn hat er in reichem Maß über uns ausgegossen durch Jesus Christus, unseren Retter.

Wieder stehen sich das Einst und das Jetzt gegenüber. Das Einst der heidnischen Existenz wird aber dieses Mal nicht mit einem einzigen Begriff umschrieben, sondern mit einem ganzen Lasterkatalog. Damit sind wir bereits bei einer zweiten Redestruktur, mit deren Hilfe die urkirchlichen Prediger heidnische Gesellschaft

und Kirche kontrastierend einander gegenüberstellen konnten: Sie
haben einfach in langen Listen die Ausweglosigkeiten des Heidentums und das Leben in der Kraft des Heiligen Geistes einander
entgegengesetzt. Eines der schönsten Beispiele ist Kol 3,8–14:

> *Zorn, Wut und Bosheit, auch Lästerung und böse Nachrede soll*
> *nicht mehr über eure Lippen kommen. Auch belügt einander nicht;*
> *denn ihr habt den alten Menschen mit seinen Taten abgelegt und*
> *den neuen Menschen angezogen, der nach dem Bild seines Schöpfers*
> *erneuert wird, um ihn zu erkennen.*
>
> *[Wo das geschieht], gibt es nicht mehr Griechen oder Juden,*
> *Beschnittene oder Unbeschnittene, Barbaren, Skythen, Sklaven*
> *oder Freie, sondern Christus ist alles in allem.*
>
> *Ihr seid von Gott erwählt, seid seine Heiligen und Geliebten. Des-*
> *halb bekleidet euch mit herzlichem Erbarmen, mit Güte, Demut,*
> *Sanftmut, Geduld! Ertragt euch gegenseitig und vergebt einander,*
> *wenn einer dem anderen etwas vorzuwerfen hat! Wie der Herr*
> *euch vergeben hat, so vergebt auch ihr! Vor allem aber liebt einan-*
> *der, denn die Liebe ist das Band der Vollkommenheit!*

Es ist deutlich: Hier steht einer negativen Liste (Zorn, Wut, Bosheit, Lästerung, böse Nachrede, Lüge) eine positive Liste (Erbarmen, Güte, Demut, Sanftmut, Geduld, Liebe) gegenüber. Die
negative Liste soll den heidnischen Menschen, die positive den
Christen charakterisieren. Dass es dabei aber nicht nur um die
Tugenden von Individuen geht, zeigt das Zwischenstück: Es geht
auch und vor allem um die heidnische Gesellschaft im Ganzen,
denn ihr wird die neue Gesellschaft Gottes entgegengesetzt, in
der die alten sozialen Trennungslinien zwischen Griechen und
Barbaren, Juden und Heiden, Sklaven und Freien radikal aufgehoben sind (vgl. III 3).
  Besonders aufschlussreich ist in Kol 3,8–14 auch die Kategorie
des Neuen, die eingesetzt wird, um die Existenz der Getauften zu
definieren. Dem alten Menschen wird der neue Mensch in Christus gegenübergestellt (vgl. auch Eph 2,15; 4,24). Der Einbruch des

radikal Neuen in eine alte, veraltete Welt ist ein Lieblingsgedanke der Eschatologie; dass es hier bei der Ablösung des alten Menschen durch den neuen um ein eschatologisches Geschehen geht, zeigt das Motiv der Neuschöpfung in aller Deutlichkeit. Dieses Motiv macht auch klar, weshalb die Urkirche so scharf zwischen dem Einst und dem Jetzt unterscheiden konnte. Gott hat in Christus die eschatologische Wende herbeigeführt; er hat in Christus sein Volk neu geschaffen. Deshalb gilt:

Wenn einer in Christus ist,
dann ist er neue Schöpfung.
Das Alte ist vergangen,
siehe: Neues ist geworden.
(2 Kor 5,17)

Noch einmal sei darauf hingewiesen: In Christus sein meint im Herrschaftsbereich Christi leben – und dieser Herrschaftsbereich ist die Kirche. 2 Kor 5,17 blickt also, genau wie Tit 3,3–6, auf die Taufe, durch die der Einzelne in den Christusleib der Kirche eingegliedert worden ist. Diese Eingliederung betrifft nicht nur die Innerlichkeit des Getauften; sie hat für Paulus radikale Konsequenzen, die tief in das Gesellschaftliche hineinreichen:

Christus ist ja gestorben, damit er alle, die glauben, „herausreiße aus dem gegenwärtigen bösen Äon" (Gal 1,4). Nicht das Geringste deutet darauf hin, dass Paulus mit dem Herausreißen aus diesem Äon eine künftige Aufnahme der Gläubigen in den Himmel meint. Was er meint, ist die abgrundtiefe Scheidung zur Welt, die durch Glaube und Taufe geschieht. Der Getaufte wird aus der Welt in den Herrschaftsbereich Christi hinübergerettet. Die Welt, die hier „böser Äon" genannt wird, ist nun freilich mehr als nur die Summe vieler Einzelmenschen, die Böses tun. Sie ist zugleich auch das Potential an Bösem, das sich durch die Sünden der Vielen in den Strukturen der Gesellschaft niedergeschlagen und die Welt zu einem Machtbereich des Bösen pervertiert hat. Weil die Kirche aus der Rettungstat Christi lebt, ist sie dieser Welt entrissen, das heißt, sie brauchte nicht mehr in der Unfreiheit des Bösen und nach den falschen Strukturen der heidnischen Gesellschaft zu leben. Paulus fordert deshalb in Röm 12,2:

Gleicht euch der Gestalt dieser Welt nicht an,
sondern wandelt euch und erneuert euer Denken.

Man muss es oft wiederholen, weil all diese Texte aufgrund langer Gewöhnung meist höchst einseitig auf innere Erneuerung oder gar moralische Aufrüstung des einzelnen Christen hin ausgelegt wurden: Es geht in Röm 12,2 und an vielen anderen Stellen nicht nur um die Veränderung der inneren Einstellung oder um eine neue Motivation, und es geht erst recht nicht nur um den Einzelnen. Die Erneuerung des Sinns hat vielmehr zu tun mit der eschatologischen Wende, die mitten in der Welt, dort, wo sich die Kirche als Herrschaftsraum Christi erstreckt, eine neue Schöpfung heraufgeführt hat. Diese neue Schöpfung ergreift nicht nur den Geist der Kirche, sondern auch ihren Leib, ihre Gestalt – wir müssen heute fast zwangsläufig übersetzen: ihre Strukturen. Röm 12,2 sagt also: Die Gestalt und der Geist der Gemeinden dürfen nicht der Gestalt und dem Geist der übrigen Gesellschaft angepasst sein.

Wir haben bereits an einem konkreten Fall gesehen, welche Konsequenzen dieser Grundsatz für Paulus hat: Christen dürfen mit ihren privaten Rechtsstreitigkeiten, die sie untereinander haben, nicht vor heidnische Richter gehen. Denn auch solche Konflikte betreffen die ganze Gemeinde und müssen deshalb innerhalb der Gemeinde selbst geregelt werden (vgl. III 6). Damit ist eine äußerst scharfe Trennungslinie zwischen Kirche und Gesellschaft gezogen. Diese Trennungslinie kommt sprachlich darin zum Ausdruck, dass Paulus ohne die geringsten Hemmungen zwischen den „Gläubigen" und den „Ungläubigen" unterscheidet[177]. Wer von uns käme heute noch auf die Idee, in seinem Umkreis solche sprachlichen Unterscheidungen vorzunehmen? Paulus dagegen trennt hier – aufgrund des Neuen, das mit Christus und der Kirche mitten in der Welt begonnen hat. So kommt es, dass er sogar die „drinnen" und die „draußen" (1 Kor 5,12–13; 1 Thess 4,12) unterscheidet.

Hingegen unterscheidet Paulus niemals zwischen Christen, die nur noch äußerlich zur Gemeinde gehören, und „praktizierenden" Gläubigen; Christsein und zur sichtbar versammelten Gemeinde gehören, ist für ihn offensichtlich deckungsgleich[178]. Mehr noch! Christsein verlangt auch, dass die in der Taufe empfangene Heiligung und das sittliche Leben des Getauften miteinander deckungsgleich werden. Öffnet sich zwischen beidem eine zu tiefe Kluft, so fordert Paulus Konsequenzen:

Ich hatte euch in meinem Brief ermahnt, dass ihr nichts mit Unzüchtigen zu schaffen haben sollt. Gemeint waren damit nicht alle Unzüchtigen dieser Welt oder alle Habgierigen und Räuber und Götzendiener; sonst müsstet ihr ja aus der Welt auswandern. In Wirklichkeit hatte ich gemeint: Habt nichts zu schaffen mit einem, der sich Bruder nennt und dennoch Unzucht treibt, habgierig ist, Götzen verehrt, lästert, trinkt oder raubt; mit solch einem Menschen sollt ihr nicht einmal zusammen essen. (1 Kor 5,9–11)

In dieser sehr harten Anordnung, die – isoliert betrachtet – sogar den Anschein erweckt, als gäbe es für Paulus nicht einmal mehr christliches Erbarmen mit Schuldiggewordenen, spricht sich deutlich ein biblisches Grundprinzip aus, das man die Heiligkeit der Gemeinde nennen könnte. Die Kirche ist nicht nur durch die Erlösungstat Christi geheiligt, sie soll diese Heiligung auch in einem entsprechenden Leben realisieren. Sonst gleicht sie sich der Welt an. Paulus hat keinerlei Schwierigkeiten, eine Formel des Gesetzes, welche die Heiligkeit des alttestamentlichen Gottesvolkes sichern sollte, auf die Gemeinde in Korinth anzuwenden: „Du sollst das Böse aus deiner Mitte wegschaffen" (vgl. Dtn 17,7 / 1 Kor 5,13). Auch hierin zeigt sich das scharfe Gegenüber von Gemeinde und Welt.

Gefühlsmäßig ist uns dieser tiefe Gegensatz nur von den johanneischen Schriften her geläufig. Sieht man jedoch genauer zu, so zieht Paulus die Trennungslinie ebenso scharf wie die johanneischen Schriften. Der folgende Text stammt aus dem Johannesevangelium. Er ist ein Teil des sogenannten „Abschiedsgebetes" Jesu. Die Rede ist von den Jüngern, die im 4. Evangelium stellvertretend für die gesamte Kirche stehen:

Ich habe ihnen dein Wort gegeben, und die Welt hat sie gehasst, weil sie nicht aus der Welt sind, so wie ich nicht aus der Welt bin. Ich bitte nicht, dass du sie aus der Welt hinwegnimmst, sondern dass du sie vor dem Bösen bewahrst. Sie sind nicht aus der Welt, so wie ich nicht aus der Welt bin. Heilige sie durch deine Wahrheit, denn dein Wort ist Wahrheit. Wie du mich in die Welt gesandt hast, so habe auch ich sie in die Welt gesandt. Für sie heilige ich mich, damit sie selbst durch die Wahrheit geheiligt seien. (Joh 17,14–19)

Wiederum käme es darauf an, die durch vieles Hören zu geläufig gewordenen Formeln und die fast mythische Sprache des Evangelisten richtig zu verstehen. „Sie sind nicht aus der Welt, so wie ich nicht aus der Welt bin", heißt ja doch wohl Folgendes: Mit Christus ist etwas völlig Neues in die Geschichte hineingekommen, das die menschliche Gesellschaft aus sich selbst nicht hervorbringen konnte. Christus ist das absolut Andere und Neue, in dem die Heiligkeit und die Wahrheit Gottes in der Welt endlich definitiv Gegenwart geworden sind. Überall, wo seinem Wort geglaubt und aus seiner Wahrheit gelebt wird, entsteht – mitten in der übrigen Welt – ebenfalls das Neue und Andere: der heilige Raum der Wahrheit.

Diejenigen, die durch Christus geheiligt sind und in seiner Wahrheit leben, unterscheiden sich damit aufs Schärfste von der übrigen Gesellschaft: von ihrem Selbstbetrug, von ihrer oft institutionalisierten Unwahrheit. Sie werden von den übrigen Menschen gehasst, weil sie deren gesellschaftliche Konstruktion der Wirklichkeit als Lüge entlarven. Denn die Welt hat sich so eingerichtet, dass der wahre Gott in ihrer Deutung der Wirklichkeit nicht mehr vorkommt. In dem Augenblick jedoch, wo Christus und in seinem Gefolge die Jüngergemeinde die von Gott her wahre Konstruktion der Wirklichkeit lebt, bricht die Lüge der Welt zusammen. Soweit die Menschen dann die Wahrheit lieben, kommen sie ebenfalls zum Glauben und schließen sich der Jüngergemeinde an. Soweit sie aber „Welt" bleiben wollen, müssen sie mit Hass und Verfolgung reagieren, um an ihrer Lüge festhalten zu können. Es ist nicht nur ihre private Lebenslüge; es ist auch die Lüge der Gesellschaft, die eine Scheinwirklichkeit um sich herum entworfen hat:

Wenn die Welt euch hasst, so begreift, dass sie mich [schon] vor euch gehasst hat. Wenn ihr aus der Welt wäret, würde die Welt [euch] als ihr Eigentum lieben. Weil ihr aber nicht aus der Welt seid, sondern weil ich euch aus der Welt erwählt habe, darum hasst euch die Welt. (Joh 15,18–19)

Auch das Johannesevangelium zeigt also die tiefe Distanz zwischen Welt und Jüngergemeinde. Wichtig ist, dass bei Johannes in genau dem Zusammenhang, in welchem er diese Distanz formuliert, der Begriff der Heiligung der Jünger auftaucht (Joh 17,17.19). Man sieht daran nicht nur, wie die Grundlinien des Alten Testaments im Neuen weiterlaufen, sondern hier wird nun auch endgültig deutlich, dass der Begriff der Heiligkeit der Gemeinde der zentrale Begriff ist, mit dem die Bibel ihre Vorstellung vom Volk Gottes als der Kontrastgesellschaft Gottes zur Welt in der ihr eigenen Sprache formuliert: Die Kirche ist ein heiliges Volk (1 Petr 2,9); sie ist ein heiliger Tempel Gottes (1 Kor 3,17); sie ist geheiligt und gereinigt durch das Wasserbad der Taufe (Eph 5,26); die Gläubigen sind heilige Zweige in dem edlen Ölbaum Israel (Röm 11,16–17), und sie sind von Gott berufen zu ihrer Heiligung (1 Thess 4,3).

Vor allem aber: Die Christen nennen sich selbst „die Heiligen". Ursprünglich handelt es sich hierbei um eine Selbstbezeichnung der Jerusalemer Urgemeinde[179]. Diese Selbstbezeichnung wird aber dann von allen Gemeinden, auch in der heidenchristlichen

Kirche, übernommen. Bei Paulus sind „die Heiligen" geradezu ein Synonym für „Gemeinde"[180]. Das Wort bleibt die eigentliche Selbstbezeichnung der Christen bis zur montanistischen Krise; erst dann geht sein Gebrauch allmählich zurück. In der Folgezeit wusste man „sich selbst nicht mehr als heilig, aber man besaß heilige Märtyrer, heilige Asketen, heilige Priester"[181]. Manches spricht dafür, dass mit dem im 4. Jahrhundert auftauchenden Zusatz zum Apostolischen Glaubensbekenntnis: „[Ich glaube] an die Gemeinschaft der Heiligen" ursprünglich nicht nur die Gemeinschaft mit den Heiligen im Himmel, sondern die *communio* mit der gesamten Kirche gemeint war[182]. Wir hätten dann auch hier, genauso wie bei dem Wort „Geistliche", eine jener gefährlichen Begriffsverengungen, die für die spätere kirchliche Entwicklung so charakteristisch waren. Im Neuen Testament jedenfalls sind noch alle Glieder der Kirche „Heilige", sind noch alle „Geistliche", sind noch alle „Brüder" und „Schwestern".

Uns ist die urchristliche Selbstbezeichnung „die Heiligen" fast peinlich. Sie schmeckt ein wenig nach den „Heiligen der letzten Tage". Wir können sie nicht mehr verwenden. Aber das Wort drückte einst viel von dem aus, was hier mit „Kontrastgesellschaft" gemeint ist. Die Kirche verstand sich als das geheiligte Eigentumsvolk Gottes mit einer anderen Lebensordnung, als die heidnische Welt sie hatte. Welches Bewusstsein steht hinter dem Text:

Ihr aber seid ein erwähltes Geschlecht, eine königliche Priesterschaft, ein heiliger Stamm, ein Volk [Gott] zum Eigentum, damit ihr die Großtaten dessen verkündet, der euch aus Finsternis in sein wunderbares Licht berufen hat. (1 Petr 2,9)

Dieser Text zeigt noch einmal, wie das Alte Testament (vgl. vor allem Ex 19,6) im Neuen lebendig bleibt. Er zeigt aber auch, dass es nicht in erster Linie um die private Heiligkeit des einzelnen Christen geht. Es geht darum, dass ein ganzes Volk für den Plan Gottes mit der Welt Zeugnis gibt. Dieses Volk darf ruhig klein sein, solange es nur mit freudigem Herzen seinen Auftrag erfüllt. „Der Entschluss, lieber eine Minderheit mit eindeutiger Identität zu bleiben (als die Kirche zu verweltlichen), ist die Voraussetzung für weltverändernde Wirksamkeit", sagt R. Riesner zu Recht[183]. Entscheidend ist nicht die Größe der Stadt, sondern dass sie auf dem Berge liegt. Dort wird sie zum Licht der ganzen Welt. Paulus kommt Mt 5,14–16 sehr nahe, wenn er der Gemeinde von Philippi schreibt:

Tut alles ohne Murren und ohne Misstrauen, damit ihr rein und arglos seid, Kinder Gottes ohne Makel, inmitten einer verqueren und verwirrten Generation, unter der ihr wie Lichter in der Welt leuchten sollt. (Phil 2,14–15)

Schließen wir mit diesem Zitat aus dem Philipperbrief die Textserie dieses Kapitels ab! Sie ließe sich noch weiter fortführen. Das gesamte Neue Testament sieht die Kirche als Kontrastgesellschaft, die zur Welt im Gegenüber steht. Man fragt sich voll Trauer, wie es eigentlich möglich war, dass man diesen Tatbestand in der Christenheit so sehr verdrängen konnte. Letztlich funktionierte dieser Verdrängungsmechanismus wohl nur deswegen, weil man den Aufruf des Neuen Testaments zur Heiligkeit keineswegs übersah, ihn aber konsequent auf den einzelnen Christen und dessen private Heiligkeit oder auf bestimmte Gruppen wie Priester oder Ordensleute einengte. Vielleicht ist es ein Segen, dass uns heute die Illusion, in einer im Ganzen christlichen Gesellschaft zu leben, endgültig zerschlagen wird. Das könnte den Blick dafür schärfen, dass die Kirche ihren eigenen Weg gehen muss. Sie wird, ob sie will oder nicht, zu einer Kirche im Kontrast werden, weil die Gesellschaft, in deren Mitte sie lebt, die Werte, die sie aus der jüdisch-christlichen Tradition übernommen hatte, mehr und mehr relativiert.

Als noch wirksamer könnte es sich erweisen, dass die Weltgesellschaft zum ersten Mal vor der Möglichkeit einer Selbstzerstörung steht und offenbar nicht die Kraft hat, ihre Konstruktion von Gesellschaft, die vorwiegend auf Rivalität, Gewalt und Misstrauen beruht, aufzugeben. Gerade diese furchtbare Not müsste die Christen dazu zwingen, der Welt zu zeigen, dass von Gott her eine andere Form von Gesellschaft möglich wäre. Dies lässt sich freilich nicht durch Belehrungen, sondern allein durch die eigene Praxis plausibel machen.

8. Das Zeichen für die Völker

Ein Bild von der Kirche, wie es im vorangegangenen Kapitel gezeichnet wurde, wirft viele Fragen auf. Zum Beispiel: Wie vertragen sich Gemeinden, in deren Selbstverständnis der Kontrast zur übrigen Gesellschaft eine derartige Rolle spielt, mit dem Missionsbefehl von Mt 28,19? Verlangt dieser Auftrag zu einer universalen Mission nicht ein tiefes Einswerden mit der gesellschaftlichen Situation der Völker überall in der Welt? Weiterhin: Wie vertragen sich Kontrastbewusstsein und Weltdistanz mit dem Wort Joh 3,16: „So sehr hat Gott die Welt geliebt, dass er seinen einzigen Sohn dahingab …"? Fordert dieser Satz, nimmt man ihn ernst, nicht gerade ein völliges Aus-dem-Eigenen-Herausgehen, so wie Gott sein Eigenstes in Liebe zur Welt dahingegeben hat?

Müssen demgegenüber Gemeinden, deren Selbstverständnis grundlegend vom Gegenüber zur heidnischen Gesellschaft geprägt ist und die ihr Eigenstes gerade bewahren wollen, nicht notwendig in ein geistiges Ghetto hineingeraten und sektoid werden? Wird also nicht genau das geschehen, was dem Begriff „Kontrastgesellschaft" unterstellt wird? Wird sich das Blickfeld solcher Christen nicht binnen kürzester Zeit in einer unerträglichen Weise verengt haben? Werden sie nicht ständig nur um sich selbst kreisen? Werden sie nicht sehr bald eine elitäre Erwählungsmentalität pflegen, die abstoßend und lächerlich und auf jeden Fall unchristlich ist? Werden sie nicht fast zwangsläufig jenes Bewusstsein entwickeln, das uns in 2 Kor 6,14–7,1 entgegenschlägt? Diese Passage wirkt im 2. Korintherbrief wie ein erratischer Block. Sie unterbricht deutlich den Zusammenhang zwischen 6,13 und 7,2, stammt möglicherweise gar nicht von Paulus selbst und wird von vielen Auslegern als einer der fragwürdigsten Texte des Neuen Testaments bezeichnet:

Beugt euch nicht mit Ungläubigen unter das gleiche Joch! Was haben denn Gerechtigkeit und Gesetzlosigkeit miteinander zu schaffen? Was haben Licht und Finsternis gemeinsam? Was für ein Einklang herrscht zwischen Christus und Beliar? Was hat ein Gläubiger mit einem Ungläubigen zu tun? Wie verträgt sich der Tempel Gottes mit Götzenbildern? Wir sind doch der Tempel des lebendigen Gottes. Denn Gott hat gesprochen:

Ich will unter ihnen wohnen und mit ihnen gehen. Ich werde ihr Gott sein, und sie werden mein Volk sein. Zieht darum weg aus ihrer Mitte und sondert euch ab, spricht der Herr, und berührt nichts Unreines. Dann will ich euch aufnehmen und euer Vater sein, und ihr sollt meine Söhne und Töchter sein, spricht der Herr, der Allherrscher.

Da wir diese Verheißungen haben, Geliebte, wollen wir uns reinigen von aller Unreinheit des Leibes und des Geistes und in Gottesfurcht die Heiligung vollenden.

Neuere Arbeiten haben versucht, einen qumranischen Charakter des Textes aufzuzeigen[184]. Die Gemeinde, die hinter 1 QS und 1 QSa steht, lebte ja tatsächlich abgesondert; sie hatte sich sogar vom übrigen Judentum zurückgezogen. Sie betrachtete sich selbst als das wahre Heiligtum und als das bereits Wirklichkeit gewordene himmlische Jerusalem. Zweifellos stellte sie „den radikalsten und auch großartigsten Versuch" des frühen Judentums dar, „Gottes heilige Gemeinde zu verwirklichen"[185]. Aber sie pflegte eben auch ein geradezu abstoßend elitäres Bewusstsein; sie sonderte sich ab und zog sich aus der Gesellschaft zurück. Selbst wenn man aus vielerlei Gründen bezweifeln kann, ob 2 Kor 6,14–7,1 ein unmittelbar qumranischer Text ist – zeigt nicht eben doch die innere Verwandtschaft dieses Textes mit den ent-

sprechenden Qumranschriften sehr deutlich, zu welch gefährlichen Konsequenzen die Auffassung von der Kirche als einer
Kontrastgesellschaft führen muss?

Obwohl die Antwort auf diese Fragen schon in früheren Kapiteln grundgelegt ist (vgl. vor allem III 7), soll die gesamte Problematik hier noch einmal aufgegriffen werden. Dies deshalb, weil
der Vorwurf des Elitären, des Sektoiden und des Verrats am
christlichen Universalismus eben geradezu stereotyp auftaucht,
wenn die neutestamentliche Kirche als Kontrastgesellschaft oder
Gegenwelt beschrieben wird.

Beginnen wir mit 2 Kor 6,14–7,1. Wir können ruhig einmal
davon ausgehen, dass dieser Text große Gemeinsamkeiten mit
dem Selbstverständnis bestimmter Qumranschriften aufweist; solche Gemeinsamkeiten sind übrigens auch anderswo in der neutestamentlichen Paraklese zu beobachten[186]. Sie rühren nicht zuletzt
daher, dass es den Menschen von Qumran genauso wie der Urkirche darum ging, das wahre Israel zu sammeln, Gottes heilige
Gemeinde zu bilden und sich zu einem eschatologischen Tempel
im Geist aufbauen zu lassen – kurz, dass es ihnen darum ging,
zentrale Inhalte des Alten Testaments für die eigene Gegenwart
fruchtbar zu machen und sie bis in die Tiefe anzunehmen. Kein
Christ wird die Qumran-Gemeinde allein deshalb schon tadeln
dürfen. Denn zumindest in dieser Hinsicht hat die Urkirche
schließlich genau das Gleiche getan. Vielleicht sollten wir uns
überhaupt abgewöhnen, das Etikett „Sekte" allzu schnell überall
dort aufzukleben, wo keine „Volkskirche" oder „Großkirche"
gegeben ist. Es könnte ja sein, dass es „Sekten" überhaupt nur
deshalb gibt, weil ihre großen Schwestern zentrale Inhalte der
Bibel verdrängt haben.

Im Übrigen lohnt es sich, einmal diejenigen Inhalte von 2 Kor
6,14–7,1 zusammenzustellen, die auch bei Paulus begegnen. Auch
Paulus unterscheidet scharf zwischen den Gläubigen und den
Ungläubigen (1 Kor 14,22). Auch Paulus verwendet das Gegensatzpaar Licht – Finsternis, wenn er die Gemeinde von der heidnischen Gesellschaft abheben will (1 Thess 5,4–8). Auch Paulus

stellt die Gerechtigkeit christlicher Existenz der Gesetzlosigkeit des heidnischen Lebens gegenüber (Röm 6,19). Und auch Paulus bezeichnet die Gemeinde als heiligen Tempel Gottes (1 Kor 3,17).

Der wirklich einschneidende Unterschied zwischen dem Einschub in 2 Kor 6,14–7,1 und dem authentischen Paulus ist die Forderung nach ritueller Heiligkeit: „Sondert euch ab ... berührt nichts Unreines ... reinigt euch von aller Unreinheit des Leibes und des Geistes!" Solche Forderungen könnten auf eine extreme judenchristliche Gruppe hinweisen, in der man noch sämtliche alttestamentlichen Reinheitsvorschriften erfüllt. Diese rituelle Dimension der alttestamentlichen Heiligkeitsforderung ist nun tatsächlich seit Jesus aufgehoben (vgl. Mk 7,1–23). Das heißt aber noch lange nicht, dass die Forderung nach Heiligkeit überhaupt aufgehoben wäre. Jesus hat sie lediglich aus einer dinglich-vorpersonalen Sphäre auf ihren eigentlichen Sinn zurückgeführt: auf das, was sie schon immer gemeint hat: auf die Heiligkeit des Gottesvolkes selbst.

Die Theologen reden in diesem Zusammenhang meist von innerlich-personaler im Gegensatz zu äußerlich-ritueller Heiligkeit. Allerdings gilt es gerade hier, genau zuzusehen. Denn auch die vom äußerlich-Dinglichen gelöste Heiligkeit meint in der Bibel entscheidend mehr als nur eine der Seele oder dem sittlichen Individuum innerliche Qualität. Heiligkeit umfasst nach der Bibel immer auch die gesellschaftlich-soziale Dimension, die untrennbar mit der Personalität des Einzelnen verknüpft ist. Heilig muss nicht nur das Herz des Menschen sein, heilig müssen auch die Lebensverhältnisse, die sozialen Strukturen und die Formen der Umwelt sein, in denen der Mensch lebt und in die hinein er sich ständig selbst entwirft. Wahrscheinlich hat die dinglich-rituelle Heiligkeit im Alten Testament und im Judentum genau dies schon immer gemeint. Man muss also bei der Reduktion der Heiligkeitsforderung auf das rein Sittliche höchst vorsichtig sein. Die Dimension des Gesellschaftlichen darf dabei auf keinen Fall verloren gehen.

Das Neue Testament weiß offenbar, warum es die Gläubigen einer Gemeinde insgesamt als „die Heiligen" bezeichnet, warum es vom „heiligen Volk" spricht und warum es die Gemeinde einen „heiligen Tempel" nennt. „Heilig" heißt in all diesen Wendungen immer auch „abgesondert". Abgesondert freilich nicht in ein Ghetto, in religiöse Selbstbefriedigung oder in kulturelle und geistige Isolation, sondern abgesondert zu einem anderen Lebensstil und zu neuen Lebensformen, die entgegen den Strukturen einer gottfernen Gesellschaft das realisieren, was von Gott her Gesellschaft sein soll.

Von hier aus gesehen ist das Fragment 2 Kor 6,14–7,1 vielleicht doch nicht ein allzu exotisches Gewächs im Garten der neutestamentlichen Schriften. Vielleicht ist es sogar *errore hominum et providentia Dei* in das Corpus Paulinum hineingeraten, um uns mit Gewalt darauf zu stoßen, dass die christliche Kirche wirklich eine alternative Lebensform ist.

Und wie verhält es sich mit Mt 28,19? Heißt es dort nicht in einem schlechthin universalen Sinn: „Gehet hin und lehret alle Völker ..." und verlangt ein solcher Auftrag nicht ein tiefes Einswerden mit der kulturellen Situation der Völker überall in der Welt?

Ein universaler Auftrag ist das allerdings. Die Universalität des Auftrags entspricht ja auch der universalen Herrschaftsstellung Christi, der seinen Jüngern im Matthäusevangelium diesen Missionsbefehl erteilt (vgl. 28,18). Nur ist der griechische Text bei uns infolge der einflussreichen Tradition der Lutherbibel meist falsch übersetzt worden. Im Griechischen heißt es (wie wir bereits in II 2 sahen) nicht: „Lehret alle Völker", sondern: „Machet zu Jüngern alle Völker" – und das ist etwas anderes. Matthäus will keineswegs sagen, dass die Kirche alle Völker belehren soll. Solches Belehren geschieht heute zwar ständig. Die modernen Kommunikationsmittel machen es möglich, die kirchliche Soziallehre und andere Lehren flächendeckend zu verbreiten. Diesem eindrucksvollen Vorgang soll auch gar nicht die Berechtigung abgesprochen werden. Aber Matthäus hat etwas völlig anderes gemeint. Er sprach davon, dass alle Völker zu „Jüngern" gemacht werden sollen.

„Die Jünger": das ist – wie wir schon sahen – eine Selbstbezeichnung der ältesten christlichen Gemeinden[187], genau wie „die Heiligen". Die Völker zu Jüngern machen, kann demnach nur heißen: immer mehr christliche Gemeinden in die Welt einpflanzen – bis eines Tages der Sauerteig des Evangeliums alle Menschen erreicht hat. Matthäus sagt nicht, wie das vor sich gehen soll. Von Missionspropaganda steht in seinem Text jedenfalls kein Wort. Wahrscheinlich hat er sich das Wachsen der Gemeinden über die damals bekannte und zur Kenntnis genommene Welt so vorgestellt, wie es im 1. Jahrhundert tatsächlich geschah: Die Apostel, aber nicht nur sie, haben einzelne Gemeinden gegründet, und von diesen Gemeinden aus ist die Kirche dann zu einer immer größeren Zahl von Gemeinden gewachsen – vor allem durch die Anziehungskraft, die diese Gemeinden auf die heidnische Gesellschaft ausübten.

Also nicht „lehrt alle Völker", sondern „macht zu Jüngern alle Völker". Vom Lehren ist erst in Vers 20 die Rede, aber selbst hier nicht in einem generellen Sinn, sondern mit der näheren Bestimmung: „Lehret sie, alles zu halten, was ich euch geboten habe." Es geht also nicht um dogmatische Lehrsätze, auch nicht um christliche Soziallehre, sondern um die Lebensführung, die Jesus dem wahren Israel als Reich-Gottes-Praxis geboten hatte. Matthäus denkt dabei mit Sicherheit an die Bergpredigt (Mt 5–7), in der er ja die Kriterien für die Gesellschaftsordnung des endzeitlichen Gottesvolkes aus vielerlei Jesustradition zusammengestellt hatte.

Somit kann man das große Finale des Matthäusevangeliums folgendermaßen zusammenfassen: Die Apostel sollen dafür sorgen, dass überall in der Welt Jüngergemeinden entstehen, in denen die Reich-Gottes-Praxis Jesu, wir dürfen auch sagen: die Gesellschaftsordnung des endzeitlichen Israel, in radikaler Treue zu Jesus gelebt wird. Matthäus entfaltet also durchaus eine weltweite, universale Konzeption. Aber er verliert dabei keineswegs die konkreten Gemeinden aus dem Blick, in denen allein die „neue Gerechtigkeit" der Bergpredigt (Mt 5,20) gelebt werden kann.

Universalismus, weltumfassendes Denken, Weite des Horizonts und inkarnatorische Mühe können für die Kirche überhaupt nicht zur Debatte stehen. Hier sprechen Matthäus, Paulus, Johannes und alle anderen Verfasser neutestamentlicher Schriften eine völlig eindeutige Sprache. Damit ist aber noch längst nicht entschieden, wie, auf welche Weise, mit welcher Strategie dieses Erreichen aller Völker, von dem Mt 28,19–20 spricht, vor sich gehen soll.

Wir hatten gesehen, dass Jesus selbst, hierin einem bedeutenden prophetischen Motivkomplex folgend, von einer Mission unter den Völkern völlig absieht. Er beschränkt sich auf die Sammlung Israels. Wir hatten freilich auch gesehen, dass diese Beschränkung Universalismus keineswegs ausschließt. Jesus denkt in der alttestamentlichen Kategorie der Völkerwallfahrt. Das heißt, er setzt als selbstverständlich voraus, dass in dem Augenblick, da das Reich Gottes in Israel aufleuchtet, die Völker von selbst kommen, um an der Faszination der Gottesherrschaft Anteil zu erhalten. Seine Aufgabe konnte nur sein, Israel angesichts des nahen Gottesreiches zu sammeln und durch diese Sammlung das Reich an einer bestimmten Stelle der Welt sichtbar zu machen. Die völlige Konzentration Jesu auf Israel ist also kein Defizit an Universalismus, ist kein beschränkter Horizont, ist kein Rückzug aus der Welt, sondern ist im Gegenteil die unabdingbare Voraussetzung dafür, dass die Gottesherrschaft überhaupt alle Völker erreichen kann. J. Munck formuliert zu Recht[188]: „Jesus kommt gerade zu Israel, weil seine Sendung der ganzen Welt gilt."

Wie in diesem Buch an vielen Stellen immer wieder betont, muss auch Erwählung in diesem Sinn verstanden werden. Die Erwählung eines einzigen Volkes aus den vielen Völkern heißt gerade nicht Bevorzugung des einen Volkes vor den anderen oder Vernachlässigung der anderen zugunsten des einen, sondern Erwählung des einen Volkes um der anderen willen. Das erwählte Volk soll den übrigen Völkern zum Zeichen werden für das, was Gott mit der Welt im Ganzen plant.

Wer einer solchen Konzeption verengtes Blickfeld oder Rückzug aus der gesellschaftlichen Verantwortung oder elitäre Erwählungsmentalität vorwirft, desavouiert nicht nur die Praxis Jesu, sondern zeigt auch, dass er aus höchst zeitgebundenen Missionsvorstellungen, die weder die der Urkirche noch die des kirchlichen Altertums, sondern höchstens die der Neuzeit waren, nicht ausbrechen kann. Allerdings wird das Wort „Mission" heute nicht mehr so oft oder nicht mehr im selben Sinn verwendet wie noch im 19. Jahrhundert. An seine Stelle sind bei vielen Christen die Wörter „gesellschaftliche Verantwortung" oder „Weltveränderung" getreten. Setzen wir einmal voraus, dass dabei „Weltveränderung" nicht im marxistischen, sondern im christlichen Sinne gemeint ist. Jedenfalls gilt auch für christliche Weltveränderung das, was oben zum Thema „Mission" gesagt wurde: Sie entspricht nicht dem Neuen Testament, wenn sie nicht im Gottesvolk ihren Rückhalt hat. Die Welt kann nur verändert werden, wenn sich das Gottesvolk selbst ändert. Man kann nicht andere befreien wollen, wenn in der eigenen Gruppe nichts von Freiheit aufleuchtet. Man kann nicht anderen gesellschaftliche Umkehr predigen, wenn man nicht selbst in einer Gesellschaft lebt, in der es ständige Hinwendung zu den Armen, Unterdrückten, an den Rand Gedrängten und Vertriebenen gibt[189].

Aber hat die Urkirche tatsächlich so gedacht? Wir müssen auch hier wieder – und jetzt zum letzten Mal – fragen, ob die neutestamentlichen Gemeinden den Ansatz Jesu fortgeführt haben. Den Text Mt 28,19–20, der in diesem Zusammenhang durchaus als kirchlicher Text zu betrachten ist, haben wir bereits in Augenschein genommen. Im Folgenden sollen über Mt 28 hinaus noch vier Stichproben gemacht werden: in Apg 15, in Lk 2, in Röm 9–11 und im Epheserbrief.

Diese Stichproben werden zeigen, wie genau die Urkirche den Weg Jesu weiterging. Sie verlor das Modell der Völkerwallfahrt nicht aus den Augen, sondern ordnete anhand dieses Modells ihre eigene Missionserfahrung in einen größeren heilsgeschichtlichen Horizont ein. Das klingt zunächst wie ein Widerspruch, denn der Motivkomplex der Völkerwallfahrt kennt ja so etwas wie Mission überhaupt noch nicht. Hier hat sich in der Urkirche gegenüber Jesus tatsächlich etwas geändert. Die Urkirche betreibt nach einer zeitlich begrenzten Phase, in der es noch einmal unmittelbar um die Sammlung Israels geht[190], sehr bald Mission im eigentlichen Sinn – zunächst in Samaria, dann auch unter Nichtjuden. Entscheidend ist aber, dass auch diese Mission außerhalb Israels in den Gesamtrahmen „Israel und die Völker" eingeordnet bleibt, und zwar so, dass die eigentliche Dynamik der Missionsidee von dem Gedanken der zeichenhaften Präsenz des Gottesvolkes unter den Völkern ausgeht. Aber nun endlich zu unseren Stichproben:

1. Innerhalb der lukanischen Darstellung des Apostelkonzils gibt es eine Rede des Herrenbruders Jakobus, die folgendermaßen beginnt:

Brüder, hört mich an! Simon hat berichtet, wie Gott selbst den Anfang gemacht und eingegriffen hat, um aus den Heidenvölkern ein Volk für seinen Namen zu gewinnen. Damit stimmen die Worte der Propheten überein, in denen geschrieben steht:
Danach werde ich einen neuen Anfang machen: Ich werde die zusammengefallene Hütte Davids wieder aufbauen. Was an ihr zerstört ist, werde ich wieder aufbauen. Ich werde sie wieder aufrichten, damit auch die übrigen Menschen den Herrn suchen, nämlich alle Heidenvölker, über die mein Name ausgerufen ist. So spricht der Herr, der ausführt, was er seit Ewigkeit plant. (Apg 15,13–18)

Uns braucht der Fortgang der Rede nicht zu interessieren; wichtig ist für uns nur das Amoszitat. Uns braucht auch nicht zu interessieren, ob der historische Jakobus diese Rede tatsächlich gehalten und dabei Am 9,11–12 zitiert hat. Vieles spricht dagegen. Lukas hat die Rede des Jakobus allerdings auch nicht völlig frei komponiert. Er schöpft aus älteren Traditionen. Auch das Amoszitat dürfte ihm in der seltsamen Form, in der er es zitiert, aus einer älteren Tradition zugeflossen sein; diese deutete anhand von Am 9,11–12 die Missionserfahrungen der eigenen kirchlichen Gegenwart.

Seltsamerweise beginnt die Geschichte dieser Erfahrungen damit, dass die zusammengefallene Hütte Davids (= Israel) wiederaufgerichtet wird. Selbstverständlich ist nicht eine nationale Erneuerung des jüdischen Staates gemeint. Es geht um die Wiederherstellung des Gottesvolkes, die Jesus begonnen hat und die von den Jesusjüngern nach Ostern fortgeführt wurde. Gott selbst ist es, der dabei in der Kirche das zerstreute und zerfallene Israel wiederaufrichtet.

Entscheidend ist nun: Die Wiederherstellung Israels geschieht deshalb, *damit* auch die Heidenvölker den Herrn suchen (vgl. Vers 17!). Sein Name ist ja über ihnen ausgerufen, das heißt, auch sie stehen längst unter der Herrschaft Gottes – aber sie können Gott nur finden und in die Gottesherrschaft nur hineingelangen, wenn Israel wiederaufgerichtet ist. Von einer missionarischen Aktivität des wiederaufgerichteten Israel ist dabei gar nicht die Rede. Vielmehr wird gesagt: Sobald Israel erneuert ist, können die Völker beginnen, den Herrn zu suchen. Sie finden ihn dann in Israel. Man darf wohl verdeutlichen: Sobald Israel unter allen übrigen Gesellschaften der Welt als die richtig konstruierte (genau das ist die Terminologie des Textes!) Gesellschaft in Erscheinung tritt, kann die heidnische Gesellschaft Gott suchen und finden – und zwar in Israel, das dann ganz auf Gott hin transparent ist.

Diejenigen, die diesen Amostext tradierten, wussten selbstverständlich, dass zu all dem aktives missionarisches Bemühen erforderlich war. Aber sie wussten eben auch, dass dieses missionarische Bemühen bei den Völkern nichts verändern würde, wenn nicht das Gottesvolk selbst als veränderte Gesellschaft im Hintergrund der Mission stand. Die Mission erhielt ihre Überzeugungskraft durch die konkrete gesellschaftliche Konstruktion des Gottesvolkes, das sie betrieb.

2. Für die nächste Stichprobe wähle ich das Dankgebet Simeons in Lk 2,29–32:

Nun entlässest du, Herr, deinen Knecht
nach deinem Wort in Frieden.
Denn meine Augen haben dein Heil gesehen,
das du bereitet hast vor dem Angesicht aller Völker:
ein Licht zur Erleuchtung der Heiden
und zur Herrlichkeit für Israel, dein Volk.

Dieser kleine Hymnus ist älter als das Lukasevangelium. Er spiegelt, genauso wie das Magnifikat und das Benediktus, ein sehr frühes kirchliches Selbstverständnis wider. Die Gemeinden, die so sprachen, verstanden sich als das eschatologische Volk Gottes; sie nannten sich mit größter Selbstverständlichkeit „Israel"[191]. Es muss sich also wohl um judenchristliche Gemeinden in Palästina gehandelt haben. Sie sagten von sich (durch den Mund Simeons): Wir haben das Heil gesehen – also das, was viele Propheten und Könige sehen wollten und doch nicht sahen (Lk 10,23–24). Jetzt ist es in unserer Mitte erschienen.

Selbstverständlich ist mit diesem Heil Jesus gemeint. Aber nicht nur er allein. Das aufleuchtende Heil ist zugleich das Neue, das mit Jesus gekommen ist: das Aufscheinen des Reiches Gottes in Israel, die messianische Erneuerung des Volkes. Dieses von Gott geschenkte messianische Heil glänzt nun allen Völkern im Gottesvolk der Kirche auf; es ist Licht zur Erleuchtung der Heiden, es ist aber zugleich Herrlichkeit für Israel.

Der Hymnus formuliert ganz in der Sprache von Deuterojesaja[192]; der Motivkomplex der Völkerwallfahrt klingt zumindest an. Denn das messianische Heil, das in Israel aufbricht, strahlt ja, ohne dass von so etwas wie Mission auch nur im Entferntesten die Rede ist, vor dem Angesicht aller Völker auf. Man kann sich für einen Augenblick sogar fragen, ob mit der „Herrlichkeit für Israel" nicht der „Reichtum der Völker" gemeint ist, den die Heiden auf ihrem Zug zum Zion von überall her mitbringen (vgl. Jes

60,11–13); es fällt ja auf, dass zunächst von der „Erleuchtung der Heiden" und erst dann von der „Herrlichkeit für Israel" die Rede ist. Aber das mag offenbleiben. Sicher ist jedenfalls, dass unser Text das messianische Heil, das im Gottesvolk aufleuchtet, und die Offenbarung an die Heiden in einen festen heilsgeschichtlichen Bezug bringt. Insofern ist er mit Apg 15,13–17 verwandt.

3. Wenn man Paulus befragt, welche Bedeutung bei ihm die Existenz der Kirche für die heidnische Gesellschaft hat, gibt er verschiedene Antworten. Er kann zum Beispiel sagen, dass Gott in Christus die Welt mit sich versöhnt hat und dass nun die Kirche der Ort ist, wo sich diese grundsätzlich geschehene Versöhnung konkret realisieren soll. Deshalb hat Gott der Kirche den Dienst der Versöhnung aufgetragen. Die Kirche ist der Ort, wo Gott in einer neuen Schöpfung versöhnte Gesellschaft eröffnet hat (2 Kor 5,17–21).

Paulus kann aber auch sagen, dass ein Leben der Kirche gemäß dem Evangelium für die Welt zum Zeichen ihres Verderbens wird (Phil 1,27–28). Die Kirche kann also heilbringendes, sie kann aber auch richtendes Zeichen für die heidnische Gesellschaft werden – je nachdem, wie diese auf das zeichenhafte Leben der Gläubigen antwortet. Noch wichtiger für unsere Fragestellung ist jedoch die weitgespannte heilsgeschichtliche Reflexion des Apostels über die Bundestreue Gottes beziehungsweise das Schicksal Israels in Röm 9–11. Was Paulus dort sagt, ist gar nicht verständlich ohne den alttestamentlichen Motivkomplex der Völkerwallfahrt.

An sich hätte der heilsgeschichtliche Ablauf dergestalt sein müssen, dass ein an Christus glaubendes Israel das Heil der Völker herbeigeführt hätte. Diesen „regulären" Ablauf der Heilsgeschichte setzt Paulus für Röm 9–11 voraus, ohne ihn erst noch eigens zu formulieren. Aber es kam anders: Außer einem heiligen Rest (11,1–7) hat die Mehrzahl Israels an seinem Messias Anstoß genommen (9,32–33) und dem Evangelium nicht geglaubt (11,20). Damit war nun freilich die Heilsmittlerschaft Israels nicht beendet: Vermittelte es den Völkern das Heil nicht durch seinen Glauben, dann eben durch seinen Unglauben: Die Sammlung Israels wurde abgelöst durch die Heidenmission, aus den Boten für Israel wurden Boten für die Völker, durch das Versagen Israels kam das Heil zu den Heiden (11,11). Gott lässt sich seine Pläne nicht durch Menschen zerstören.

So ist nun also das Heil bei den Heiden. Aber Gott denkt nicht nur an die Heidenvölker. Er denkt ständig an sein Volk. Er hat den Heiden das Heil nicht nur um ihretwillen geschenkt, sondern auch, um Israel eifersüchtig zu machen (10,19). Damit aber hat sich nun der Richtungssinn der Völkerwallfahrt geradezu umgekehrt: An sich sollte das in Israel aufleuchtende Heil die Völker zum Gottesvolk hinlocken. Nun aber hat Gott, da Gesamt-Israel nicht glaubte, das messianische Heil in der Heidenkirche aufstrahlen lassen und das Nicht-Volk zum Volk gemacht (9,25) – eben damit Israel eifersüchtig wird. Die Plausibilität der messianischen Gesellschaft, die jetzt in der Heidenkirche Gestalt annimmt, soll nun also ihrerseits Israel locken und sehnsüchtig machen.

Paulus ist zutiefst überzeugt: Diese Strategie Gottes gegenüber seinem Volk wird gelingen. Sobald das messianische Heil unter den Völkern den „kritischen Wert", den Gott allein kennt, erreicht hat[193], wird ganz Israel gerettet werden (11,26) – selbstverständlich deshalb, weil es dann aufgrund der messianischen Attraktivität der Heidenkirche endlich an Jesus als den Messias glauben kann. Und nun setzt wieder das Schema der Völkerwallfahrt ein, diesmal allerdings in seinem ursprünglichen Richtungssinn: In jener eschatologischen Stunde, da ganz Israel aufgrund der messianischen Attraktivität der Heidenkirche zum Glauben kommt, wird die Wirkung auf die bis dahin noch ungläubige heidnische Gesellschaft unabsehbar sein:

Wenn [schon] ihr Fehltritt zum Reichtum der Welt geworden ist und ihr Versagen zum Reichtum der Völker – um wie viel mehr [dann erst] ihre Vollzahl. [...] Denn wenn ihre Verwerfung zur Versöhnung der Welt geworden ist, was wird dann ihre Annahme anders sein als Leben aus den Toten. (11,12.15)

All diese Gedankengänge des Paulus sind für uns nur deshalb so schwer nachzuvollziehen, weil sie bis ins Detail die Motivik der Völkerwallfahrt voraussetzen. Ohne dass wir diesen Details jetzt noch im Einzelnen nachgehen, dürfte doch eines deutlich geworden sein: Für Paulus ist das Schicksal der Völker unlöslich mit dem Weg Israels verknüpft und umgekehrt genauso das Schicksal Israels mit dem Weg der Völker. Es geht dabei nicht um den einzelnen Juden oder den einzelnen Heiden. Es geht vielmehr um die messianische Existenz der Heidenkirche beziehungsweise Israels, es geht um die Plausibilität realisierter messianischer Gesellschaft. Nur so kann die jeweils andere Seite gewonnen werden.

Entscheidend ist an Röm 9–11 freilich, dass Israel der eigentliche Heilsraum bleibt: Die Heiden werden in den edlen Ölbaum Israel eingepfropft (11,17), nicht umgekehrt (11,18). An hervorgehobener Stelle, in 11,25–26, sagt Paulus sogar: Die Vollzahl der Völker wird „hineinkommen", das heißt, die Heidenvölker halten, indem sie durch die christliche Mission gläubig werden, Einzug in die endzeitliche Heilsgemeinde Israel[194]. Hier wird also die Annahme des Evangeliums durch die Völker und ihr Eintritt in die Kirche dem Zug der Völker zum Zion gleichgesetzt. Wahrscheinlich steht Paulus mit dieser Sicht nicht allein (vgl. eben Lk 2,30–32 und Apg 15,16–17). Vielleicht waren die ersten Schritte in die Heidenmission überhaupt nur dadurch möglich, dass die Urkirche die Auferweckung Jesu als Einleitung der endzeitlichen Abläufe betrachtete und eben damit auch das von den Propheten verheißene Hinzukommen der Heiden erwartete.

4. Unsere letzte Stichprobe soll im Epheserbrief vorgenommen werden. Das große Thema dieses Briefs ist die Kirche. Die Kirche ist das endzeitliche Israel, in welchem jetzt die Heidenchristen, die einst der Gemeinde Israels fremd waren (2,12), Mitbürger der Heiligen und Hausgenossen Gottes geworden sind (2,19).

Bis hierher deckt sich die Ekklesiologie des Verfassers weitgehend mit dem damals verbreiteten Kirchenverständnis. Das Besondere des Epheserbriefs besteht nun allerdings darin, dass er das traditionelle Bild der Kirche von einem neuen Bezugssystem her durchreflektiert, das damals im hellenistischen Denken hochaktuell war: von einer Philosophie des Kosmos aus. Die Kirche ist nun nicht mehr nur das wahre Gottesvolk, sondern sie ist kosmischer Leib, der bis in den Himmel reicht (2,5–6) und der von seinem Haupt, dem auferstandenen und erhöhten Christus, belebt wird (1,22–23). Von Christus, dem Haupt her, strömt eine überreiche Segensfülle in den Leib der Kirche (1,3.23). Diese Segensfülle ermöglicht es den Gläubigen, ihrem himmlischen Haupt immer mehr entgegenzuwachsen (4,15) und den Leib der Kirche in Liebe aufzubauen (4,16). Christus selbst ist als Haupt aber nicht nur Lebensprinzip der Kirche, sondern auch Herrscher über alle kosmischen Mächte (1,20–22). Er erfüllt nicht nur die Kirche mit seiner Segensfülle, sondern er durchwaltet auch das All mit seiner Macht (4,10) und holt es immer mehr in seinen Herrschaftsbereich ein (1,10). Offensichtlich ist dabei die Kirche die Dimension, über die Christus das All erfüllt (1,23). Durch sie jedenfalls wird den kosmischen Mächten die Weisheit Gottes kundgemacht (3,10).

Man braucht diese uns fremde Sprache, die aber damals gerade unter Gebildeten hochaktuell war, nur in unsere heutigen Begriffssysteme zu übersetzen, so wird sofort klar, wie intensiv hier das Verhältnis Kirche / Welt reflektiert wird. Die heidnische Gesellschaft erscheint als abgründiger Raum, der von Mächten und Gewalten beherrscht ist:

Ihr waret [als ihr noch der heidnischen Gesellschaft angehörtet] Tote infolge eurer Verfehlungen und Sünden, in denen ihr einst lebtet – nach Maßgabe des Gebieters dieser Welt, nach Maßgabe des Herrschers im Machtbereich der Luft, dem Geist, der jetzt noch in den Söhnen des Ungehorsams am Werke ist. Zu ihnen gehörten auch wir alle einmal, als wir noch von den Begierden unseres Fleisches beherrscht wurden. (2,1–3)

Hinter mythischen Bildern dieser Art steht ein tiefes, uns weithin abhandengekommenes Wissen darüber, dass jede menschliche Gesellschaft nicht nur aus den je aktuellen Entscheidungen des Heute lebt, sondern auch aus dem bösen Potential unbewältigter und unerlöster Vergangenheit, das als zerstörerische Macht in die Gegenwart hineinwirkt. Der Epheserbrief will sagen: Inmitten dieser von unfrei machenden Mächten beherrschten Gesellschaft des Heidentums ist durch Christus ein neuer Freiheitsraum eröffnet worden. Christus herrscht über alle Mächte und Gewalten der Gesellschaft. Aber er kann nicht herrschen ohne seinen Leib, die Kirche. Denn sie ist der Raum, in dem die von Christus prinzipiell eröffnete Freiheit und Versöhnung gesellschaftlich konkret gelebt werden muss.

Das Auffällige ist nun, dass für den Verfasser des Epheserbriefs die missionarische Verkündigung des Evangeliums an die Völker als gegenwärtige Aufgabe gar keine Rolle mehr spielt. Die jetzige Kirche ist das Ergebnis, aber nicht mehr der Träger von Mission. Hingegen hat das innere Wachstum der Kirche eine schlechthin entscheidende Bedeutung:

> [...] *bis dass wir alle zur Einheit im Glauben und in der Erkenntnis des Sohnes Gottes gelangen, damit wir zum vollkommenen Menschen werden und Christus in seiner vollendeten Gestalt darstellen, damit wir nicht mehr unmündig seien, umhergerissen und umhergetrieben vom Wind jeder beliebigen Lehre in dem Spiel der Menschen, inmitten von Verschlagenheit, die schlau dem Irrtum den Weg bahnt, vielmehr die Wahrheit in Liebe sagen und so das All zu ihm hin wachsen lassen, der das Haupt ist, Christus, von dem her der ganze Leib, durch ein jedes hilfreiche Gelenk zusammengefügt und zusammengehalten, kräftig nach dem Maß eines jeden Teiles das Wachstum des Leibes besorgt zum Aufbau seiner selbst in Liebe. (4,13–16)*

Die entscheidende Aufgabe der Kirche ist also, dass sie sich im Kontrast zur Welt aufbaut, als Herrschaftsraum Christi, in welchem die Bruderliebe Lebensgesetz ist. Gerade indem die Kirche das tut, begreift die heidnische Gesellschaft den Plan Gottes mit der Welt. Der Epheserbrief drückt das allerdings wieder in mythischer Sprache aus:

Den Mächten und Gewalten in den himmlischen Bereichen wird dann durch die Kirche die mannigfaltige Weisheit Gottes kundgemacht. (3,10)

Sagen wir ruhig: Gerade indem die Kirche von Christus her das ist, was sie sein soll, wächst sie in die heidnische Gesellschaft hinein, kann Christus durch sie alles erfüllen. Ist das richtig gesehen, dann haben wir im Epheserbrief in einer anderen Terminologie und vor einem völlig anderen Vorstellungshorizont so etwas wie das Modell der Völkerwallfahrt: Das Volk Gottes wächst, ohne große Missionsstrategien durch die Faszination, die es ausstrahlt, in die Gesellschaft hinein. Die Kirche ist dann ganz einfach wirkmächtiges Zeichen für die Gegenwart des Heiles Gottes in der Welt.

Unsere Stichproben in Apg 15, Lk 2, Röm 9–11 und im Epheserbrief haben wohl deutlich gemacht: Kirche als Kontrastgesellschaft bedeutet nicht Widerspruch zur übrigen Gesellschaft um des Widerspruchs willen. Kirche als Kontrastgesellschaft meint erst recht nicht Verachtung der übrigen Gesellschaft aus elitärem Denken heraus. Gemeint ist vielmehr einzig und allein der Kontrast für die anderen und um der anderen willen, also jene Kontrastfunktion, die unüberbietbar ausgesprochen ist in den Bildern vom „Salz der Erde", vom „Licht der Welt" und von der „Stadt auf dem Berg" (Mt 5,13–14). Gerade weil die Kirche nicht für sich selbst, sondern ganz und ausschließlich für die Welt da ist, darf sie nicht zur Welt im Sinne einer unfreien, trostlosen, verwirrten und zerrissenen Welt werden, sondern muss ihr eigenes Gesicht behalten.

Falls sie ihre Konturen verliert, ihr Licht auslöscht und ihr Salz schal werden lässt, kann sie die übrige Gesellschaft nicht mehr verändern. Dann hilft keine missionarische Aktivität mehr; dann hilft kein noch so betriebsames gesellschaftliches Engagement nach außen hin mehr. Man lese unter dieser Rücksicht den folgenden Bericht über eine Missionssituation in Indien, der das ganze Problem noch einmal schlaglichtartig beleuchten kann[195]:

> *Der Dorfpfarrer von Silvepura bei Bangalore ist ein missionarisch gesinnter Priester. Mit deutschem Geld hat er einen Kombiwagen gekauft, mit dem er abends, wenn seine Pfarrarbeit beendet ist, durch die Nachbardörfer fährt. Er hält auf den Marktplätzen, schart die Kinder und die sich ausruhenden Bauern um sich und zeigt ihnen Filme (der Wagen ist dafür eingerichtet) oder führt ihnen kleine Zaubertricks vor. Dann spricht er über Christus. Eines Abends stand ein alter Mann auf, ein Hindu, und sagte: „Lieber Pfarrer, wir haben mit Interesse, ja mit Ehrfurcht deinen Worten über Jesus Christus zugehört. Wir lieben Christus und verehren ihn als einen einzigartigen Menschen und als Gott. Wir lesen auch gern in der Bibel, wenn wir Zeit dazu finden und nicht zu müde sind. Doch, erlaube mir das zu sagen, Christen wollen wir deshalb nicht werden. Kennen wir nicht deine Pfarrkinder? Wissen wir nicht, wie sie leben? Wie viel Zank und Hader, Trunkenheit und Lüge bei ihnen herrscht? Sie leben auch nicht besser als wir." So erzählt vom Pfarrer von Silvepura.*

Damit ist wohl fast alles gesagt. Freilich könnte gerade dieser Text am Ende doch wieder zu einem Missverständnis führen, und zwar zu dem tiefsten und schlimmsten aller Missverständnisse: Soll die Kirche so etwas wie eine sittliche Anstalt sein, soll sie ihr Ideal in der moralischen Aufrüstung sehen, soll sie sich zu einer fehlerlos funktionierenden sittlich-moralischen Leistungsgesellschaft entwickeln? Auch damit wäre die Kirche um ihr Eigenstes und Innerstes gebracht.

Was die Kirche zur heiligen Kirche macht, ist nicht selbst erworbene Heiligkeit, sind nicht krampfhafte Anstrengungen und moralische Leistungen, sondern die rettende Tat Gottes, der die Gottlosen rechtfertigt, der sich der Gescheiterten annimmt und sich mit den Schuldiggewordenen versöhnt. Erst in dieser geschenkten Versöhnung und im Wunder des gegen alle Erwartung neu gewonnenen Lebens blüht das auf, was hier mit Kontrastgesellschaft bezeichnet wird.

Gemeint ist also nicht eine Kirche, in der es keine Schuld mehr gibt, sondern eine Kirche, in der aus erlassener Schuld Hoffnung wächst.

Gemeint ist nicht eine Kirche, die sich stolz über die übrige Gesellschaft erhebt, weil sie überzeugt ist, dass sie schon immer alles weiß und sogar besser weiß, sondern die bereit ist, von profanen Propheten zu lernen, das Wahre, das Gute und das Schöne in der Gesellschaft aufzugreifen, alles zu sammeln, alles zu prüfen und das Gute fruchtbar zu machen.

Gemeint ist nicht eine Kirche, in der es keine Spaltungen mehr gibt, sondern eine Kirche, die über alle Gräben hinweg immer wieder zur Versöhnung findet.

Gemeint ist nicht eine Kirche, in der es keine Konflikte mehr gibt, sondern eine Kirche, in der Konflikte anders ausgetragen werden als in der übrigen Gesellschaft.

Gemeint ist schließlich nicht eine Kirche, in der es kein Kreuz und keine Leidensgeschichten mehr gibt, sondern eine Kirche, die immer wieder Ostern feiern kann, weil sie zwar mit Christus stirbt, aber auch mit ihm aufersteht.

TEIL IV

Die Alte Kirche in der Nachfolge Jesu

Der III. Teil dieses Buches wollte deutlich machen: Die Urkirche hat die entscheidenden Linien der Reich-Gottes-Praxis Jesu aufgenommen und sie auch dort, wo sich die äußeren Verhältnisse gewandelt hatten, sinngemäß und sachgerecht weitergeführt. Damit sollte keineswegs behauptet werden, es hätte kein Zurückbleiben und kein Versagen der neutestamentlichen Gemeinden gegenüber Jesus gegeben. Erst recht sollte nicht behauptet werden, die Urkirche hätte das kritische Potential, das mit der Verkündigung und Praxis Jesu unwiderruflich gesetzt worden war, wirklich schon ausgeschöpft. Wohl aber wurde behauptet: Die neutestamentlichen Gemeinden haben – aufs Ganze gesehen – den Willen Jesu erkannt; sie haben das Wort Jesu weitergegeben und es wenigstens im Ansatz verwirklicht, so dass es für immer in der Kirche eingestiftet war und fortan für alle Zeit erkennbar blieb. Anders wäre es nicht zu erklären, dass dieses kritische Potential bis heute innerhalb und außerhalb der Kirche immer neue Umkehr und immer neue gesellschaftsverändernde Bewegungen hervorgebracht hat.

Im folgenden IV. Teil soll nun wenigstens noch im Ansatz gezeigt werden, dass diese grund-legende Rezeption der Reich-Gottes-Verkündigung Jesu über die neutestamentlichen Gemeinden hinaus in die Zeit der Alten Kirche hinein weitergegangen ist. Das kann wirklich nur ansatzweise geschehen, denn der Versuch übersteigt die Kompetenz des Neutestamentlers. Andererseits ist ein solcher Versuch dringend notwendig, denn man begegnet heute nicht selten bei kirchlichen Amtsträgern (aber auch anderswo) einer seltsamen Abwertung des Neuen Testaments. Die neutestamentlichen Gemeinden figurieren dann meist als ein leicht exotisches Probierfeld noch nicht ganz ausgegorener Ideen und Strukturen, die erst durch die weitere kirchliche und dogmatische Entwicklung in die von Gott gewollten Bahnen gelenkt worden seien. Im 1. Jahrhundert – so heißt es dann oft – sei eben vieles noch in der Experimentierphase gewesen, und so manche Utopie des Anfangs habe sich sehr schnell angesichts der konkreten Wirklichkeit als nicht realisierbar erwiesen.

Demgegenüber soll im Folgenden gezeigt werden, dass die Neuheit und die Kühnheit dessen, was seit Abraham in die Welt gekommen ist und mit Jesus vollendet wurde, weit über die Urkirche hinaus weitergegangen ist und die Gestalt der Alten Kirche so unverkennbar geprägt hat, dass hier niemand von reinen Utopien und erst recht nicht von rein neutestamentlichen Utopien sprechen kann.

1. Das Volk aus den Völkern

Immer wieder ist bei den Vätern davon die Rede, dass Gott seine Kirche aus allen Völkern und von den Enden der Erde her sammelt. Die Väter greifen damit den biblischen Gedanken der endzeitlichen Sammlung des Volkes Gottes bewusst auf. So heißt es in dem bekannten Eucharistiegebet der Didache:

Gedenke, o Herr, deiner Kirche,
dass du sie erlösest von allem Bösen
und sie vollkommen machest in deiner Liebe.
Führe sie, die Geheiligte, zusammen
von den vier Winden in dein Reich,
das du ihr bereitet hast.
Denn dein ist die Macht und die Ehre in Ewigkeit.
(Did 10,5)

Die Anklänge an das Vaterunser sind ganz offenkundig; nicht nur an dessen siebte Bitte („erlöse uns von dem Bösen"), sondern vor allem auch an die zweite („geheiligt werde dein Name"). Die zweite Vaterunserbitte wird hier in kongenialer Weise als Bitte um die Sammlung des Gottesvolkes begriffen (vgl. I 4). Wie sehr der Volk-Gottes-Gedanke bei den Vätern lebendig bleibt, zeigt auch der Verfasser des 1. Klemensbriefs, wenn er formuliert:

*Treten wir daher zu ihm [zu Gott] hin mit heiliger Seele, erheben
wir reine und unbefleckte Hände zu ihm, lieben wir unseren gütigen
und barmherzigen Vater, der uns zu seinem auserwählten Teil
gemacht hat. Denn so steht geschrieben: Als der Höchste die Völker
teilte, als er zerstreute die Söhne Adams, da setzte er Gebiete für die
Völker fest nach der Zahl der Engel Gottes. Anteil des Herrn wurde
sein Volk Jakob, sein zugemessenes Erbe Israel. Und an einer andern
Stelle heißt es: Siehe, der Herr nimmt sich ein Volk aus der Mitte der
Völker, so wie ein Mensch die Erstlingsgabe seiner Tenne nimmt;
und es wird hervorgehen aus jenem Volke das Allerheiligste. Da wir
also ein heiliger Teil sind, wollen wir alles tun, was zur Heiligung
gehört. (1 Klem 29,1–30,1; Übersetzung: J. A. Fischer[196])*

Hier wird nicht nur als selbstverständlich vorausgesetzt, dass die
Kirche das endzeitliche Israel ist; auch der biblische Zusammenhang zwischen dem Volk-Gottes-Gedanken und dem Gedanken
der Heiligung ist klar erkannt. Dass die Kirche das erwählte
Eigentumsvolk Gottes ist, hat zur unabdingbaren Konsequenz,
dass sie heilig sein muss unter den Völkern.

Der Gedanke der Erwählung der Kirche aus den Völkern
begegnet im 1. Klemensbrief noch einmal gegen Ende im „Allgemeinen Gebet", das seinen Sitz in der römischen Liturgie hatte
und unseren „Fürbitten" entspricht:

*… der du die Völker zahlreich machst auf Erden und aus allen die
erwählt hast, die dich lieben, durch Jesus Christus, deinen geliebten
Knecht, durch den du uns erzogen, geheiligt, ausgezeichnet hast. Wir
bitten dich, Herr, unser Helfer und Beschützer zu sein. Unsere
Bedrängten rette, die Gefallenen richte auf, den Betenden zeige
dich, die Kranken heile, die Irrenden deines Volkes bringe auf den
rechten Weg. Sättige die Hungernden, erlöse unsere Gefangenen,
richte auf die Schwachen, tröste die Kleinmütigen. Alle Völker sollen
dich erkennen, dass du bist der alleinige Gott und Jesus Christus
dein Knecht und wir dein Volk und die Schafe deiner Weide.
(1 Klem 59,3–4; Übersetzung: J. A. Fischer)*

Das syntaktische Gefüge des letzten Satzes stellt vor eine aufgrund von 1 Klem 59,4 kaum zu entscheidende, aber im Ganzen sehr wichtige Frage: Will Klemens sagen, dass durch die glaubwürdige Existenz des Volkes Gottes inmitten der Völker Jesus als der Messias offenbar wird und durch den Messias Gott selbst? Anders formuliert: Wird erst durch die Kirche Christus erkennbar und erst durch Christus Gott? Das wäre ein theologisch höchst folgenreicher Gedanke, der schon im Johannesevangelium anklingt (vgl. 17,21) und der auch den Vätern nicht fremd ist (vgl. im Folgenden IV 8). Für 1 Klem 59,3–4 mag diese Frage jedoch offenbleiben. Denn auch ganz unabhängig von der Entscheidung dieser Frage ist offenkundig, dass hier von der Volk-Gottes-Vorstellung her gedacht und formuliert wird. Die Elenden, von denen im „Allgemeinen Gebet" die Rede ist, sind ja nicht alle Elenden dieser Welt, sondern die Bedrängten, Hungernden und Gefangenen des Volkes Gottes. Für sie wird zunächst und am ausführlichsten gebetet. Erst am Ende des „Allgemeinen Gebetes" geht es dann auch um den Frieden der Welt und das Heil der Regierenden (vgl. 1 Klem 60,4–61,2). Damit ist bereits klar, dass sich das außerordentlich intensive Gemeinschaftsbewusstsein der Kirche, das uns schon im Neuen Testament immer wieder aufgefallen war, in der Zeit der Alten Kirche fortgesetzt hat. Auch die Alte Kirche weiß: Sie ist Volk aus den Völkern, von Gott erwählt, berufen zur Heiligung.

2. Die Religion der Heilung

Im „Allgemeinen Gebet" des Klemens von Rom wird um die Heilung der Kranken des Gottesvolkes gebetet (1 Klem 59,4). Damit ist ein zweites Grundthema angesprochen, das sich von der Reich-Gottes-Praxis Jesu her über die neutestamentlichen Gemeinden in die Zeit der Alten Kirche hinein durchhält. Das Bewusstsein von der Gegenwart des Geistes, das die Urkirche erfüllt hat, tritt zwar allmählich zurück. Aber es bleibt die Sorge um die Kranken, es bleiben die Krankenheilungen, es bleiben die Austreibungen der Dämonen. Das alles ist eingebettet in eine reiche Terminologie, die Christus als den Arzt, die Sakramente als Heilmittel und den christlichen Glauben als Religion der Heilung beschreibt. A. von Harnack hat das damit angesprochene medizinisch-theologische Begriffsfeld in seinem Werk über „Mission und Ausbreitung des Christentums" ausführlich dargestellt[197].

Viel seltener wird beschrieben, welch außergewöhnliche Rolle Wunderheilungen in der Alten Kirche gespielt haben. Origenes setzt Heilungswunder in den Gemeinden als selbstverständlich voraus[198] und sagt ausdrücklich, dass er viele Geheilte mit eigenen Augen gesehen hat (Contra Celsum II 8; III 24). Für ihn haben die Wundertaten Jesu das Gottesvolk der Kirche geradezu „geschaffen" (Contra Celsum II 51).

Für Gregor den Großen wird das Reich Gottes sichtbar in den Wundern, die in den Kirchen an den Gräbern der Heiligen geschehen[199]. Gregor gehört zwar schon einer viel späteren Zeit an, aber aufschlussreich ist eben doch, dass bei ihm das Reich Gottes ganz im Sinn der Evangelien mit den göttlichen Machttaten im Volk Gottes in Zusammenhang gebracht werden kann.

Augustinus widmet den Wundern in seinem „Gottesstaat" einen umfangreichen Abschnitt (De civitate Dei XXII 7–10). Es geht ihm dabei vor allem um die protokollarische Beschreibung von Heilungswundern in den gegenwärtigen Gemeinden. Er will zeigen: Wunder geschahen nicht nur durch Jesus und die Apostel, sondern sie geschehen noch jetzt in Mailand, in Karthago, in Hippo und überall. Sie müssen aufgezeichnet, den Gemeinden vorgelesen und so der Vergesslichkeit der Menschen entrissen werden:

Auch jetzt noch geschehen Wunder im Namen Christi, sei es durch seine Sakramente oder durch die Gebete und Reliquien seiner Heiligen; sie treten nur nicht so ans Licht, dass sie mit demselben strahlenden Ruhm wie die Anfangswunder sich verbreiten. Durch den Kanon der heiligen Schriften, der einmal abgeschlossen werden

musste, ist dafür gesorgt, dass die Anfangswunder überall verlesen
werden und sich bei allen Völkern ins Gedächtnis prägen. Die der-
zeitigen Wunder dagegen kennt man selbst da, wo sie sich zutragen,
kaum in der ganzen Stadt. (De civitate Dei XXII 8; Übersetzung:
A. Schröder[200])

Die Väter wissen allerdings, dass alle äußeren Wunder erst in der
durch die Wunder bewirkten Umkehr des Gottesvolkes ihre letzte
Eindeutigkeit erhalten[201]. Erst die Wirkungsgeschichte der Wunder erweist ihre Herkunft von Gott. Und die Väter wissen auch,
dass das tiefste Wunder der Kirche nicht darin besteht, dass Menschen von ihren Krankheiten geheilt werden, sondern dass sie –
gegen alle menschliche Erwartung – mit ihrer heidnischen Vergangenheit brechen und in Christus ein neues Leben beginnen
können. So berichtet Cyprian, er habe das „Ausziehen des alten
Menschen" für unmöglich gehalten,

> *aber nachdem ich himmlischen Geist in mich geschöpft und die*
> *zweite Geburt mich zu einem neuen Menschen umgestaltet hatte,*
> *da gewann plötzlich auf wunderbare Weise das Zweifelhafte festen*
> *Bestand, das Verschlossene öffnete sich, die Finsternis hellte sich*
> *auf, ausführbar wurde, was vorher schwierig geschienen, und erfüll-*
> *bar, was für unmöglich gegolten hatte. (Ad Donatum 4; Überset-*
> *zung: A. von Harnack[202])*

Als größtes Wunder empfand man folgerichtig, dass Menschen
von Gott die Kraft bekamen, für ihren Glauben als Blutzeugen
zu sterben. Man beschrieb den Tod der Märtyrer deshalb als
zweite Taufe, als das endgültige Anziehen des neuen Menschen,
als die Erweckung neuer Wunderkräfte in der Kirche. Dass es
Märtyrer gibt, heißt es am Ende der Passio Perpetuae, ist ein
untrügliches Zeugnis dafür, dass die Gegenwart des Geistes in
der Kirche noch immer fortbesteht (Passio Perpetuae 21).

3. Die christliche Brüderlichkeit

Auch der in den neutestamentlichen Gemeinden tief verwurzelte Gedanke der Brüderlichkeit lebt in der Alten Kirche fort. So schreibt Klemens an die Gemeinde von Korinth:

> *Ein Wettstreit herrschte bei euch Tag und Nacht zum Nutzen der ganzen Brüdergemeinde [wörtlich: Bruderschaft], auf dass durch Barmherzigkeit und Gewissenhaftigkeit die Zahl der Auserwählten gerettet würde. Lauter und unverdorben wart ihr und nicht nachtragend gegeneinander. Jeder Aufruhr und jede Spaltung war euch ein Greuel. Über die Fehltritte der Nächsten empfandet ihr Trauer; ihre Mängel betrachtetet ihr als eure eigenen. (1 Klem 2,4–6; Übersetzung: J. A. Fischer)*

Das ist zwar nicht mehr der jetzige Zustand der Gemeinde von Korinth. Jetzt lebt die Gemeinde in Aufruhr und Spaltung. Aber gerade ihr jetziges Verhalten kann von den übrigen Gemeinden nicht hingenommen werden. Bemerkenswert am 1. Klemensbrief ist nicht nur der Gedanke der Verantwortlichkeit der ganzen „Bruderschaft", also der ganzen Gemeinde von Korinth, füreinander, der in diesem Brief immer wieder eingeschärft wird, sondern auch die Tatsache, dass sich die Gemeinde von Rom für die Gemeinde von Korinth verantwortlich fühlt und sie, trotz der Drangsale, die über sie selbst hereingebrochen sind (vgl. I,1), durch diesen Brief auffordert, wieder zu dem alten Zustand zurückzukehren. So beginnt der 1. Klemensbrief folgendermaßen:

> *Die Kirche Gottes, die zu Rom in der Fremde wohnt,*
> *an die Kirche Gottes, die zu Korinth in der Fremde wohnt …*

Wir werden die Verantwortung der Gemeinden füreinander erneut im Zusammenhang der christlichen Liebestätigkeit beobachten können. Diese Verantwortung hat jedenfalls ihren Grund in der Brüderlichkeit der gesamten Kirche. Dass alle Christen einander Brüder und Schwestern sind, empfinden die Gläubigen selbst als außergewöhnlich. Die Apologeten heben gerade die Bruder-Anrede immer wieder als christliches Unterscheidungsmerkmal gegenüber den Gewohnheiten der Heiden hervor. So bemerkt Caecilius in dem Dialog „Octavius" des Minucius Felix: „Unterschiedslos nennen sie sich Brüder und Schwestern" (Octavius 9,2).

Caecilius, der in dem Dialog das Heidentum vertritt, sagt dies innerhalb einer langen Liste von Gerüchten und Vorurteilen, die damals über die Christen im Umlauf waren. Aristides von Athen (Apologie 15,7) und Tertullian (Apologeticum 39,8–9) sagen dasselbe. Tertullian fügt allerdings noch eine großartige theologische Begründung für die christliche Bruder-Anrede hinzu:

> Brüder sind wir auch euch [den Heiden] nach dem Recht der Natur, unserer einen Mutter. […] Doch mit wie viel mehr Recht heißen und sind uns Brüder diejenigen, die [durch Glaube und Taufe] Gott als ihren einen Vater erkannt, die den einen Geist der Heiligkeit eingesogen haben, die aus dem einen Leib derselben Unwissenheit zu dem einen Licht der Wahrheit emporgeschreckt sind.
> (Apologeticum 39,8–9; Übersetzung: C. Becker[203])

Dass die Bruder- und Schwesteranrede in den christlichen Gemeinden nicht nur eine schöne Floskel war, zeigt die gegenüber der heidnischen Gesellschaft revolutionäre Art der Fürsorge für prinzipiell alle Gemeindeglieder, die Hilfe brauchten. Es handelte sich vor allem um Witwen, Waisen, Alte und Kranke; sodann um die Arbeitsunfähigen, die Arbeitslosen, die Gefangenen und die Verbannten; schließlich um die Christen auf der Durchreise und um alle Gemeindeglieder, die in eine besondere Notlage geraten waren. Hinzu kam die Sorge um ein würdiges Begräbnis der Armen[204].

Besonders hervorzuheben ist aus dieser Liste die Sorge der Gemeinden für ihre Arbeitslosen und Arbeitsunfähigen. Man verlangte zwar von allen, die arbeiten konnten, dass sie arbeiteten, und vermittelte ihnen, so weit möglich, sogar Arbeitsplätze. Wer aber nicht mehr arbeiten konnte, durfte sicher sein, dass er von der Gemeinde unterstützt wurde. Damit war ein System von Arbeitsvermittlung und ein Netz sozialer Sicherheit gegeben, das in der Antike einzigartig dastand[205]. Es beruhte auf gegenseitiger Hilfe und auf freiwilligen Spenden. Diese wurden vor allem bei der sonntäglichen Eucharistiefeier eingesammelt. So heißt es bei Justin innerhalb seiner bekannten Schilderung des christlichen Gottesdienstes:

> *Wer aber die Mittel und guten Willen hat, gibt nach seinem Ermessen, was er will, und das, was da zusammenkommt, wird beim Vorsteher hinterlegt; dieser kommt damit Waisen und Witwen zu Hilfe, solchen, die wegen Krankheit oder aus sonst einem Grunde bedürftig sind, den Gefangenen und den Fremdlingen, die in der Gemeinde anwesend sind. (Justin, Apologie I 67; Übersetzung: G. Rauschen[206])*

Dieses höchst wirksam angelegte Fürsorgesystem beschränkte sich aber nicht auf die eigene Ortskirche. Wir haben eine ganze Reihe von Belegen dafür, dass auch christlichen Nachbargemeinden, in denen eine besondere Notlage aufgetreten war, geholfen wurde. Besonders die Kirche von Rom war bekannt für ihre Hilfeleistungen gegenüber Gemeinden in anderen Städten. Bischof Dionysios von Korinth schreibt um das Jahr 170 an die römische Gemeinde:

> *Von Anfang an hattet ihr den Brauch, allen Brüdern auf mannigfache Weise zu helfen und vielen Gemeinden in allen Städten Unterstützungen zu schicken. Durch die Gaben, die ihr von jeher geschickt habt, da ihr als Römer einen überlieferten römischen Brauch festhaltet, erleichtert ihr die Armut der Dürftigen und unterstützt ihr die in den Bergwerken lebenden Brüder. Euer heiliger Bischof Soter hat diesen Brauch nicht nur festgehalten, er hat ihn sogar noch erweitert. (Eusebius, Kirchengeschichte IV 23,10; Übersetzung: Ph. Häuser / H. A. Gärtner[207])*

Bruderschaft blieb also weder innerhalb der einzelnen Gemeinde noch innerhalb der Kirche im Ganzen ein leeres Wort. „Während die christliche Lehre in den Augen ihrer Widersacher utopisch und unwirklich erschien, zeigte sich dieselbe in ihrer praktischen Anwendung als ein handfestes Konzept, wirtschaftliche und soziale Nöte zumindest der Gemeindemitglieder in den Griff zu bekommen."[208]

Mit alledem ist auch bereits klar, was die Alte Kirche unter Liebe *(agape)* verstand. Nicht ein edles Gefühl, sondern die ganz konkrete Hilfeleistung – und zwar vor allem an den Glaubensbrüdern. *Agape* kann zwar gelegentlich in der Tradition von Mt 5,43–48 auch Menschen außerhalb der Kirche umfassen[209]. Daneben fließt jedoch in breitem Strom jener neutestamentliche Sprachgebrauch, der ausschließlich auf das Verhalten innerhalb der Gemeinden blickt. So sagt Aristides in genauer Entsprechung zur Terminologie der neutestamentlichen Briefliteratur im 15. Kapitel seiner Apologie von den Christen: „Den Feinden spenden sie eifrig Wohltaten" (15,5), „einander lieben sie" (15,7).

Ignatius spricht in seinem Brief an die Gemeinde von Smyrna von den Irrlehrern, die sich nicht um die *agape* bemühen, und konkretisiert das folgendermaßen: Sie kümmern sich nicht um die Witwen und Waisen, nicht um die Gefangenen und Freigelassenen, nicht um die Hungernden und Dürstenden. Sie sterben an ihren Streitereien, und dabei wäre es für sie so wichtig, zu lieben (Ign Smyrn 6–7). Wenn derselbe Ignatius im Präskript seines Römerbriefs von der Gemeinde zu Rom sagt, sie führe den Vorsitz in der *agape,* so meint er offensichtlich genau dasselbe Verhalten, das Dionysios von Korinth einige Jahrzehnte später in dem oben zitierten Brief beschrieben hat: die Unterstützung auswärtiger Gemeinden. Ignatius will also sagen: Die Gemeinde von Rom ist in dem, was das Wesen der Kirche ausmacht, nämlich in der Bruderliebe, die maßgebende Autorität. Sie führt den Vorsitz in der Liebe[210].

Mag die Alte Kirche in der *agape* auch oft versagt haben, die folgenden Belege zeigen auf jeden Fall, dass die Bruderliebe von-

seiten der Christen und teilweise auch vonseiten der Heiden als
etwas spezifisch Christliches angesehen wurde:

Seht, wie sie einander lieben!
(Tertullian, Apologeticum 39,7)
Sie lieben sich gegenseitig, fast ehe sie sich kennen.
(Minucius Felix, Octavius 9,2)
Darum – mag es euch [den Heiden] auch Unbehagen bereiten – lie-
ben wir uns in gegenseitiger Liebe – denn Hass ist uns fremd. Darum
nennen wir einander Brüder – worum ihr uns beneidet. Sind wir
doch Menschenkinder des einen Vatergottes, Miterwählte im Glau-
ben, Miterben in der Hoffnung. Ihr aber wollt einander gar nicht
kennen, ihr wütet in gegenseitigem Hass und erkennt euch als Brüder
wohl nur dann wieder, wenn es einen Verwandtenmord gilt.
(Minucius Felix, Octavius 31,8; Übersetzung: B. Kytzler[211])

4. Die Kontrastgesellschaft Gottes

Mit dem letzten Zitat sind wir bereits bei dem Hauptthema dieses
IV. Teils angekommen: Auch die Alte Kirche versteht sich als Kontrastgesellschaft. „Einst und Jetzt", „Finsternis und Licht" werden
wie im Neuen Testament kategorisch einander gegenübergestellt[212].

Hatten wir früher an unzüchtigen Dingen Gefallen, so huldigen wir
jetzt der Keuschheit allein. Gaben wir uns mit Zauberkünsten ab, so
haben wir uns jetzt dem guten und ungezeugten Gott geweiht.
Schätzten wir Geld und Besitz über alles, so stellen wir jetzt, was
wir haben, in den Dienst der gemeinsamen Sache und teilen jedem
Dürftigen davon mit. Hassten und mordeten wir einander und hiel-
ten wir mit denen, die nicht unseres Stammes sind, wegen der ver-
schiedenen Lebensgewohnheiten nicht einmal Herdgemeinschaft, so
leben wir jetzt nach Christi Erscheinen als Tischgenossen zusam-
men. (Justin, Apologie I 14; Übersetzung: G. Rauschen)

Gerade die letzte Bemerkung Justins ist wichtig, weil sie deutlich macht, dass für das Bewusstsein der Alten Kirche alle nationalen Schranken gefallen sind. Da gibt es nicht mehr Griechen, Barbaren oder Skythen (Kol 3,11); die christliche Gemeinde sammelt alle Völker um den einen Tisch der Eucharistie. Nicht mehr die Gegensätze zwischen den Völkern zählen, sondern nur noch der fundamentale Gegensatz zwischen der heidnischen Gesellschaft und der neuen Gesellschaft Gottes:

> *Für die andern Menschen betet ohne Unterlass. Denn es besteht bei ihnen Hoffnung auf Umkehr, auf dass sie Gottes teilhaftig werden. Gewährt ihnen darum, wenigstens aus euren Werken belehrt zu werden. Gegenüber ihren Zornesausbrüchen sollt ihr sanftmütig sein, gegenüber ihren Prahlereien demütig, ihren Lästerungen sollt ihr die Gebete entgegensetzen, gegenüber ihrem Irrwahn sollt ihr feststehen im Glauben, gegenüber ihrer Wildheit sollt ihr zahm sein, nicht bestrebt, mit ihnen in nachahmenden Wettbewerb zu treten. (Ign Eph 10,1–2; Übersetzung: J. A. Fischer)*

Dass Ignatius hier nicht nur von einzelnen schlechten Beispielen unter den Heiden, sondern von der heidnischen Gesellschaft insgesamt spricht, zeigt ein aufschlussreicher Text aus seinem Brief an die Gemeinde von Magnesia. Er vergleicht dort das Heidentum und das Christentum mit zwei verschiedenen Münzen. Jede trägt eine besondere Prägung: „die Ungläubigen die Prägung dieser Welt, die Gläubigen aber in Liebe die Prägung Gottes" (Ign Magn 5,2).

Vor allem sind hier nun natürlich die christlichen Apologeten zu nennen. Ein entscheidender Aspekt ihrer Schriften ist jeweils die Herausstellung des Kontrastes zwischen Kirche und Heidentum; dieser Kontrast wird nicht selten mit außerordentlicher Schärfe formuliert:

> *Ihr verbietet Ehebruch und begeht ihn dennoch – wir sind als Männer ausschließlich für unsere Ehefrauen auf der Welt. Ihr bestraft Verbrechen erst, wenn sie begangen sind – bei uns ist schon der*

Gedanke daran Sünde. Ihr fürchtet Mitwisser – wir allein schon das
Gewissen, das uns nie verlässt. Und schließlich: Die Kerker sind
gefüllt mit euren Leuten – ein Christ aber findet sich dort nur,
wenn er wegen dieser seiner Religion angeklagt ist oder aber ihr
untreu geworden ist. (Minucius Felix, Octavius 35,6; Übersetzung:
B. Kytzler)

Dieser und viele andere Texte zeigen das ungeheure Selbstbewusstsein der damaligen Kirche gegenüber der heidnischen Gesellschaft.
Wer von uns könnte die Aussage wagen, in den heutigen Gefängnissen säßen keine Christen außer den um ihres Glaubens willen Verfolgten? Minucius Felix konnte offenbar so sprechen, ohne sich
lächerlich zu machen. Aber lassen wir die Faktenfrage beiseite: Die
Kluft zur heutigen Kirche liegt nicht nur in den Fakten. Uns miss-
fällt der ganze Denkansatz, der sich in dem obigen Zitat ausspricht.
Wir betrachten die Kirche einfach nicht mehr als eine Gesellschaft,
die der übrigen Gesellschaft entgegenzusetzen ist. Deshalb wird der
Text des Minucius Felix heute selbst der Mehrzahl der christlichen
Leser als unerträgliche Arroganz erscheinen. Leider muss man
sagen: Genauso hat damals auch die Mehrzahl der Heiden auf das
Christentum reagiert. Am meisten nahm man ihm übel, dass sich
da eine zahlenmäßig zunächst noch sehr kleine Gruppe von Menschen in ihrem Glauben und in ihrer Lebensweise gegen die
gesamte übrige Gesellschaft stellte. „Hass gegen die Menschheit"
(odium generis humani) hat man daher den Christen vorgeworfen[213]. Das Selbstbewusstsein, das aus dem „Octavius" spricht, war
also keineswegs eine Ausnahme. Als um das Jahr 260 in Alexandrien
die Pest wütete, schrieb der dortige Bischof Dionysios in einem
Brief:

Da die meisten unserer Brüder in übermäßiger Liebe und Freund-
lichkeit sich selbst nicht schonten und aneinander hingen, furchtlos
sich der Kranken annahmen, sie sorgfältig pflegten und ihnen in
Christus dienten, starben sie gleich diesen freudigst dahin, ange-
steckt vom Leide anderer, die Krankheit der Mitmenschen sich

zuziehend, freiwillig ihre Schmerzen übernehmend. [...] Auf solche Weise schieden aus dem Leben die Tüchtigsten unserer Brüder: Presbyter, Diakone und Laien. [...] Weil sie die Leiber der Heiligen auf ihre Arme und ihren Schoß nahmen, ihnen die Augen zudrückten und den Mund schlossen, sie auf die Schulter luden und unter herzlichen Umarmungen nach Waschung und Bekleidung bestatteten, erfuhren sie kurz darauf dieselben Dienstleistungen, wobei die Überlebenden stets an die Stelle derer traten, die vorausgegangen waren.

Ganz anders war es bei den Heiden. Sie stießen die, welche anfingen krank zu werden, von sich, flohen vor ihren Teuersten, warfen sie halbtot auf die Straße und ließen ihre Toten unbeerdigt wie Schmutz liegen. (Eusebius, Kirchengeschichte VII 22; Übersetzung: Ph. Häuser / H. A. Gärtner)

Der moderne Christ pflegt angesichts solcher Texte zu sagen: So darf man nicht verallgemeinern. Das ist das Schwarz-Weiß der Legende. Es gibt stets Christen, die versagen, und es gibt stets auch bei Nichtchristen vorbildliches Verhalten. Nicht selten sind sogar die Nichtchristen besser als die Christen. – So etwa läuft heute ein stereotypes christliches Argumentationsschema, das schon fast zum Predigtschema avanciert ist. Den verbreiteten christlichen Minderwertigkeitskomplex verrät es überdeutlich. Die Christen der ersten drei Jahrhunderte hätten über uns wohl verwundert den Kopf geschüttelt. Sie waren in der Lage, völlig anders zu argumentieren. Selbst ein so kluger und besonnener Mann wie Origenes konnte es wagen, Folgendes zu schreiben:

Gott [...] ließ überall Gemeinden entstehen, die den Gemeinden abergläubischer, zuchtloser und ungerechter Menschen entgegenwirken; denn aus Leuten solcher Art besteht fast überall die große Masse der Bürger in den Stadtgemeinden. Die Gemeinden Gottes aber, denen Christus Lehrer und Erzieher geworden ist, sind im Vergleich mit den Gemeinden der Völker, unter denen sie als Fremde wohnen, „wie Himmelslichter in der Welt". Denn wer könnte wohl leugnen,

*dass auch diejenigen Glieder unserer Kirche, die manches an sich zu
wünschen übrig lassen und geringwertiger sind, wenn man sie mit
den besseren vergleicht, doch viel höher stehen als die Mitglieder
der Bürgergemeinden? (Origenes, Contra Celsum III 29: Übersetzung: P. Koetschau[214])*

Origenes will es aber bei solch allgemeinen Aussagen nicht bewen-
den lassen. Er vergleicht im Folgenden die christlichen Gemeinden
in Athen, Korinth und Alexandrien mit den bürgerlichen Gemeinden dieser drei Städte, um so zu zeigen, dass der von ihm zitierte
Text aus Phil 2,15 („wie Himmelslichter in der Welt") auch für
seine eigene Zeit zutrifft (III 30).

Selbst dort, wo die christlichen Apologeten nicht unmittelbar
im Kontrastschema argumentieren, sondern die Schönheit der
christlichen Lebensweise positiv entfalten, steht der Gegensatz
zur heidnischen Gesellschaft überdeutlich im Hintergrund. So
etwa in dem großartigen 15. Kapitel der Apologie des Aristides,
welches das bisher Gesagte noch einmal zusammenfassen kann:

*Die Christen, o Kaiser, haben umhersuchend die Wahrheit gefunden
und stehen, wie wir ihren Schriften entnommen haben, der Wahrheit und genauen Erkenntnis näher als die übrigen Völker. Denn sie
kennen Gott und glauben an ihn als den Schöpfer und Werkmeister
des Alls. [...] Von ihm empfingen sie die Gebote, die sie in ihren
Sinn eingezeichnet haben und beobachten. [...]*

*Deshalb treiben sie nicht Ehebruch und Unzucht, legen kein falsches
Zeugnis ab, unterschlagen kein hinterlegtes Gut, begehren nicht, was
nicht ihr Eigen, ehren Vater und Mutter, erweisen ihrem Nächsten
Gutes und richten, wenn Richter, nach Gerechtigkeit. Götzen in
Menschengestalt beten sie nicht an, und was sie nicht wollen, dass
es ihnen andere tun, das tun sie selbst niemandem. Von der Götzen-
opferspeise essen sie nicht, denn sie sind rein. Denen, die sie krän-
ken, reden sie zu und machen sie sich zu Freunden; den Feinden
spenden sie eifrig Wohltaten. [...]*

Die Sklaven aber und Sklavinnen [...] bereden sie, weil sie sie lie-
ben, Christen zu werden; und sind sie es geworden, so nennen sie
dieselben ohne Unterschied Brüder. [...] Sie wandeln in aller
Demut und Freundlichkeit. Lüge wird bei ihnen nicht gefunden.
Sie lieben einander.

Die Witwen missachten sie nicht; die Waise befreien sie von dem,
der sie misshandelt. Wer hat, gibt neidlos dem, der nicht hat.
Wenn sie einen Fremdling erblicken, führen sie ihn in ihre Wohnun-
gen und freuen sich über ihn wie über einen wirklichen Bruder.
Denn sie nennen sich nicht Brüder dem Leibe nach, sondern [Brü-
der] im Geiste und in Gott.

Wenn aber einer von ihren Armen aus der Welt scheidet und ihn
irgendeiner von ihnen sieht, so sorgt er nach Vermögen für sein
Begräbnis. Und hören sie, dass einer von ihnen wegen des Namens
ihres Christus gefangen oder bedrängt ist, so sorgen alle für seinen
Bedarf und befreien ihn, wenn es möglich ist. Und ist unter ihnen
irgendein Armer oder Dürftiger, und sie haben nichts Überflüssiges,
so fasten sie zwei bis drei Tage, damit sie den Dürftigen ihren Bedarf
an Nahrung decken.

Die Gebote ihres Christus halten sie gewissenhaft, indem sie recht-
schaffen und ehrbar leben, so wie der Herr, ihr Gott, ihnen befohlen
hat. [...] Und wenn ein Gerechter von ihnen aus der Welt scheidet,
so freuen sie sich und danken Gott und geben seiner Leiche das
Geleit, gleich als zöge er [nur] von einem Ort zum anderen. [...]
Das, o Kaiser, ist das Gesetz der Christen und ihre Lebensführung.
(Apologie 15; Übersetzung: K. Julius[215])

Um einen solchen Text richtig beurteilen zu können, darf man
seine Gattung und Sprechhaltung gewiss nicht übersehen. Es handelt sich um einen werbenden, ja um einen propagandistischen
Text, der ein ideales Bild malt. So wollten die Christen gesehen
werden und so wollten sie selber gerne sein. Ähnliches gilt für
viele andere hier zitierte Vätertexte, aber auch für viele schon früher aus dem Neuen Testament beigebrachte Belege. Auch wenn sie
im Indikativ sprechen, haben sie oft adhortativen Charakter. „So

sind wir", heißt dann immer auch: „So sollten und so möchten wir sein." Es ist deshalb nicht möglich, aus Texten dieser Art die konkrete Wirklichkeit in den christlichen Gemeinden unmittelbar und unreflektiert zu erschließen. Eines aber zeigen solche Texte auf jeden Fall: das Selbstverständnis der damaligen Gemeinden, ihr außerordentliches Selbstbewusstsein, ihren Anspruch, Kontrastgesellschaft Gottes zu einer permissiven heidnischen Gesellschaft zu sein und von ihrem Auftrag her sein zu müssen. Schon allein deswegen handelt es sich um erregende Texte; schon das allein müsste genügen, uns aufzurütteln.

Aber in Wirklichkeit zeigen diese Texte natürlich noch mehr als nur das christliche Selbstverständnis und Selbstbewusstsein. Sie spiegeln sehr wohl ein Stück Realität der Gemeinden selbst wider. Es wäre eine miserable Hermeneutik, altchristliche Texte nur deshalb zu nivellieren, weil wir Heutigen in unserer skeptischen Resignation Gemeinden, die mit dem Evangelium ernst machen, nicht mehr für möglich halten. Vor einer solchen Hermeneutik des schlechten Gewissens, die den eigenen Zuständen ein historisches Alibi schaffen möchte, müssten uns schon die wenigen, aber gewichtigen Stimmen der damaligen Gegner des Christentums bewahren. So erzählt Lukian von Samosata in seiner Spottschrift über das Lebensende des Schwindlers Peregrinus, wie dieser zum Schein Christ wurde, sich von den Gemeinden feiern ließ und dann eines Tages als Christ in Syrien ins Gefängnis gesteckt wurde.

Als er in Banden lag, versuchten die Christen, die dies als einen Unglücksfall betrachteten, der ihnen allen zugestoßen war, alles Mögliche und Unmögliche, ihn dem Gefängnis zu entreißen. Als es ihnen nicht gelingen wollte, ließen sie es wenigstens nicht an der sorgfältigsten Pflege und Wartung fehlen. Mit Tagesanbruch sah man schon alte Weiblein, Witwen und junge Waisen sich um das Gefängnis lagern. Ja, die Vornehmsten unter ihnen bestachen sogar die Gefängniswärter und brachten ganze Nächte bei ihm zu. Auch wurden reichliche Mahlzeiten bei ihm zusammengetragen und heilige Gespräche geführt. [...]

Sogar aus verschiedenen Städten Asiens kamen Leute, die von den
dortigen Christen abgesandt waren, ihm zu helfen, seine Fürsprecher
vor Gericht zu sein und ihn zu trösten. Denn diese Leute sind in allen
solchen Fällen, die ihre Gemeinschaft betreffen, von einer unbegreif-
lichen Rührigkeit und Geschäftigkeit und sparen weder Mühe noch
Kosten. Daher wurde auch dem Peregrinus seiner Gefangenschaft
halber eine große Menge Geld von ihnen zugeschickt, und er ver-
schaffte sich auf diese Weise ganz hübsche Einkünfte. (Peregrinus
12–13; Übersetzung: Ch. M. Wieland / K. Hönn[216])

Lukians Persiflage der naiven Christen zeigt trotz ihres beißenden
Spotts sehr anschaulich die tiefe Brüderlichkeit der christlichen
Gemeinden, die ihre Bekenner in den Gefängnissen und Bergwer-
ken rückhaltlos unterstützten (vgl. die genauen Entsprechungen
bei Aristides, Apol. 15!). Noch wichtiger ist ein Brief des völlig
unverdächtigen römischen Kaisers Julian, in welchem der christlichen Solidarität von einem Gegner des Christentums das schönste
Zeugnis ausgestellt wird:

Begreifen wir denn nicht, dass die Gottlosigkeit [= das Christen-
tum] am meisten gefördert wurde durch die Menschlichkeit [der
Christen] gegenüber den Fremden und durch die Fürsorge [der
Christen] für die Bestattung der Toten? [...] Die gottlosen Galiläer
ernähren außer ihren eigenen Armen auch noch die unsrigen; die
unsrigen aber ermangeln offenbar unserer Fürsorge. (Julian, An
Arsakios[217])

Was die Apologeten über die innere Solidarität der christlichen
Gemeinden sagten, stimmte also offenbar. Das soziale System der
Kirche funktionierte sogar so gut, dass selbst Nichtchristen unterstützt werden konnten. Diese Solidarität muss auf Außenstehende
einen tiefen Eindruck gemacht haben; sie war einer der Gründe
für die schnelle Ausbreitung des Christentums. Julian versuchte
übrigens, das Unterstützungsprogramm der Gemeinden in einer
„künstlichen Schöpfung nachzuahmen, um den Christen diese

Waffe zu entreißen"[218]. Sein Versuch scheiterte. Die Stärke und Unnachahmlichkeit des kirchlichen Unterstützungswesens lag eben gerade darin, dass es nicht zentral und nicht von oben dekretiert wurde, sondern seinen Sitz in den einzelnen Ortskirchen hatte und dort aus der inneren Überzeugung und dem freien Konsens der Gemeinden ständig neu geboren wurde. Sein letzter Ursprung war die Bruderliebe und sein eigentlicher Ort die Eucharistiefeier der am Herrentag versammelten Gemeinden.

5. Die christliche Verweigerung

Man kann nicht über die Alte Kirche als Kontrastgesellschaft schreiben, ohne nicht auch das Thema ihrer gesellschaftlichen Verweigerung zu behandeln. Die Christen stehen zwar bis zu einem bestimmten Punkt dem Staat loyal gegenüber. Sie bezahlen ihre Steuern, sie erkennen die staatliche Obrigkeit prinzipiell an, sie beten für den Kaiser. All das ist vonseiten der Christen unbestritten und wird von ihnen wegen des Misstrauens der Heiden sogar immer wieder betont. Trotzdem gibt es – vor allem in den beiden ersten Jahrhunderten – eine deutliche Distanz zwischen den christlichen Gemeinden und der übrigen Gesellschaft. Diese Distanz konkretisiert sich in ständigen Verweigerungen. So formuliert Caecilius im „Octavius" des Minucius Felix wohl ganz sachgerecht den Vorwurf vieler Heiden:

Gebieten die Römer nicht ohne euren Gott über ihr Reich, nutzen den gesamten Erdkreis und herrschen auch über euch? Ihr dagegen lebt immer in Sorge und Angst, ihr haltet euch von allen Vergnügungen fern, auch von den anständigsten. Ihr besucht keine Schauspiele, nehmt an den Festzügen nicht teil, verschmäht die öffentlichen Speisungen; ihr verabscheut die Spiele zu Ehren der Götter, das Opferfleisch und den Opferwein der Altäre. So sehr fürchtet ihr die Götter, deren Dasein ihr doch leugnet!

Ihr schmückt euch das Haupt nicht mit Blumen, pflegt euren Kör-
per nicht mit wohlriechenden Essenzen; Spezereien werden bei euch
nur für die Toten aufgewendet, und Kränze habt ihr nicht einmal
für eure Gräber übrig. Ihr blässlichen, verschreckten Gestalten, ihr
seid nur Erbarmen wert – aber das Erbarmen unserer Götter! Ihr
könnt ja weder auferstehen, ihr Armseligen, noch inzwischen das
Leben genießen. (Minucius Felix, Octavius 12,5–6; Übersetzung:
B. Kytzler)

Diese lange Liste heidnischer Vorwürfe lässt einen Teil der christlichen Verweigerungen gegenüber der Gesellschaft klar erkennen.
Für Christen war es verpönt, Gladiatorenspiele und Tierkämpfe
zu besuchen[219], sich an Prozessionen und Aufzügen zu beteiligen[220] oder bei öffentlichen Speisungen und Gastmählern, zum
Beispiel an den kaiserlichen Festtagen, mitzuessen[221]. Der zitierte
Text aus dem „Octavius" zeigt auch sehr deutlich, dass die Distan-
zierung der Christen von der heidnischen Gesellschaft bis in
Details ging: Man schmückte sich nicht mit Blumen und trug
keine Kränze mehr.

Verfehlt wäre es, die christliche Verweigerung nur dort anzunehmen, wo Götterverehrung oder Kaiserkult ins Spiel kamen.
Beide Bereiche hatten zwar in der römischen Antike eine außerordentliche Bedeutung, können jedoch bei Weitem nicht alles
erklären. Die christliche Verweigerung geschah ja noch an ganz
anderer Stelle: Sie bezog sich zum Beispiel auch auf die Feuer-
bestattung, auf das Aussetzen neugeborener Kinder und vor
allem auf die heidnische Ehemoral[222].

Der letzte und tiefste Grund der christlichen Distanz zur heidnischen Gesellschaft war das Wissen, dass man in einer eigenen
Lebensform beheimatet war: der Lebensform des Gottesvolkes,
die biblisch begründet war, die also auf den Heilswillen Gottes
zurückging. Die Christen wussten: Sie waren ein Volk anderer
Art. Sie waren mitten unter den Völkern eine alternative Gesellschaft. Wie anders war der ungeheuerliche Satz Tertullians denkbar: „Keine Sache ist uns fremder als die Sache aller: der Staat"[223]?

Mit Sicherheit hätten diesem zugespitzten Satz damals nicht alle Christen zugestimmt. Aber er war eben möglich! Er hatte seine Basis letztlich in dem Bewusstsein, dass die christlichen Gemeinden ein eigenes „Volk" bildeten. Mit dem Tod Jesu ist etwas Neues in die Welt gekommen, betont Origenes gegen Celsus, und er meint damit „die Entstehung des Volkes der Christen, das gleichsam auf einmal geboren wurde" (Contra Celsum VIII 43). Wenn Origenes wie viele andere Theologen der ersten Jahrhunderte die Christen als ein „Volk" bezeichnet, so ist das nicht nur religiös oder geistlich, sondern immer auch gesellschaftlich gemeint. Das sieht man allein schon an der Art, wie er die Juden charakterisiert:

Wenn sie doch nicht wider das Gesetz gesündigt und nicht zuerst die Propheten getötet, später aber auch Jesus nach dem Leben getrachtet hätten! Wir würden sonst das Musterbild jenes himmlischen Staates haben, den auch Plato zu beschreiben versucht hat; ich zweifle aber, ob dieser dazu so gut imstande gewesen ist wie Moses und die Männer, die nach Moses kamen, sie, die ein auserwähltes Geschlecht und ein heiliger und Gott geweihter Stamm waren. (Contra Celsum V 43; Übersetzung: P. Koetschau)

Was vom alttestamentlichen Gottesvolk gilt, gilt nach Origenes erst recht von denen, „die sich auf wunderbare Weise zusammengeschlossen haben" (Contra Celsum VIII 47), nämlich vom „Volk der Christen". Sie bilden „in jeder Stadt" des römischen Reiches eine eigene „Heimatgemeinde, die durch das Wort Gottes gegründet ist", und so entsteht „die dem Willen Gottes entsprechende Vaterstadt", nämlich die Kirche (Contra Celsum VIII 75).

Mit immer neuen Wörtern versuchen die damaligen Theologen, die gesellschaftliche Dimension der Kirche auf den Begriff zu bringen. Die Kirche ist ein Volk, sie ist ein Geschlecht[224], sie ist eine Stadt[225]. Am weitesten geht Hippolyt, der den römischen Staat als eine teuflische Nachäffung des wahren Staates, nämlich des „Volkes der Christen", charakterisiert:

Denn da im 12. Jahre der Herr unter dem Kaiser Augustus geboren
wurde, von dem an das Reich der Römer sich entwickelte, durch die
Apostel aber der Herr alle Nationen und alle Zungen hinzurief und
das gläubige Volk der Christen schuf, das Volk des Herrn und das
Volk derer, die einen neuen Namen im Herzen tragen – so ahmte
das Reich dieser Zeit, das da herrscht nach Kraftwirkung des Satans,
dies genau nach und sammelt seinerseits aus allen Völkern die
Edelsten und rüstet zum Streit, sie Römer nennend. (Hippolyt,
Danielkommentar zu IV 9; Übersetzung: A. von Harnack[226])

Hinter dieser seltsamen Argumentation steht ein beliebtes apolo-
getisches Schema der Alten Kirche: Alles Große und Gute im Heidentum ist Nachahmung (unter Umständen sogar dämonische
Nachäffung) des jüdisch-christlichen Erbes. Uns braucht die Nai-
vität dieses Schemas und die Fragwürdigkeit der Geschichts-
betrachtung Hippolyts hier nicht zu beschäftigen. Für unseren
Zusammenhang entscheidend ist Hippolyts Voraussetzung, dass
die Kirche ein von Christus aus allen Völkern geschaffenes Volk
ist, das dem römischen Reich als Gegengesellschaft gegenüber-
steht.

Hippolyt bleibt mit diesem erstaunlichen Selbstbewusstsein
keineswegs allein. Waren auch bei Weitem nicht alle Theologen
der Alten Kirche dem römischen Staat so feindlich gesinnt wie
er – der Gedanke der gesellschaftlichen Verfasstheit der Kirche
und ihrer Kontrastfunktion zur übrigen Gesellschaft war eine
Selbstverständlichkeit. Blicken wir an dieser Stelle noch einmal
auf Origenes. Der Platoniker Celsus, gegen den Origenes das
Christentum verteidigt, hatte der Kirche neben vielem anderen
auch ihr selbst gewähltes gesellschaftliches Abseits vorgeworfen,
das sich für ihn in der christlichen Verweigerung konkretisierte,
bei der *tyche* (dem Genius) des Kaisers zu schwören (Contra Celsum VIII 67). Celsus kann in dieser Verweigerung nur eine tiefe
Verantwortungslosigkeit gegenüber dem Staat sehen:

Handeln nämlich alle so wie ihr, so wird nichts im Wege stehen, dass der Kaiser allein und einsam übrig bleibt, die Herrschaft auf Erden aber den gesetzlosesten und wildesten Barbaren zufällt, so dass weder von eurer Gottesverehrung noch von der wahren Weisheit unter den Menschen auch nur eine Kunde übrig bleibt. (Origenes, Contra Celsum VII 68; Übersetzung: P. Koetschau)

Origenes ist, was das Schwören beim Genius des Kaisers angeht, völlig anderer Meinung. Er sagt: Entweder ist die *tyche* des Kaisers nur ein leeres Wort: Dann ist es nicht erlaubt, so zu tun, als wäre diese gar nicht vorhandene Sache ein Gott, bei dem man schwören kann. Oder aber die *tyche* des Kaisers ist ein böser Dämon: Dann ist es besser zu sterben, als bei einem Dämon zu schwören, der den Kaiser zum Bösen verführt (Contra Celsum VIII 65). Man kann Origenes hier nur zustimmen. Was war die *tyche* des Kaisers anderes als die Personifizierung eines maßlosen menschlichen Machtwillens? Und wo die menschliche Macht vergöttert wird, werden die Dämonen losgelassen[227]. Origenes kann aber auch dem sehr ernst zu nehmenden Einwand des Celsus, die Christen würden den Kaiser allein lassen und sich so ihrer gesellschaftlichen Verantwortung entziehen, nicht zustimmen:

Handelten nämlich, wie Celsus sagt, alle so wie wir, so würden natürlich auch die Barbaren, die sich ja dann dem Worte Gottes zugewendet hätten, ganz gesetzlich und gesittet sein. Dann würde auch alle andere Gottesverehrung aufgehoben werden, die christliche aber würde allein die Herrschaft haben. Und sie wird auch [tatsächlich] einmal allein herrschen, weil die christliche Lehre immer mehr Menschen gewinnt. (Contra Celsum VIII 68; Übersetzung: P. Koetschau)

Origenes ist also überzeugt: Es gibt keinen anderen Weg, die Gesellschaft von Grund auf zum Guten zu verändern, als dass sich die Kirche, die Gegengesellschaft Gottes, in der Welt immer weiter ausbreitet. In der Kirche nach dem Wort Gottes zu leben, heißt deshalb keineswegs, sich der gesellschaftlichen Verantwortung, die jeder Mensch hat, zu entziehen, sondern bewirkt gerade im Gegenteil, dass die Christen ihre gesellschaftliche Verantwortung in der radikalsten Weise wahrnehmen, die überhaupt möglich ist. Deshalb kann Origenes auch auf die Mahnung des Celsus, die Christen sollten doch in ihrer jeweiligen Vaterstadt öffentliche Ämter übernehmen, folgendermaßen antworten:

Wir wissen, dass in jeder Stadt durch das Wort Gottes noch eine andere Heimatgemeinde gegründet ist, und ermahnen deshalb diejenigen, welche durch ihre Redegabe und sittliche Lebensführung zum Regieren fähig sind, die Gemeinden zu leiten. Herrschsüchtige Männer lassen wir nicht zu, zwingen aber solche [zur Übernahme von kirchlichen Leitungsämtern], die aus großer Bescheidenheit die gemeinsame Sorge für die Kirche Gottes nicht voreilig auf sich nehmen wollen. [...] Und wenn die kirchlichen Vorsteher die dem Willen Gottes entsprechende Vaterstadt – ich meine damit die Kirche – trefflich regieren [...], so regieren sie auch nach den Geboten Gottes, ohne deshalb etwas von den gegebenen [staatlichen] Gesetzen zu verletzen. (Contra Celsum VIII 75; Übersetzung: P. Koetschau)

Nach Meinung des Origenes verwirklichen also die Christen ihre Verantwortung gegenüber dem Staat dadurch, dass sie sich in der Kirche, der dem Willen Gottes entsprechenden Gesellschaft, engagieren. Entscheidend ist dabei der Ausschluss aller Herrschsucht. Innerhalb der neuen Gesellschaft Gottes darf es ja gerade nicht wieder die Herrschaft von Menschen über Menschen geben. Indem so mitten in der von den Dämonen der Macht geprägten heidnischen Gesellschaft eine neue, von Herrschsucht freie Gesellschaft entsteht, die deutlich macht, wie Gott Gesellschaft eigentlich haben will, wird dem Staat weitaus am besten gedient. Deshalb kann Origenes fortfahren:

Wenn also die Christen die Übernahme von staatlichen Ämtern ablehnen, so tun sie das nicht, um sich den öffentlichen Dienstleistungen zu entziehen, sondern um sich für den göttlicheren und not-

*wendigeren Dienst an der Kirche Gottes zum Heil der Menschen zu
erhalten. (Contra Celsum VIII 75; Übersetzung: P. Koetschau)*

Welch großartiger Text! Er verdiente viel mehr Beachtung, weil er
genau im Sinn des Neuen Testaments die eigentliche Funktion der
Kirche herausstellt: Diese dient der Welt am besten, wenn sie ihre
Aufgabe, ein „heiliges Volk" im Sinne von 1 Petr 2,9–10 zu sein,
realisiert. Gerade indem sie selbst die Gesellschafts- und Sozialordnung Gottes zeichenhaft lebt, ist sie das Salz der Gesellschaft.
Es erscheint äußerst fragwürdig, wenn nicht wenige engagierte
Christen heute so tun, als seien Weltverantwortung und Weltveränderung nur jenseits und außerhalb der Kirche möglich. Selbstverständlich ist der Christ heute verpflichtet, gegebenenfalls auch
unmittelbare Verantwortung im Staat zu übernehmen[228]. In diesem besonderen Punkt kann die Position des Origenes für uns
nicht mehr maßgebend sein. Wir leben nicht mehr im Imperium
Romanum, das sich die Völker unterwarf und ausbeutete, sondern in einem Rechtsstaat. Maßgebend aber müsste weiterhin
sein, was Origenes mit bemerkenswerter Klarheit gesehen hat,
klarer als viele Theologen der Gegenwart: Der wichtigste und
unersetzbarste Dienst, den die Christen der Gesellschaft zu leisten
haben, ist ganz einfach, dass sie wahrhaft Kirche sind.

6. Die Kirche und der Krieg

Im vorhergehenden Kapitel ist das Problem des Gewalt- und
Herrschaftsverzichts bereits angeklungen. Nicht nur die Urkirche,
sondern auch die Kirche der Folgezeit hat sich mit diesem Problem immer wieder auseinandergesetzt. Schon allein die Frage, ob
und unter welchen Bedingungen ein Christ Militärdienst leisten
dürfe, hat die christlichen Gemeinden bis ins 4. Jahrhundert
hinein umgetrieben. „Im Westen und in den bedrohten Grenz-
provinzen neigte man hier eher zu Kompromissen als in den
befriedeten griechisch-sprechenden Provinzen ... Nach der Kir-

chenordnung Hippolyts von Rom musste sich ein getaufter Soldat jedoch immerhin verpflichten, weder Hinrichtungen zu vollziehen noch militärische Eide abzulegen, ein Katechumene oder Christ, der sich freiwillig zum Militär meldete, wurde ausgestoßen"[229]. Es gab aber auch radikalere Stimmen, die Christsein und Militärdienst für absolut unvereinbar hielten. So erklärt zum Beispiel der rigorose Tertullian in seiner montanistischen Zeit:

> *Es passt nicht zusammen, unter dem Fahneneid Gottes und der Menschen, unter dem Feldzeichen Christi und des Teufels, im Lager des Lichts und in dem der Finsternis zu stehen; ein und derselbe Mensch kann nicht zweien verpflichtet sein: Christus und dem Teufel. (De idololatria 19; Übersetzung: H. Kellner[230])*

Offenbar gab es Christen, die sich zur Legitimation ihres Militärdienstes auf die Bibel beriefen, zum Beispiel auf die „Soldatenpredigt" Johannes des Täufers in Lk 3,14 oder auf die Taufe des Hauptmanns Kornelius in Apg 10. Die Antwort Tertullians lässt an Deutlichkeit nichts zu wünschen übrig:

> *Wie kann einer Krieg führen, wie kann einer auch nur in Friedenszeiten Militärdienst leisten, wenn ihm der Herr das Schwert weggenommen hat? Es kamen zwar Soldaten zu Johannes und erhielten Regeln für ihr Verhalten; es wurde zwar ein Hauptmann gläubig; doch der Herr hat mit der Entwaffnung des Petrus jedem Soldaten das Schwert abgeschnallt. (De idololatria 19)*

Die Wirklichkeit war freilich komplizierter als dieser rigoristische Satz; in seinem Apologeticum hatte Tertullian auch noch ganz anders geredet (vgl. 42,3). Trotzdem war es für die christliche Theologie von größter Wichtigkeit, dass solche Sätze formuliert wurden. Sie hielten das Problembewusstsein wach. Tertullian hat mit sicherem Instinkt erkannt, dass seit Jesus und seiner Praxis der absoluten Gewaltlosigkeit etwas geschehen war, an dem die Kirche nicht mehr vorbeikam.

234

Auch Origenes kann sich prinzipiell gegen jeden christlichen Militärdienst aussprechen. Für ihn lässt sich die Heiligkeit der Gemeinden mit Gewalt nicht vereinbaren. Auf die dringliche Mahnung des Celsus, die Christen sollten „mit dem Kaiser ins Feld ziehen", antwortet er:

> Eure eigenen Priester, die für gewisse Götterbilder zu sorgen haben, und die Tempeldiener derjenigen, die ihr für Götter haltet, dürfen der Opfer wegen ihre Rechte nicht beflecken, damit sie mit reinen Händen, an denen kein Menschenblut klebt, euren Göttern die herkömmlichen Opfer darbringen können; und wenn ein Krieg ausbricht, so macht ihr keineswegs eure Priester zu Soldaten.
>
> Wenn dies nun mit gutem Grund geschieht, um wie viel mehr wird es dann vernünftig sein, dass die Christen, während die andern zu Felde ziehen, als Priester und Diener Gottes an dem Feldzug teilnehmen, indem sie ihre Hände rein bewahren und mit ihren an Gott gerichteten Gebeten für diejenigen kämpfen, die für die gerechte Sache zu Felde ziehen und die gerecht regieren. (Contra Celsum VIII 73; Übersetzung: P. Koetschau)

An dieser Argumentation ist zweierlei bemerkenswert. Zunächst einmal: Origenes sagt nicht: „Wir beten für den Sieg des Kaisers", sondern: „Wir beten für die gerechte Sache". Beides ist keineswegs dasselbe. Leider hat die Christenheit diese sorgfältige Differenzierung sehr schnell vergessen und ihr Gebet und ihren Einfluss nur allzu oft massiv in den Dienst von Macht- und Herrschaftsinteressen gestellt. Genau das wollte Origenes verhindern. Für ihn besteht die Aufgabe der Kirche gerade darin, eine Atmosphäre zu schaffen, in der die Kriegsdämonen, die die Menschen verführen, weichen müssen. Nur so wird Friede möglich:

> Wir vernichten mit unseren Gebeten alle Dämonen, welche die Kriege anstiften und die Eide brechen und den Frieden stören, und helfen dadurch den Herrschern mehr als die Personen, welche für

jeden sichtbar zu Felde ziehen. (Contra Celsum VIII 73; Überset-
zung: P. Koetschau)

Bemerkenswert ist die Argumentation des Origenes aber auch
deshalb, weil er die kirchliche Verweigerung des Kriegsdienstes
nicht damit begründet, dass ein christlicher Soldat in den Kaiserkult verwickelt werden könnte. Sein Argument ist vielmehr dies,
dass die Kirche ein heiliges und priesterliches Volk ist und dass
sich ihre Glieder deshalb nicht mit Blut beflecken dürfen. Wenn
wir die kultische Sprache, die Origenes hier verwendet, in unsere
heutige Sprache übersetzen, so heißt das nichts anderes als: Die
Kirche ist Kontrastgesellschaft Gottes (sie ist heilig), und sie darf
deshalb gerade nicht Gewalt gebrauchen (Blut vergießen) wie die
übrige Gesellschaft. Ihren spezifischen Dienst an der Welt (ihr
Priestertum) kann sie nur in absoluter Gewaltlosigkeit vollziehen.

7. Die Erfüllung von Jesaja 2

Tertullian und Origenes haben offenbar deutlich erkannt, dass es
bei der Frage, ob sich Christsein und Militärdienst vereinbaren
lassen, nicht um irgendeine Randfrage geht. Es geht dabei um
die Frage nach der Gewaltlosigkeit der Kirche und damit um das
Innerste der kirchlichen Existenz, denn Christus, der Herr der
Kirche, hat auf alle Gewalt verzichtet und ist ohnmächtig am
Kreuz gestorben.

Das Thema der gewaltlosen Kirche bewegt alle Väter, nicht nur
Tertullian und Origenes. Man darf nach diesem Thema freilich
nicht allein im Kontext der Frage nach dem christlichen Militärdienst suchen; es wird auch noch in ganz anderen Zusammenhängen behandelt. Einer dieser Zusammenhänge ist die Väterexegese
von Jes 2.

Wir hatten bereits gesehen, dass Jes 2,2–5 (vgl. Mi 4,1–5) zu
den wichtigsten alttestamentlichen Texten für den Motivkomplex
der Völkerwallfahrt gehört (vgl. I 5). Am Ende der Tage, sagt Jesa-

ja, wird sich der Zionsberg mit dem Haus des Herrn über alle anderen Berge erheben. Das heißt: In der eschatologischen Heilszeit wird Israel als *Zeichen Gottes unter den Völkern* zu leuchten beginnen. Dann strömen die Völker aus der ganzen Welt nach Jerusalem, um dort die allein lebenswerte und Leben ermöglichende Gesellschaftsordnung zu erlernen: „Denn vom Zion geht Tora aus, und das Wort des HERRN von Jerusalem" (Jes 2,3).

Entscheidend an dieser Gesellschaftsordnung ist, dass sie keine bloße Theorie bleibt, sondern dass sie in Israel gelebt wird. Andernfalls würde sie die Völker der Welt kaum faszinieren und erst recht nicht herbeilocken. Entscheidend ist aber auch, dass diese neue Lebensordnung das Grundproblem aller menschlichen Gesellschaft erkannt hat und es bewältigt: die Herrschsucht, den Drang zur Gewalttat, die ewigen Rivalitäten. Was die neue Gesellschaftsordnung so faszinierend macht, ist gerade die Gewaltlosigkeit, die offenbar ihr wichtigstes Merkmal ist:

Sie [die Völker] werden [fasziniert vom Gottesvolk] ihre Schwerter zu Pflugscharen umschmieden und ihre Lanzen zu Winzermessern. Nicht mehr wird Nation gegen Nation das Schwert erheben und nicht mehr werden sie Krieg erlernen. (Jes 2,4)

Dieser Jesajatext von der endzeitlichen Wallfahrt der Heiden zum Zion spielt in der Väterexegese eine außerordentliche Rolle. Die frühen Väter sind überzeugt: Die Verheißung Jesajas hat sich erfüllt. Die Heilszeit, von der Jesaja sprach, ist angebrochen. Das Wort des Herrn ist ergangen. Die neue Gesellschaftsordnung Gottes zeichnet sich ab. Das Haus des Herrn ist schon weithin sichtbar über allen Hügeln, und die Völker strömen bereits im Haus Gottes zusammen.

Am großartigsten formuliert es Origenes. Er deutet – wie alle Väter – das „Haus des Herrn" auf die Kirche, und die Nationen, die zum „Berg des Herrn" ziehen, auf die Heidenchristen. Die „Weisung" aber, die vom Zion ausgeht, ist das „geistige Gesetz", das heißt die Lehre Jesu.

Wir kommen also in den letzten Tagen, nachdem unser Jesus sicht-
bar unter uns erschienen ist, zu dem hellstrahlenden Berg des Herrn,
zu dem Wort, das über jedes Wort erhaben ist, und zum Hause Got-
tes, das da ist die Gemeinde des lebendigen Gottes, Säule und
Grundfeste der Wahrheit. Und wir sehen, auf welche Weise dieses
Haus auf den Spitzen der Berge erbaut wird, nämlich auf all den
prophetischen Worten, die sein Fundament sind. Erhöht wird aber
dieses Haus über die Hügel, das heißt über diejenigen, die bei den
Menschen scheinbar etwas Besonderes an Weisheit und Wahrheit
verkündigen.

Und wir, alle Nationen, kommen zu ihm, und wir, die vielen Natio-
nen, machen uns auf den Weg und ermahnen einander zu der in
den letzten Tagen durch Jesus Christus aufleuchtenden Gottesver-
ehrung: Kommt, wir ziehen hinauf zum Berg des Herrn, zum Haus
des Gottes Jakobs. Dann wird er uns seinen Weg zeigen und wir wer-
den ihn gehen. Denn von denen auf dem Zion ist das Gesetz aus-
gegangen und ist als geistiges Gesetz auf uns übergegangen. (Contra
Celsum V 33; Übersetzung: P. Koetschau)

Ähnlich legen auch Justin, Irenäus und Tertullian den Text aus.
Sie alle sind überzeugt: Jesaja 2 hat sich bereits erfüllt beziehungsweise ist in der Erfüllung begriffen. Was brachte sie zu dieser
Annahme? Zunächst selbstverständlich der Satz, dass von Jerusalem das Wort des Herrn ausgehe. Wahrscheinlich hat die Urkirche
schon von Anfang an ihre Missionserfahrungen mit den Heiden
im Lichte der prophetischen Botschaft von der Völkerwallfahrt
gedeutet (vgl. oben III 8). Die Väter jedenfalls haben es mit
Sicherheit getan. Für sie stand unumstößlich fest: Indem das
Wort des Herrn durch die Predigt der Apostel, die von Jerusalem
ausgezogen waren, alle Völker erreicht hatte (vgl. Apg 1,8) und
indem aus den Völkern durch die Annahme des Evangeliums ein
„Volk aus den Heiden" (Apg 15,14) entstanden war, hatte die Völkerwallfahrt zum Zion stattgefunden, hatte sich Jes 2 erfüllt. Wir,
die Heidenchristen, sagt Origenes, sind diejenigen, die „als alle
Nationen" zu dem hellstrahlenden Berg des Herrn gekommen

sind. Die Väter haben gar keine Schwierigkeit, die Entstehung der Heidenkirche mit der Völkerwallfahrt zum Zion zu identifizieren, weil für sie eben das „Haus des Herrn" auf dem Zion nichts anderes als die Kirche ist.

Es gibt aber noch einen zweiten Grund, warum viele Väter Jes 2 als erfüllt ansehen. Nicht nur, weil das Wort des Herrn von Jerusalem ausgegangen ist und alle Völker erreicht hat, sondern auch deshalb, weil der von Jesaja prophezeite eschatologische Zustand der Gewaltlosigkeit und des Friedens in der Kirche bereits Wirklichkeit geworden ist. Diese Auffassung ist so atemberaubend und ist zugleich so bezeichnend für die Ekklesiologie der ersten drei Jahrhunderte, dass es sich lohnt, einmal eine Reihe von Texten für sich selbst sprechen zu lassen. Justin schreibt in seiner Apologie:

Wenn sich aber der prophetische Geist als Verkünder der Zukunft vernehmen lässt, sagt er Folgendes: Vom Zion wird ausgehen das Gesetz und das Wort des Herrn von Jerusalem. Er wird richten inmitten der Nationen und viel Volk zurechtweisen. Sie werden umschmieden ihre Schwerter zu Pflugscharen und ihre Lanzen zu Winzermessern. Nie mehr wird Volk gegen Volk zum Schwerte greifen, noch werden sie mehr lernen, Krieg zu führen.

Dass es so eingetroffen ist, davon könnt ihr euch überzeugen. Denn von Jerusalem gingen Männer aus in die Welt, zwölf an der Zahl, ganz ungebildet und der Rede nicht mächtig. Aber durch die Kraft Gottes haben sie dem ganzen Menschengeschlecht gezeigt, dass sie von Christus gesandt waren, allen das Wort Gottes zu lehren. Und wir, die wir einst einander mordeten, enthalten uns jetzt nicht nur jeder Feindseligkeit gegen unsere Gegner, sondern wir gehen, um nicht zu lügen und die Untersuchungsrichter nicht zu täuschen, auch freudig für das Bekenntnis Christi in den Tod. (Apologie I 39; Übersetzung: G. Rauschen)

Der Hinweis auf die Märtyrer zeigt in aller Deutlichkeit: Justin redet nicht von einer sittlichen Bildung des gesamten Menschengeschlechts, sondern von der Gewaltlosigkeit der Christen. Das Schema „Einst – Jetzt" signalisiert dabei den Kontrast zwischen Kirche und heidnischer Gesellschaft. Genauso eindeutig ist ein Text aus Justins „Dialog mit dem Juden Tryphon":

> *Wir haben von dem Gesetz und dem Wort, das von Jerusalem durch Jesu Apostel ausging, die Gottesverehrung gelernt, und wir haben bei dem Gotte Jakobs und dem Gotte Israels unsere Zuflucht genommen. Obwohl wir uns so gut auf Krieg, Mord und alles Böse verstanden hatten, haben wir alle auf der weiten Erde unsere Kriegswerkzeuge umgewandelt, die Schwerter in Pflugscharen, die Lanzen in Ackergeräte, und bauen nun Gottesfurcht, Gerechtigkeit, Menschlichkeit, Glaube und Hoffnung an, Hoffnung, die vom Vater selbst durch den Gekreuzigten gegeben ist. (Dialog 110, 2–3; Übersetzung: Ph. Häuser)*

Deutlicher als die Apologie zeigt dieser Text aus Justins „Dialog" die ursprüngliche Funktion der altchristlichen „Erfüllungsexegese" von Jes 2 (bzw. Mi 4): In der Auseinandersetzung mit dem Judentum soll klargestellt werden, dass in Jesus von Nazaret der Messias bereits gekommen ist. Kurz zuvor hatte Justin nämlich seinen jüdischen Gesprächspartnern gesagt:

> *Wie ich weiß, geben eure Lehrer zu, dass alle Worte dieser Perikope auf den Messias zu beziehen sind. Ich weiß freilich auch, dass sie sagen, er sei noch nicht gekommen. Aber auch wenn sie sagen, er sei bereits gekommen, so schränken sie doch ein, man wisse nicht, wer er sei. Erst wenn er offen und in Herrlichkeit auftrete, werde man erkennen, wer es sei. Erst dann, sagen sie, werde das, was in dieser Perikope prophezeit ist, eintreten – gerade als ob es noch überhaupt keine Frucht aus den Worten der Prophetie gäbe. (Dialog 110,1–2)*

Die Perikope Jes 2 (bzw. Mi 4) hat also bereits „Frucht" gebracht: Die Frucht ist die Gewaltlosigkeit des christlichen Volkes – und an dieser Frucht kann man sehen: Der Messias ist schon gekommen,

240

die messianische Wende ist schon eingetreten. Genau in diesem Sinne legt auch Irenäus den Text aus:

> *Wenn das Gesetz der Freiheit, das heißt das Wort Gottes, von den Aposteln, die von Jerusalem ausgingen, auf der ganzen Erde verkündet wurde und eine so große Veränderung bewirkt hat, dass sie die Schwerter und Lanzen des Krieges zu Pflügen [...] und Sicheln [...], also zu Werkzeugen des Friedens gemacht haben und schon nicht mehr zu kämpfen verstehen, sondern, wenn man sie schlägt, auch noch die andere Backe hinhalten – dann haben die Propheten nicht von irgendeinem anderen gesprochen, sondern von dem, der diese Dinge bewirkt hat. Das aber ist unser Herr! (Irenäus, Adv. haer. IV 34,4)*

Auch hier ist nicht von der Veränderung der gesamten Gesellschaft die Rede, sondern vom Volk des Messias, das nach Mt 5,39 lebt, das so die Veränderung der Welt begonnen hat und eben dadurch die Messianität Jesu beweist. Ähnlich ist es bei Tertullian:

> *Sie werden umschmieden, heißt es, ihre Schwerter zu Pflügen und ihre Lanzen zu Sicheln, und kein Volk wird mehr gegen das andere zum Schwerte greifen und sie werden das Kriegführen nicht mehr erlernen. Wer kann damit gemeint sein, wenn nicht wir, die wir, durch das neue Gesetz belehrt, dies alles beobachten. (Tertullian, Adversus Judaeos 3,9–10; Übersetzung: H. Kellner).*

Genauso denkt aber auch Origenes:

> *Wir greifen nicht mehr zum Schwert gegen ein Volk und wir lernen nicht mehr das Kriegführen, weil wir durch Jesus Söhne des Friedens geworden sind. (Contra Celsum V 33)*

Will man die Bedeutung der zitierten Vätertexte richtig erfassen, so darf ihr Sitz im Leben nicht außer Acht gelassen werden. Wir hatten gesehen: Es geht bei der „Erfüllungsexegese" von Jes 2 ursprünglich um die Auseinandersetzung mit dem Judentum; das ist bei Justin, Irenäus und Tertullian deutlich zu erkennen. Die Juden aber argumentieren völlig zu Recht:

Wie kann denn der Messias gekommen sein, wenn sich nichts in der Welt geändert hat? Wenn der Messias gekommen wäre, müsste doch zumindest die Friedensprophetie von Jes 2,4 wahr geworden sein. Aber davon ist nichts zu sehen. Die Welt ist weiter voll Krieg, und die Menschen tragen weiter ihre Streitigkeiten aus. Jesus von Nazaret kann also nicht der Messias gewesen sein.

Der jüdische Einwand ist unbedingt ernst zu nehmen. Er ist der stärkste Einwand, den es gegen das Christentum gibt. Er rührt an den innersten Nerv des Christusglaubens. Die Theologen der Alten Kirche, die wir gehört haben, nahmen ihn offenbar überaus ernst. Vor allem: Sie bestritten seine Prämisse nicht. Das heißt, sie stimmten dem Judentum darin ganz und gar zu: Wenn der Messias kommt, muss sich tatsächlich die Welt verändern.

Die Antwort der frühen Theologen auf den zentralen jüdischen Einwand lautete also nicht: Die Welt braucht sich für uns gar nicht zu verändern, denn die Erlösung vollzieht sich unsichtbar oder sie vollzieht sich erst am Ende der Welt. Ihre Antwort lautete vielmehr:

Der Messias ist gekommen und die Welt hat sich tatsächlich verändert. Sie hat sich verändert in dem Volk des Messias, das nach dem Gesetz Christi lebt. Im messianischen Volk der Kirche gibt es keine Gewalt mehr. Dort sind alle zu „Söhnen des Friedens" geworden (Lk 10,6). Dort lässt man sich lieber noch auf die andere Backe schlagen, als zurückzuschlagen (Mt 5,39). Dort verlernt man das Kriegführen. Jes 2 hat sich also in der Kirche bereits erfüllt.

Es leuchtet wohl unmittelbar ein: Diese Antwort ist höchst gefährlich. Sie bringt die gesamte Christologie in Gefahr, falls die kirchliche Realität sie eines Tages Lügen straft. Dass sich die frühen Väter auf eine solche Antwort einließen, ist besonders bewegend, weil sie bereits ein hermeneutisches Prinzip erarbeitet hatten, das eine harmlosere und viel weniger gefährliche Lösung angeboten hätte. Justin umreißt dieses Auslegungsprinzip folgendermaßen:

Bei Christus sind zwei Parusien zu unterscheiden: seine erste Ankunft in Ohnmacht und seine zweite Ankunft in Macht vom Himmel her. Zwar bezieht sich ein Teil der alttestamentlichen Prophezeiungen bereits auf sein erstes Erscheinen in Niedrigkeit; ein anderer Teil aber gilt ausschließlich seinem Erscheinen in Herrlichkeit und Macht (Justin, Dialog 110,2).

Wie nahe hätte es bei diesem hermeneutischen Prinzip gelegen, Jes 2,4 allein auf jenen „ewigen Frieden" hin auszulegen, den es erst nach der Wiederkunft Christi im vollendeten Gottesreich geben werde. Aber gerade diesen harmlosen und ungefährlichen Weg schlugen die großen Theologen der Alten Kirche nicht ein (vgl. Justin, Dialog 110,5). Sie hielten daran fest, dass sich die neue Gottesverehrung, die neue Lebensweise, die neue Schöpfung schon jetzt sichtbar und fassbar in der Kirche auswirke. Sie hielten daran fest, dass sich Jes 2,4 bereits jetzt, in der Zeit der Kirche, erfüllt habe und erfüllen müsse.

8. Der Erweis der Wahrheit durch die Praxis

Wir sind im vorangegangenen Kapitel auf den zentralen Einwand des Judentums gegenüber dem christlichen Anspruch gestoßen: Wie kann denn der Messias gekommen sein, wenn sich nichts in der Welt geändert hat? Sieht man genauer zu, so ist das freilich nicht nur die Grundfrage der Juden. Jeder Nichtchrist fragt ähnlich. Wie könnt ihr von Erlösung reden, wenn sich seit dem Kommen eures Erlösers nichts in der Welt geändert hat? Die Wahrheit des christlichen Glaubens kann deshalb letztlich nur aufleuchten, wenn sie durch die Praxis der Christen einleuchtet. Die Alte Kirche, die auch hier von biblischer Nüchternheit erfüllt ist, hat diesen Zusammenhang klar erkannt. Sie hat gewusst, dass sie mit ihrer ganzen Existenz Zeichen sein musste für die Wahrheit des Evangeliums. Der erstaunliche Zuwachs, den sie in einem relativ kurzen Zeitraum erlebte, lässt sich nur so erklären, dass das Zeichen leuchtete.

Norbert Brox hat darauf hingewiesen, dass die Alte Kirche keinerlei Organe und Strategien für eine systematische Missionsarbeit besaß. Wenn man überhaupt von einer Missionstheorie der Alten Kirche sprechen darf, dann nach Brox höchstens im folgenden Sinn: Die zwölf Apostel haben das Evangelium in der ganzen Welt proklamiert und in genügender Zahl Ortskirchen gegründet. Damit war die Mission im eigentlichen Sinn abgeschlossen. Die von den Aposteln gegründeten Gemeinden existieren von da an als Zeichen für die Wahrheit. Nun kann sich die heidnische Gesellschaft entscheiden[231].

Das war im Grunde bereits die ganze Missionstheorie der Alten Kirche. Man unterschied streng zwischen dem spezifischen, einmaligen Missionsauftrag der Apostel und der Aufgabe zeichenhafter Präsenz aller Gemeinden. Selbstverständlich war damit ein missionarisches Werben in der Folgezeit nicht ausgeschlossen. Aber es ist offenkundig, „dass das Christentum in der vorkonstantinischen Zeit seinen erstaunlichen Zuwachs nicht durch organisatorische Missionsanstrengungen erreichte, sondern schlicht durch seine Präsenz und Auffälligkeit"[232].

Ein großes und unerschütterliches Vertrauen, dass die christliche Praxis von selbst überzeugen werde, durchzieht die Schriften aller Apologeten. Sie sagen ihren heidnischen Lesern immer wieder: Wir haben nicht nur die wahre Lehre, sondern auch die wahre Praxis, und beides steht in einem tiefen Zusammenhang:

Bei uns könnt ihr ungebildete Leute, Handwerker und alte Mütterchen finden, die, wenn sie auch nicht imstande sind, mit Worten die Nützlichkeit ihrer Lehre darzutun, so doch durch Werke die Nützlichkeit ihrer Grundsätze aufzeigen. Denn nicht auswendig gelernte Worte sagen sie her, sondern gute Taten zeigen sie auf: geschlagen nicht wieder zu schlagen, ausgeraubt nicht zu prozessieren, den Bittenden zu geben, die Nächsten wie sich selbst zu lieben. (Athenagoras, Presbeia 11; Übersetzung: A. Eberhard)

Wer begriffen hat, dass er durch die richtige Praxis überzeugen muss, weiß freilich auch, dass er durch sein Versagen die Zeichenhaftigkeit der Gemeinde verdunkelt. Deshalb schreibt Ignatius an die Gemeinde von Tralles:

> *Niemand unter euch soll etwas wider den Nächsten haben. Gebt den Heiden nicht Anstoß, damit nicht wegen einiger Unverständiger die Gemeinde Gottes gelästert werde! Denn: Wehe dem, durch den aus Torheit mein Name vor irgendwem gelästert wird. (Ign Trall 8,2; Übersetzung: J. A. Fischer)*

Ganz ähnlich kann auch Polykarp von Smyrna formulieren. Das nächste Zitat aus einem seiner beiden Philipperbriefe zeigt, dass aufgrund alttestamentlicher Vorgaben bereits ein festes paränetisches Schema im Entstehen ist; es wird in der Folgezeit immer wieder Anwendung finden:

> *Führt euren Wandel untadelig unter den Heiden, damit ihr aus euren guten Werken Lob erntet und der Herr durch euch nicht gelästert wird. (Polykarp 2 Phil 10,2–3; Übersetzung: J. A. Fischer)*

Eine der besten und bewegendsten Ausgestaltungen dieses paränetischen Schemas findet sich im sogenannten 2. Klemensbrief, einer breit angelegten altchristlichen Predigt, die nicht genau datierbar ist. Der Verfasser macht zunächst deutlich, dass wahre Gottesverehrung nicht in schönen Worten, sondern in der richtigen Praxis besteht:

> *Wir wollen es nicht dabei bewenden lassen, Jesus Christus Herr zu nennen, denn das wird uns nicht retten. Er spricht nämlich: „Nicht jeder, der zu mir sagt: Herr, Herr, wird gerettet werden, sondern wer die Gerechtigkeit tut." Deshalb, Brüder, wollen wir ihn bekennen durch die Werke; dadurch, dass wir einander lieben, die Ehe nicht brechen, nichts Böses übereinander reden, nicht eifersüchtig sind,*

vielmehr enthaltsam, barmherzig und gütig. (2 Klem 4,1–3; Über-setzung: F. Zeller[233])

An späterer Stelle spricht der Verfasser über die Verleugnung Gottes durch böse Werke. Eine falsche Praxis muss bei den Heiden zu der Annahme führen, die christliche Lehre sei nur Trug und Erfindung:

Der Herr sagt: „Überall wird mein Name gelästert bei allen Völkern", und wiederum: „Wehe dem, durch den mein Name gelästert wird!" Wodurch wird er gelästert? Dadurch, dass ihr meinen Willen nicht tut. Wenn nämlich die Heiden aus unserem Munde die Aussprüche Gottes hören, staunen sie darüber als über gute und erhabene [Worte]; wenn sie aber hernach bemerken, dass unsere Werke den Worten, die wir reden, nicht entsprechen, ist die Konsequenz, dass sie Gott lästern und sagen, es sei irgendein Mythus und Irrtum. Wenn sie nämlich von uns hören, dass Gott sagt: „Ihr bekommt keinen Dank, wenn ihr die liebt, die euch lieben, aber ihr bekommt Dank, wenn ihr eure Feinde liebt und die, welche euch hassen" – wenn sie dies hören, werden sie staunen über die übergroße Güte; wenn sie aber sehen, dass wir nicht nur die uns Hassenden nicht lieben, sondern nicht einmal die uns Liebenden, dann lachen sie über uns und der Name wird gelästert. (2 Klem 13,2–4; Übersetzung: F. Zeller)

In all diesen Texten ist die biblische Relation zwischen der Kirche und der Ehre Gottes mit Händen zu greifen: Wenn die Kirche wegen ihres schlechten Beispiels von den Heiden gelästert wird, wird der heilige Name Gottes selbst entehrt. Das setzt voraus: Die Kirche ist das Zeichen, die Gegenwart, die Ehre Gottes in der Welt. Wenn sie dieses Zeichen selbst verdunkelt, behindert sie das Heilswerk und entstellt das wahre Wesen Gottes. Lebt sie hingegen die Wahrheit des Evangeliums, so wird der Name Gottes unter den Heiden verherrlicht und der Plan Gottes mit der Welt weitergeführt. Von daher spricht doch vieles dafür, dass in 1 Klem 59,4 eine Erkenntnisrelation zwischen Kirche, Christus und Gott hergestellt wird. Dort heißt es ja: „Alle Völker sollen dich erkennen, dass du der alleinige Gott bist und Jesus Christus dein Knecht und wir dein Volk und Schafe deiner Weide." Wahrscheinlich wird hier darum gebetet, dass die Gemeinde als Volk Gottes erkennbar wird. Geschieht das, dann wird auch Christus erkennbar und in Christus Gott. Origenes jedenfalls hat keine Schwierigkeiten zu sagen:

Die Göttlichkeit Jesu wird erwiesen durch die Gemeinden, die ihm ihr Heil verdanken. (Contra Celsum III 33)

Offenbar gibt es für die Alte Kirche eine viel festere Verbindung zwischen der Zeichenhaftigkeit der Kirche und der Christologie als bei uns heute. Das wahre Wesen Christi kann nur dann aufleuchten, wenn die Kirche die messianische Alternative und die eschatologische Neuschöpfung, die seit Christus Platz greift, sichtbar macht.

Angesichts einer solchen Ekklesiologie stellt sich freilich noch einmal die Frage (vgl. oben III 8): Setzt sie die Christen nicht unter einen schrecklichen Erfolgszwang und einen gnadenlosen Leistungsdruck? Verwandelt sie die Kirche nicht in die abstoßendste Art von Leistungsgesellschaft, die es überhaupt gibt, nämlich in eine religiöse? Und wie kann eine solche Ekklesiologie mit den Lauen und Schwachen, mit den Verschuldeten und Gescheiterten, wie kann sie mit den Randexistenzen in der Gemeinde fertig werden?

Diese Einwände, die absolut ernst zu nehmen sind, zeigen: Kirche als das heilige Volk Gottes kann nicht dadurch erreicht werden, dass einfach ein größeres Maß an sittlicher Energie investiert wird, als es andere moralische Aufrüstungsbewegungen der Menschheitsgeschichte aufgebracht haben. Der III. und IV. Teil dieses Buches steht schließlich nicht umsonst unter der Überschrift: „Die neutestamentlichen Gemeinden bzw. die Alte Kirche *in der Nachfolge Jesu*". Die Nachfolge Jesu fängt keineswegs damit an, dass man gebeten wird, gefälligst noch heroischer zu leben, als andere es tun oder getan haben. Sie fängt vielmehr damit an, dass man überreich beschenkt wird. Jesus verweist mit seiner ganzen Existenz auf das Wunder, das sich jetzt in der Geschichte ereignet: Das Reich Gottes bricht an. Dieses Wunder war nicht mit menschlicher Kraft herbeizuführen; es war unverfügbar und gänzlich unverdient. Nachfolge heißt, das Wunder des Reiches Gottes ahnen und fasziniert von dem Geschenk einer neuen Möglichkeit menschlicher Gemeinschaft den Weg Jesu mitzugehen.

Dieser Weg ist zwar keine breite und bequeme Straße, auf der die Masse dahinzieht. Er ist schmal und ausgesetzt. Er hat bei Jesus in den gewaltsamen Tod geführt und ist auch für viele, die Jesus nachgefolgt sind, tödlich geworden. Aber es ist der Weg ins Leben. An seinem Anfang steht das Wunder des Reiches Gottes, und dieses Wunder trägt alles, was dann geschieht.

Die Alte Kirche hat gewusst, dass ihre messianische Existenz, dass ihre Existenz als heiliges Gottesvolk nur aus dem Wunder, das Gott in der Geschichte wirkt, möglich ist (vgl. IV 2). Sie hat gewusst, dass dort, wo Kirche ganz zur Kirche wird, alles Gnade ist. Sie hat schließlich gewusst, dass die Kirche aus der Seite des Gekreuzigten lebt, dass also ihr Leben aus dem Tode kommt und dass sie ihr Leben nur gewinnen kann, wenn sie ständig bereit ist, es zu verlieren.

Es konnte nicht die Aufgabe dieses Buches sein, über Gemeinde als Raum der Gnade und über Kirche als Frucht des Kreuzes Christi zu schreiben. Das hätte ein weiteres Buch notwendig gemacht. Aber gerade weil dieser ganze Bereich ausgeklammert werden musste, soll hier noch einmal betont werden: Kirche als Kontrastgesellschaft wäre gründlich missverstanden, wenn sie nicht als Schöpfung der Gnade Gottes und als Frucht des Kreuzes Christi angesehen würde. Deshalb stammt ihr Kontrast zur heidnischen Gesellschaft nicht aus „Machbarkeit und Moralismus"[234], sondern aus dem Wunder des anbrechenden Reiches Gottes. Deshalb haben auch die Schuldiggewordenen und die Gescheiterten Platz in der Kirche, denn die Gnade kommt in der menschlichen Ohnmacht zur Vollendung. Und deshalb leuchtet das Wunder der neuen Schöpfung dort in der Kirche am schönsten auf, wo es als Liebe und Versöhnung aus Situationen erwächst, die – menschlich gesehen – verfahren und hoffnungslos schienen.

Abschluss: Das Erbe des Augustinus

Die Teile III und IV dieses Buches waren der Versuch, die Rezeption der Reich-Gottes-Praxis Jesu in der Zeit der neutestamentlichen Gemeinden und der Theologen der Alten Kirche wenigstens umrisshaft zu erkunden. Es wäre von vornherein verfehlt gewesen, diesen Versuch anhand des Reich-Gottes-Begriffs durchzuführen; man braucht sich ja nur klarzumachen, dass die Gegenwart des Reiches Gottes, die bei Jesus eine so entscheidende Rolle spielt, schon bei Paulus in eine ganz andere Begrifflichkeit transformiert ist. Paulus spricht kaum noch von der Gegenwart des Reiches, dafür aber sehr häufig von der Gegenwart des Geistes.

Unser langes Verweilen bei der Rezeptionsgeschichte dessen, was Jesus begonnen hatte, hat sich offensichtlich gelohnt. Denn es ist in einem ganz unerwarteten Ausmaß deutlich geworden, mit welcher Treue und Sensibilität die apostolischen und nachapostolischen Gemeinden die Praxis Jesu weitergeführt haben. Es hätte wenig Sinn, die Ergebnisse hier noch einmal zu wiederholen. Sinnvoll scheint aber eine Frage zu sein, die sich an dieser Stelle geradezu aufdrängt: Wann endete eigentlich jene im Ganzen höchst kontinuierliche Rezeptionsgeschichte, die sich uns – wenigstens in Fragmenten – gezeigt hat?

Die Frage hat ihre Tücken, denn in irgendwelchen Transformationen und Metamorphosen geht jede Rezeptionsgeschichte unablässig weiter. Fragen wir deshalb präziser: Ab wann wagte es die Kirche nicht mehr zu sagen, dass sie der messianische Ort des Gewaltverzichts sei? Ab wann verstand sie sich nicht mehr als die Kontrastgesellschaft Gottes? Ab wann trat für sie der Gedanke zurück, dass sie das Zeichen Gottes unter den Völkern sei und dass die Völkerwallfahrt von Jes 2 in ihr schon ihre Erfüllung gefunden habe?

Fragt man in dieser Zuspitzung, so ist klar, dass die sogenannte „Konstantinische Wende" hier einen tiefen Einschnitt

gebracht hat. Und versucht man, den Einschnitt literarisch festzumachen, so muss auf jeden Fall der „Gottesstaat" des Aurelius
Augustinus genannt werden. In dieser letzten großen Apologie
der Alten Kirche, die zugleich der Höhepunkt aller christlichen
Apologien ist, zeigen sich deutlich Verschiebungen, die es nicht
mehr erlaubt haben, den „Gottesstaat" im IV. Teil unseres Buches
seiner Bedeutung entsprechend zu berücksichtigen.

Zwar spielt in diesem monumentalen Werk das Kontrastschema, das für die Apologeten des 2. und 3. Jahrhunderts so wichtig
war, nach wie vor eine entscheidende Rolle. Immer wieder werden
Gottesstaat *(civitas dei)* und Weltstaat *(civitas terrena)* einander
gegenübergestellt:

Die Civitas terrena schafft sich Götter nach Belieben – die Civitas dei wird vom wahren Gott geschaffen (18,54). In der Civitas
terrena herrscht die Liebe zu sich selbst – in der Civitas dei herrscht
die wahre Liebe, die aus sich selbst herausgeht (14,13.28). Die Civitas terrena ist geprägt durch Streit und Krieg; Friede ist in ihr nur
zeitweise möglich und es ist dann ein durch Krieg herbeigeführter,
höchst brüchiger Friede (15,4.17) – in der Civitas dei hingegen gibt
es den wahren, ewigen Frieden. Die Civitas terrena ist lüstern nach
Herrschaft (1; 4,6; 14,28) – in der Civitas dei gibt es nur Demut,
Fürsorge und Gehorsam (14,28).

Die Liste ließe sich leicht verlängern. Sie ist beeindruckend.
Wenn bei Augustinus die Civitas dei einfachhin mit der pilgernden Kirche und die Civitas terrena einfachhin mit der nichtchrist-
lichen Gesellschaft identisch wäre, könnte die augustinische Konzeption als der absolute Höhepunkt dessen bezeichnet werden,
was wir für die Theologen der Frühen Kirche erarbeitet haben.
Dann ständen sich Kirche und heidnische Gesellschaft tatsächlich
in schärfstem Kontrast gegenüber.

Aber davon kann keine Rede sein. Die Dinge liegen bei
Augustinus viel komplizierter. Er steht zwar mit seinem Kontrastschema in deutlicher Abhängigkeit von der älteren Theologie, hat
aber die Gewichte ganz entscheidend verschoben. Denn Civitas
dei und Civitas terrena bilden auf Erden ein unentwirrbares In-

einander *(corpus mixtum)*, das eine wirkliche Kontrastierung von pilgernder Kirche und nichtchristlicher Gesellschaft überhaupt nicht mehr zulässt. Dort, wo Augustinus scharf kontrastiert, stellt er im Grunde stets die himmlische und eschatologische Civitas dei der Civitas terrena gegenüber. Dann funktioniert auch bei ihm der Kontrast; aber dieses Kontrastschema ist natürlich nicht mehr das der frühen Theologen, die oben vorgestellt wurden.

Augustinus denkt und definiert die Civitas dei ganz von ihrer protologischen Herkunft und ihrer eschatologischen Zukunft – man kann ruhig auch sagen: von ihrem transzendenten Wesen her. Es wären für diese Blickrichtung zahlreiche Belege anzuführen; hier sei zunächst nur ein einziger vorgestellt:

Der Staat der Heiligen ist jenseitig [wörtlich: droben], obwohl er hienieden Bürger erzeugt, in denen er in der Fremde pilgert, bis die Zeit seines Reiches herbeikommt, da er alle in den eigenen Leibern Auferstehenden sammelt, wenn ihnen das verheißene Reich gegeben wird, in dem sie dann mit ihrem Fürsten, dem König der Ewigkeit, ohne Zeitenende herrschen werden. (De civitate Dei 15,1; Übersetzung: A. Schröder)

Der Text zeigt: Die Civitas dei hat ihren eigentlichen Ort „droben", also in der Transzendenz. Ihre auf Erden pilgernden Bürger leben in der Fremde. Das ist selbstverständlich nicht neu; man braucht ja nur Phil 3,20–21 zu vergleichen. Neu ist aber die Konsequenz, mit der nun in diesem Schema eine ganze „Kosmologie" der Geschichte entworfen wird. Auch das Reich Gottes ist an dieser Stelle, wie meist im „Gottesstaat"[235], rein futurisch und rein transzendent gedacht. Die Sammlung schließlich, von der die Rede ist, meint nicht etwa die Sammlung des Volkes Gottes auf Erden, sodass dieses Volk als göttliches Zeichen für die übrige Gesellschaft in Erscheinung treten könnte. Vor Augen steht vielmehr das Geschehen der Totenauferweckung. Auch in dem folgenden Text dürfte kaum die irdische Sammlung des Gottesvolkes angesprochen sein, sondern die transzendente

Sammlung der aus der Welt Erretteten, die sukzessiv die Geschichte verlassen:

Christus entzieht der an [...] Übeln krankenden und dahinsiechenden Welt nach und nach überall die Seinen, um mit ihnen einen ewigen Staat zu gründen, der überaus glorreich ist. (De civitate Dei 2,18; Übersetzung: A. Schröder)

Es ist ganz unwahrscheinlich, dass Augustinus hier die irdische Sammlung der pilgernden Kirche meint, denn diese pilgernde Kirche ist für ihn nicht glorreich. Die Zeit der pilgernden Kirche ist eine dunkle Zeit, in der es wenig Freude gibt; wenn es sie gibt, dann nur aus der Hoffnung:

In dieser argen Welt also, in diesen bösen Tagen, da die Kirche auf dem Weg über die gegenwärtige Erniedrigung die künftige Erhöhung gewinnt und durch den Stachel vielfältiger Furcht, durch die Qual mannigfachen Leidens und die Mühsal beständiger Arbeit erzogen wird, nur in der Hoffnung freudig als in der einzig vernünftigen Freude, mischen sich viele Verworfene unter die Guten, und die einen wie die anderen sammeln sich sozusagen in dem Netz, von dem das Evangelium spricht, und schwimmen, unterschiedslos darin eingeschlossen, in dieser Welt wie in einem Meere, bis man das Gestade erreicht, wo dann die Schlechten von den Guten gesondert werden sollen und Gott in den Guten als in seinem Tempel alles in allem sein wird. (De civitate Dei 18,49; Übersetzung: A. Schröder)

Die Stimmung eines solchen Textes ist neu; eine vergleichbare Stimmung dürfte in den drei ersten Jahrhunderten kaum anzutreffen sein. Es ist kein Pessimismus, aber es ist *tristesse*. Es ist die hoffende Traurigkeit des gregorianischen Chorals. Man sieht nur schwer, wie diese Kirche zur Kontrastgesellschaft Gottes in der Welt werden könnte: Sie ist ja in ihrem bereits erfahrenen Heil kaum erkennbar. „Unterschiedslos" für die Menschen sind in ihr die Schlechten mit den Guten vermischt. Die „Sammlung" bewirkt auf Erden noch keine Scheidung, sondern im Gegenteil unauflösbares Durcheinander. Ist es da ein Zufall, dass der Tempel Gottes, der bei Paulus gerade die irdische Gemeinde bezeichnet, nur noch für die endlich im Himmel Angekommenen stehen kann?

Brechen wir hier ab: Der „Gottesstaat" ist ein riesiges, grandioses Werk, in dem man fast immer auch einen Beleg für das Gegenteil des gerade Behaupteten findet. Trotzdem ist wohl deutlich geworden, wie viel sich hier seit den drei ersten Jahrhunderten geändert hat! Eines scheint mir ganz sicher: Von dem Einbruch des Neuen in die Geschichte und von der machtvoll sich darbietenden und durchaus konstatierbaren zeichenhaften Gegenwart des Reiches Gottes, die für Jesus so charakteristisch ist, ist im „Gottesstaat" fast nichts mehr zu spüren[236]. Die Theologen der Frühen Kirche sprachen zwar ebenfalls kaum von der Gegenwart des Reiches Gottes; aber sie haben das Neue und Herandrängende des Reiches Gottes mit ihren je eigenen Sprachspielen durchaus ins Wort gebracht. Für Augustinus hingegen ist der Gottesstaat schon seit der Schöpfung da; das Erscheinen Christi bringt kaum mehr eine Änderung[237].

Wahrscheinlich ist mit dieser radikalen „Verjenseitigung" des Reiches Gottes die Individualisierung der Geschichte fast zwangsläufig mitgesetzt. Augustinus jedenfalls war es, der jene berühmte Formel, die dann A. von Harnack in seinem „Wesen des Christentums" refrainartig nachgesprochen hat[238], zum ersten Mal formulierte. Es ist zwar der junge Augustinus der Soliloquien, der noch ganz im Banne des Neuplatonismus steht. Aber ist Augustinus von diesem Platonismus jemals ganz losgekommen? Er sagt innerhalb eines Wechselgesprächs mit seiner eigenen Vernunft nach einem der schönsten Gebete des kirchlichen Altertums, in welchem er um die rechte Erkenntnis gebetet hatte, Folgendes[239]:

Augustinus: So habe ich nun zu Gott gebetet.
Vernunft: Was willst du also wissen?
Augustinus: All das, was ich im Gebet gesagt habe.
Vernunft: Fass es kurz zusammen.
Augustinus: Gott und die Seele will ich erkennen.
Vernunft: Und sonst gar nichts?
Augustinus: Nein, sonst gar nichts!

Anmerkungen

Vorbemerkung: Den Schriftzitaten wurde in der Mehrzahl der Fälle die „Einheitsübersetzung der Heiligen Schrift" zugrundegelegt. Für Texte aus den Kirchenvätern ist der Übersetzer jeweils angegeben. Zu freie oder ungenaue Übersetzungen wurden ohne zusätzliche Hinweise korrigiert.

[1] G. Lohfink, Wie hat Jesus Gemeinde gewollt? Zur gesellschaftlichen Dimension des christlichen Glaubens, Freiburg i. Br. (Herder) 1982. Ich knüpfte dabei an Vorträge an, die ich im Jahre 1981 vor den Seelsorgern der Bistümer Limburg und Rottenburg – Stuttgart gehalten habe. Sie standen unter dem Thema: „Der Gemeinschaftsgedanke bei Jesus und in der Urkirche".

[2] Zu empfehlen ist die Ausgabe A. von Harnack, Das Wesen des Christentums (Gütersloher Taschenbücher / Siebenstern 227), Gütersloh 1977. Nach dieser Ausgabe wird auch im Folgenden unter WdChr zitiert.

[3] Vgl. zu dem unbiblischen und unsachgemäßen Charakter des Ausdrucks „neues Volk Gottes" die demnächst erscheinende Arbeit von T. Czopf, Neues Volk Gottes? Zur Geschichte und Problematik eines Syntagmas.

[4] Das wird besonders herausgearbeitet von K. H. Neufeld, Adolf Harnacks Konflikt mit der Kirche. Weg-Stationen zum „Wesen des Christentums" (Innsbrucker theologische Studien 4), Innsbruck 1979.

[5] Vgl. WdChr 51–53.73.75.

[6] E. Gräßer, Jesus und das Heil Gottes. Bemerkungen zur sog. „Individualisierung des Heils", in: G. Strecker (Hrsg.), Jesus Christus in Historie und Theologie. Festschrift für Hans Conzelmann, Tübingen 1975, 167–184, dort 182–183.

[7] „Für bestimmte Spielarten protestantischer Theologie": Ich drücke mich deshalb so vorsichtig aus, weil gerade in den evangelikalen Gruppierungen des Protestantismus „Gemeinde" und „Gemeindeaufbau" eine außerordentlich wichtige Rolle spielen.

[8] G. Greshake, Einige Überlegungen zu den Ursachen des mangelnden Priesternachwuchses, in: Priesterliche Existenz heute – Sorge um geistliche Berufe (Handreichungen zur Pastoral), Wien 1980, 5–19, dort 8–9.

[9] Vgl. das 1938 erschienene bahnbrechende Werk von Henri de Lubac, Catholicisme. Les aspects sociaux du dogme. Ins Deutsche kongenial übersetzt von Hans Urs von Balthasar: Henri de Lubac, Glauben aus der Liebe. „Catholicisme", Einsiedeln 1970.

[10] Lumen Gentium Art. 8 und 9.

[11] Für eine nähere Begründung vgl. J. Becker, Johannes der Täufer und Jesus von Nazareth (BSt 63), Neukirchen-Vluyn 1972.

[12] Ebd. 30.

[13] Vgl. auch die Aktualisierungen der Exodustradition in Jes 40,3–4; 41,17–20; 43,19–20; 48,20–21; 49,9–13; Jer 2,1–6; Hos 12,10.

[14] Vgl. Ex 15,17; 2 Sam 7,10; Jes 60,21; 61,3; Jer 32,41; 42,10; Mt 15,13.

[15] Vgl. besonders das Buch der Jubiläen 36,6 und die Psalmen Salomos 14,3–4.

[16] Die wissenschaftliche Diskussion, ob man für die Zeit Jesu bereits von „Zeloten" reden dürfe, betrifft lediglich die Terminologie. Eine Guerilla-Bewegung gegen die römische Besatzungsmacht gibt es seit Judas, dem Galiläer – genauer seit dem Jahre 6 n. Chr.

[17] Vgl. H. Geist, Jesus vor Israel – der Ruf zur Sammlung, in: K. Müller (Hrsg.), Die Aktion Jesu und die Re-Aktion der Kirche. Jesus von Nazareth und die Anfänge der Kirche, Würzburg 1972, 31–64, dort 31–44; G. Theißen, Soziologie der Jesusbewegung. Ein Beitrag zur Entstehungsgeschichte des Urchristentums (TEH 194), München 1977, 33–90, bes. 74.88.

[18] Der Ausdruck „Sammlung Israels" setzt sich in der Forschung für die spezifische Tätigkeit Jesu in Israel immer mehr durch. Vgl. vor allem R. Pesch, Der Anspruch Jesu: Orientierung 35 (1971) 53–56.67–70.77–81.

[19] Vgl. Mt 10,2–4; Mk 3,16–19; Lk 6,14–16; Apg 1,13.

[20] Zum Ganzen vgl. M. Hengel – A. M. Schwemer, Jesus und das Judentum (Geschichte des frühen Christentums I), Tübingen 2007, 365–371.

[21] Vgl. J. Jeremias, Neutestamentliche Theologie, Gütersloh [2]1973, 225.

[22] Vgl. Ez 37; 39,23–29; 40–48.

[23] Für den Nachweis vgl. M. Trautmann, Zeichenhafte Handlungen Jesu. Ein Beitrag zur Frage nach dem geschichtlichen Jesus (FzB 37), Würzburg 1980, 167–233.

[24] Dieses „Zukünftige" wird zum Beispiel greifbar, wenn Jesus sagt, dass die Zwölf Israel richten werden (Lk 22,28–30).

[25] M. Trautmann, Zeichenhafte Handlungen (s. oben Anm. 23) 220–225.

[26] Erstaunlicherweise geht L. Ettmayer in seiner Dissertation „Der theologische Ort Israels in der Botschaft Jesu" (Diss. masch.), Innsbruck 1979, 155 Seiten, auf die Einsetzung der Zwölf mit keinem Wort ein. Über das Ergebnis der Arbeit (Israel ist als „Heilsprinzip" aufgehoben) darf man sich dann nicht mehr wundern. Die Dissertation übergeht wesentliche Phänomene der Reich-Gottes-Praxis Jesu, arbeitet mit ungeklärten Begriffen (Heilsprinzip?) und stellt die tatsächlichen Sachverhalte auf den Kopf.

[27] Vgl. R. Pesch, Der Anspruch Jesu (s. oben Anm. 18) 68.

[28] Ausführlicher zu der ganzen Frage G. Lohfink, Jesus von Nazaret. Was er wollte, wer er war, Freiburg i. Br. [3]2012, 190–210.

[29] Für die Differenz zwischen dem Sinn des Gleichnisses bei Markus und seiner ursprünglichen Zielrichtung vgl. R. Pesch, Das Markusevangelium II (HThK II 2), Freiburg i. Br. 1977, 305–313.

[30] Vgl. aber auch Jes 26,19; 29,18; 42,7.16; 61,1.

[31] Auf die Rekonstruktion der Urform des Vaterunsers kann hier nicht eingegangen werden. Nur so viel sei gesagt: Die älteste Fassung bietet Lk 11,2–4. Die 3. und

7. Bitte sind mit hoher Wahrscheinlichkeit matthäische Erweiterungen. Innerhalb der einzelnen Bitten kann Matthäus aber die ältere Fassung bieten. – Für die Form des Vaterunsers, seine älteste Fassung und seine Bedeutung für uns heute siehe: G. Lohfink, Das Vaterunser neu ausgelegt, Stuttgart [3]2014.

[32] Zum alttestamentlichen Hintergrund des Vaterunsers vgl. N. Lohfink, Das Vaterunser, intertextuell gebetet, in: G. Braulik – N. Lohfink, Liturgie und Bibel. Gesammelte Aufsätze (ÖBS 28), Frankfurt a. M. 2005, 343–365 sowie D. Böhler, Mose und das Vaterunser. Die Bitte um Schuldenerlass in der Tora: BZ 58 (2014) 71–75.

[33] Ausnahmen: Zum Beispiel die ausgezeichnete Erklärung von M. Wolter, Das Lukasevangelium (HNT 5), Tübingen 2008, 405–407.

[34] Eine weitere Parallele ist Ez 20,41; der dortige Text bestätigt das Ezechielbuch als Hintergrund für die 1. Vaterunserbitte.

[35] Vgl. die leicht differierende Rekonstruktion bei S. Schulz, Q. Die Spruchquelle der Evangelisten, Zürich 1972, 323–24. Zu dem Vorstellungskomplex der sogenannten Völkerwallfahrt bei Jesus vgl. J. Jeremias, Jesu Verheißung für die Völker, Stuttgart [2]1959.

[36] Wohl Anspielung auf Jes 25,6–8.

[37] D. Zeller, Das Logion Mt 8,11f. / Lk 13,28f. und das Motiv der Völkerwallfahrt: BZ 15 (1971) 222–237; 16 (1972) 84–93, hat mit Recht darauf hingewiesen, dass Jesus die Vorstellung von der Völkerwallfahrt gerade benutzt, um Israel zu provozieren. Das schließt aber nicht aus, sondern ein, dass Jesus die Vorstellung akzeptiert. Er ist nur überzeugt, dass von Israel, so wie es sich jetzt darbietet, kein Glanz ausgeht, der die Völker anziehen könnte.

[38] Zu Jes 2,1–5 vgl. jetzt die große Monographie von M. P. Maier, Völkerwallfahrt im Jesajabuch, die 2015 in den BZAW erscheinen wird; außerdem N. Lohfink, Die messianische Alternative. Adventsreden, Freiburg i. Br. [2]1981, 12–26.

[39] Vgl. Jes 2,1–4; 60,1–22; Jer 3,17; Zeph 3,8–11; Hagg 2,6–9; Sach 2,10–13; 8,20–23.

[40] Vgl. R. Pesch, Anspruch (s. oben Anm. 18) 56.

[41] Zweites Vatikanum, Lumen Gentium Art. 1.

[42] Vgl. M. Reiser, Die Gerichtspredigt Jesu. Eine Untersuchung zur eschatologischen Verkündigung Jesu und ihrem frühjüdischen Hintergrund (NTA 23), Münster 1990, 196–198.

[43] Vgl. M. Reiser, Die Gerichtspredigt Jesu (s. oben Anm. 42) 213.

[44] Zumal die richtende Funktion schon bei der Aussendung der Zwölf eine gewisse Rolle spielt – vgl. Mk 6,11.

[45] Vgl. zu der ganzen Debatte, die sich an der Übersetzung „für alle" vor allem in Deutschland entzündet hat, G. Lohfink, Gegen die Verharmlosung Jesu. Reden über Jesus und die Kirche, Freiburg i. Br. 2013; dort das Kapitel: „Starb Jesus für ‚viele' oder für ‚alle'?" 129–133.

[46] Es gibt in den Evangelien noch einen weiteren Beleg, nämlich Mk 10,45 par Mt 20,28. Allerdings hatte dieses Jesuswort seinen Ort ursprünglich wohl ebenfalls in der Abendmahlstradition.

[47] Vgl. dazu vor allem P. Stuhlmacher, Biblische Theologie des Neuen Testaments Bd. 1. Grundlegung. Von Jesus zu Paulus. Göttingen 1992, 125–143.

[48] Dazu vor allem J. Jeremias, Die Abendmahlsworte Jesu, Göttingen [3]1960, 9–82; ferner P. Stuhlmacher, Biblische Theologie (s. oben Anm. 47) 133–143; M. Hengel – A. M. Schwemer, Jesus und das Judentum (s. oben Anm. 20) 582–586.

[49] Im Targum Onkelos (ähnlich im Targum Jeruschalmi I) heißt es zu Ex 24,8: „Mose nahm das Blut und sprengte es auf den Altar, um für das Volk Sühnung zu schaffen, und er sprach: Seht, das ist das Blut des Bundes, den der HERR aufgrund aller dieser Worte mit euch geschlossen hat." Vgl. P. Stuhlmacher, Biblische Theologie (s. oben Anm. 47) 137.

[50] Vgl. dazu G. Lohfink – L. Weimer, Maria – nicht ohne Israel. Eine neue Sicht der Lehre von der unbefleckten Empfängnis, Freiburg i. Br. [2]2012, 223–229.

[51] R. Schnackenburg, Gottes Herrschaft und Reich. Eine biblisch-theologische Studie, Freiburg i. Br. 1959, 150.

[52] J. Jeremias, Neutestamentliche Theologie (s. oben Anm. 21) 167.

[53] Vgl. dazu G. Lohfink, Universalismus und Exklusivität des Heils im Neuen Testament, in: W. Kasper, Absolutheit des Christentums (QD 79), Freiburg i. Br. 1977, 63–82.

[54] Gut gesehen von J. R. W. Stott, Reich Gottes und Gemeinschaft: Theologische Beiträge 8 (1977) 1–24; G. E. Ladd, Jesus and the Kingdom. The Eschatology of Biblical Realism, 1969.

[55] K. Müller, Jesu Naherwartung und die Anfänge der Kirche, in: ders., Die Aktion Jesu (s. oben Anm. 17) 20.

[56] Bei diesem schwierigen Wort wird oft nicht beachtet, dass nicht etwa die Volksscharen angeredet werden oder Israel als Ganzes, sondern eben die Hohenpriester, die Ältesten des Volkes und die Pharisäer. Vgl. Mt 21,23 und 21,45.

[57] J. Jeremias, Neutestamentliche Theologie (s. oben Anm. 21) 164.

[58] Vgl. zum Begriff des Jüngers vor allem M. Hengel, Nachfolge und Charisma. Eine exegetisch-religionsgeschichtliche Studie zu Mt 8,21f. und Jesu Ruf in die Nachfolge, Berlin 1968; ferner H. Merklein, Der Jüngerkreis Jesu, in: K. Müller, Die Aktion Jesu (s. oben Anm. 17) 65–100.

[59] Vgl. Mt 10,37 mit Lk 14,26.

[60] Vgl. den wichtigen Aufsatz von H. Schürmann, Der Jüngerkreis Jesu als Zeichen für Israel, in: ders., Ursprung und Gestalt. Erörterungen und Besinnungen zum Neuen Testament (KBANT), Düsseldorf 1970, 45–60.

[61] Zum Begriff des heiligen Restes: J. Hausmann, Israels Rest. Studien zum Selbstverständnis der nachexilischen Gemeinde (BWANT 124) Stuttgart 1987; ferner G. Lohfink – L. Weimer, Maria – nicht ohne Israel (s. oben Anm. 50) 209–215.

[62] Vgl. J. Jeremias, Neutestamentliche Theologie (s. oben Anm. 21) 167–170.

[63] Vgl. die Rekonstruktion der Bergpredigt in der Logienquelle bei A. Polag, Fragmenta Q. Textheft zur Logienquelle, Neukirchen-Vluyn 1979, 32–38.

[64] Vgl. zu den Rahmenbemerkungen der Bergpredigt und zu diesem ganzen Kapi-

tel G. Lohfink, Wem gilt die Bergpredigt? Beiträge zu einer christlichen Ethik, Freiburg i. Br. 1988.

[65] Vgl. N. Lohfink, Das Hauptgebot. Eine Untersuchung literarischer Einleitungsfragen zu Dtn 5–11 (AnBib 20), Rom 1963, 59.

[66] Vgl. Apg 6,1.2.7; 9,10.26; 11,26; 18,23 u. ö.

[67] N. Lohfink, Die messianische Alternative (s. oben Anm. 38) 23.

[68] Ausführlich zu dem Problem der Gewaltlosigkeit: G. Lohfink, Wem gilt die Bergpredigt? (s. oben Anm. 64) 39–63.

[69] E. Schockenhoff, Die Bergpredigt. Aufruf zum Christsein, Freiburg i. Br. 2014.

[70] Ebd. 65. 81–83. 121 („universale Geschwisterlichkeit").

[71] Ebd. 81.

[72] Zwar spricht Schockenhoff an anderer Stelle auch „von der Jüngerschaft aus den Völkern" (80.82). Er weiß also: Die Bergpredigt hat die Kirche zum Adressaten. Zugleich aber soll sie sich ihm zufolge an die ganze Welt richten. Diese Option schlägt bei ihm immer wieder durch und macht seine Erklärung der Bergpredigt diffus und letztlich unbiblisch.

[73] J. Jeremias, Neutestamentliche Theologie (s. oben Anm. 21) 216.

[74] Ausführlicher zu dem Problem „Zweistufenethos": G. Lohfink, Braucht Gott die Kirche? Zur Theologie des Volkes Gottes, Freiburg i. Br. [4]1999, 205–216.

[75] Vgl. die schönen Ausführungen von R. Riesner, Formen gemeinsamen Lebens im Neuen Testament und heute (Theologie und Dienst), Gießen 1977, 21–22.

[76] N. Lohfink, Kirchenträume. Reden gegen den Trend, Freiburg i. Br. 1982, 40.

[77] Vgl. vor allem Eph 1,3–14.

[78] Vgl. Mk 11,21; Mt 26,25.49; Joh 1,38.

[79] Dieser und weitere Aussprüche zum Dienst des Schülers an seinem Rabbi sind gesammelt bei P. Billerbeck, Kommentar zum Neuen Testament aus Talmud und Midrasch I, München [3]1961, 920.

[80] So zum Beispiel E. Schweizer, Das Evangelium nach Matthäus (NTD 2), Göttingen 1973, 281–282.

[81] Vgl. etwa Mt 6,32; Mk 11,25; Lk 12,32.

[82] Ausführlich zum Vaterunser und besonders zu seiner 4. Bitte: G. Lohfink, Vaterunser (s. oben Anm. 31).

[83] Zur Rekonstruktion vgl. H. Merklein, Die Gottesherrschaft als Handlungsprinzip. Untersuchung zur Ethik Jesu (FzB 34), Würzburg 1978, 269–275. Unsicher (und auch umstritten) ist die Zugehörigkeit des 3. Spruchs (Mt 5,41) zur Logienquelle.

[84] Es geht nicht an, das Faktum einer Jüngeraussendung durch Jesus prinzipiell zu bestreiten. Dagegen spricht allein schon das auffällige Phänomen, dass die Aussendungsüberlieferung keine Christologie enthält.

[85] Zur Dimension der „Zeichen" im Zusammenhang mit der Botenrede vgl. I. Bosold, Pazifismus und prophetische Provokation. Das Grußverbot Lk 10,4 b und sein historischer Kontext (SBS 90), Stuttgart 1978, 81–92.

[86] Ausführlicher zu diesem Problem G. Lohfink, Der ekklesiale Sitz im Leben der Aufforderung Jesu zum Gewaltverzicht (Mt 5,39b–42 / Lk 6,29 f.): ThQ 162 (1982) 236–253.

[87] Vgl. das Gleichnis von Elischa ben Abuja bei P. Billerbeck (s. oben Anm. 79) 469–470.

[88] Vgl. hierzu die wichtige Arbeit von H. Merklein, Die Gottesherrschaft als Handlungsprinzip (s. oben Anm. 83).

[89] Vgl. P. Billerbeck (s. oben Anm. 79) 608–609

[90] Zur Rolle der Tora bei Jesus vgl. jetzt G. Lohfink, Jesus von Nazaret (s. oben Anm. 28) 273–308.

[91] Gotteslob. Katholisches Gebet- und Gesangbuch, Stuttgart 1975, Nr. 639; in der Neuausgabe des Gotteslobs, Stuttgart 2013, Nr. 478.

[92] Vgl. N. Lohfink, Die messianische Alternative (s. oben Anm. 38) 12–26.

[93] L. Schottroff, Die enge Pforte, in: V. Hochgrebe (Hrsg.), Provokation Bergpredigt, Stuttgart 1982, 117–129, dort 122.

[94] Vgl. E. Schweizer, Evangelium nach Matthäus (s. oben Anm. 80) 61.

[95] Matthäus hat diesen älteren Spruch mit einem Lichtspruch (vgl. Mk 4,21; Lk 8,16; 11,33) kombiniert.

[96] Die These, „dass Jesus nirgendwo die Gottesherrschaft als gegenwärtig wirksam im Kreise seiner Jünger oder Nachfolger geschildert hat", wurde vor allem vertreten von W. G. Kümmel. Zur Entwicklung seiner Position, die einen großen Einfluss ausgeübt hat und noch immer ausübt, vgl. G. Heinz, Das Problem der Kirchenentstehung in der deutschen protestantischen Theologie des 20. Jahrhunderts (Tübinger Theologische Studien 4), Mainz 1974, 232–235.

[97] R. Schnackenburg, Gottes Herrschaft (s. oben Anm. 51) 154.

[98] So etwa R. Schnackenburg, Gottes Herrschaft (s. oben Anm. 51) 247–248; J. R. W. Stott, Reich Gottes und Gemeinschaft (s. oben Anm. 54). Stott weist aber mit Nachdruck auf die tiefe Relation zwischen Reich Gottes und Volk Gottes hin (13–14).

[99] Vgl. hierzu ausführlicher: G. Lohfink, Der Ablauf der Osterereignisse und die Anfänge der Urgemeinde: ThQ 160 (1980) 162–176.

[100] Ausführlicher: G. Lohfink, Der Ursprung der christlichen Taufe: ThQ 156 (1976) 35–54.

[101] Vgl. G. Lohfink, Ablauf der Osterereignisse (s. oben Anm. 99) 170–171.

[102] Einen guten Einblick in die neuere Diskussion über *ekklesia* bieten H. Merklein, Die Ekklesia Gottes. Der Kirchenbegriff bei Paulus und in Jerusalem: BZ 23 (1979) 48–70, und W. Klaiber, Rechtfertigung und Gemeinde. Eine Untersuchung zum paulinischen Kirchenverständnis (FRLANT 127), Göttingen 1982, 11–21.

[103] Vgl. W. Klaiber, Rechtfertigung (s. oben Anm. 102) 22.

[104] Vgl. zum Folgenden: N. A. Dahl, Das Volk Gottes. Eine Untersuchung zum Kirchenbewusstsein des Urchristentums, Darmstadt 1963; W. Klaiber, Rechtfertigung (s. oben Anm. 102) 11–50.167–170.

[105] Gut herausgearbeitet von B. Klappert, Traktat für Israel (Röm 9–11). Die pau-

linische Verhältnisbestimmung von Israel und Kirche, in: M. Stöhr (Hrsg.), Jüdische Existenz und die Erneuerung der christlichen Theologie, München 1981, 58–137, vgl. bes. 111–113. Vgl. zum Ganzen auch G. Lohfink, Antijudaismus bei Paulus? Die Kirche und Israel in 1 Thess 2,1–16 und Röm 9–11, in: Radici dell' Antigiudaismo in ambiente Cristiano. Colloquio Intra-Ecclesiale, Città del Vaticano 2000, 163–196.

[106] Vgl. die hervorragenden Fallstudien von C. Ernst, Teufelaustreibungen. Die Praxis der katholischen Kirche im 16. und 17. Jahrhundert, Bern 1972.

[107] J. Jervell, Die Zeichen des Apostels. Die Wunder beim lukanischen und paulinischen Paulus: Studien zum Neuen Testament und seiner Umwelt 4 (1979) 54–75, dort 68.

[108] J. Jervell, Zeichen des Apostels (s. oben Anm. 107); ders., Der unbekannte Paulus, in: S. Pedersen (Hrsg.), Die paulinische Literatur und Theologie (Skandinavische Beiträge), Göttingen 1980, 29–49.

[109] So E. Käsemann, Amt und Gemeinde im Neuen Testament, in: Ders., Exegetische Versuche und Besinnungen Bd. I, Göttingen [4]1965, 109–134. E. Käsemann betont dort: „Selbst der Apostel ist, wie Paulus immer wieder betont, nichts anderes als Charismatiker unter anderen, wenngleich der wichtigste" (124).

[110] Siehe G. Lohfink, Paulinische Theologie in der Rezeption der Pastoralbriefe, in: K. Kertelge (Hrsg.), Paulus in den neutestamentlichen Spätschriften. Zur Paulusrezeption im Neuen Testament (QD 89), Freiburg i. Br. 1981, 70–121, dort bes. 114–121.

[111] Vgl. dazu ausführlich G. Lohfink, Gegen die Verharmlosung Jesu (s. oben Anm. 45) 178–230.

[112] Vgl. dazu G. Lohfink, Ablauf der Osterereignisse (s. oben Anm. 99) 164–174.

[113] H. W. Wolff, Dodekapropheton 2. Joel und Amos (BK.AT 14,2), Neukirchen-Vluyn 1969, 79.

[114] Vgl. G. Lohfink, Jesus hat Gemeinschaft hergestellt, in: ders., Glaube braucht Erfahrung, Würzburg [3]1977, 129–132.

[115] Vgl. P. Billerbeck, Kommentar zum Neuen Testament aus Talmud und Midrasch Bd. IV 1, 44–46.

[116] Die Frage „Frau und kirchliches Amt" bedarf einer eigenen und ausführlicheren Erörterung; vgl. dazu G. Lohfink, Gegen die Verharmlosung Jesu (s. oben Anm. 45) 212–230.

[117] E. S. Gerstenherger – W. Schrage, Frau und Mann (Biblische Konfrontationen), Stuttgart 1980, 123.

[118] H. Gülzow, Christentum und Sklaverei in den ersten drei Jahrhunderten, Bonn 1969, 40.

[119] Vgl. P. Stuhlmacher, Der Brief an Philemon (EKK 18), Zürich / Neukirchen-Vluyn [2]1981, 42.

[120] Vgl. A. von Harnack, Die Mission und Ausbreitung des Christentums in den ersten drei Jahrhunderten, Bd. I, Leipzig [3]1915, 174–178; J. Gnilka, Der Philemon-

brief (HThK X4), Freiburg i. Br. 1982, 78–80 in dem umfangreichen und wertvollen Exkurs: „Die Sklaven in der Antike und im frühen Christentum".

[121] Diesen Vorwurf erhebt vor allem S. Schulz, Gott ist kein Sklavenhalter. Die Geschichte einer verspäteten Revolution, Zürich / Hamburg 1972.

[122] Zum Diakonat der Frau aus neutestamentlicher Sicht vgl. G. Lohfink, Weibliche Diakone im Neuen Testament: Diakonia 11 (1980) 385–400.

[123] Zu Aquila und Priska vgl. W.-H. Ollrog, Paulus und seine Mitarbeiter. Untersuchungen zu Theorie und Praxis der paulinischen Mission (WMANT 50), Neukirchen-Vluyn 1979, 24–27.

[124] Vgl. Apg 18,18.26; Röm 16,3; 2 Tim 4,19.

[125] H.-J. Klauck, Hausgemeinde und Hauskirche im frühen Christentum (SBS 103), Stuttgart 1981, 26.

[126] Vgl. zum Folgenden B. Brooten, „Junia ... hervorragend unter den Aposteln" (Röm 16,7), in: E. Moltmann-Wendel (Hrsg.), Frauenbefreiung. Biblische und theologische Argumente, München / Mainz [2]1978, 148–151; ferner G. Lohfink, Weibliche Diakone (s. oben Anm. 122) 391–395.

[127] Vgl. W.-H. Ollrog, Paulus (s. oben Anm. 123) 75.

[128] P. Stuhlmacher, Brief an Philemon (s. oben Anm. 119) 74.

[129] Vgl. Apg 2,42; Röm 15,26; 2 Kor 8,4; 9,13; Gal 2,9; Phil 2,1; Hebr 13,16; 1 Joh 1,3.7.

[130] An die Stelle des Reziprokpronomens *allelon* können im Neuen Testament gelegentlich auch *heautos* (Eph 4,32; Kol 3,13.16; 1 Thess 5,13; Hebr 3,13; 1 Petr 4,8.10) oder *heis ton hena* (1 Thess 5,11) treten.

[131] Die übrigen Stellen sind Röm 1,12; 12,5.10; 13,8; 14,19; 15,5; 1 Kor 16,20; 2 Kor 13,12; Eph 4,25.32; Phil 2,3; Kol 3,13; 1 Thess 3,12; 4,9.18; 2 Thess 1,3; Hebr 10,24; 5,14; 1 Joh 3,11.23; 4,7.11.12; 2 Joh 5.

[132] Zum Folgenden habe ich dankbar herangezogen die Arbeit von Ph. Vielhauer: OIKODOME. Das Bild vom Bau in der christlichen Literatur vom Neuen Testament bis Clemens Alexandrinus, in: ders., Oikodome. Aufsätze zum Neuen Testament, Bd. 2 (TB 65), München 1979, 1–168.

[133] Ph. Vielhauer, OIKODOME (s. oben Anm. 132) 108.

[134] Vgl. auch noch die Spiegelungen paulinischer Praxis in 2 Thess 3,15 und 1 Tim 5,20.

[135] Vgl. N. Brox, Frühkirchliche und heutige Nöte mit der christlichen Gemeinde: Diakonia 11 (1980) 364–384, hier 369–370.

[136] Vgl. G. Theißen, Wanderradikalismus. Literatursoziologische Aspekte der Überlieferung von Worten Jesu im Urchristentum, in: Ders., Studien zur Soziologie des Urchristentums (WUNT 19), Tübingen 1979, 79–105. Allerdings zeichnet Theißen eine zu tiefe Kluft zwischen Wandercharismatikern und Ortsgemeinden. Die Übergänge waren fließender und die gegenseitige Sympathie größer.

[137] Vgl. Apg 12,12; Röm 16,5.23; 1 Kor 16,15.19; Kol 4,15; Phlm 2.

[138] Vgl. Röm 12,13; 16,1–2; Hebr 13,1–2; 1 Petr 4,9. Zum Thema: F.-J. Ortkemper,

Leben aus dem Glauben. Christliche Grundhaltungen nach Röm 12–13 (NTA 14), Münster 1980, 208–210.247.

[139] J. Gnilka, Philemonbrief (s. oben Anm. 120) 90.

[140] A. Texte, wo *agape* mit Sicherheit die christliche „Bruderliebe" bedeutet: Joh 13,35; Röm 14,15; 1 Kor 4,21; 8,1; 13,1.2.3.4.8.13; 14,1; 16,24; 2 Kor 2,4.8; 8,7.8.24; Gal 5,13; Eph 1,15; 4,2.15.16; Phil 2,1.2; Kol 1,4; 3,14; 1 Thess 3,12; 5,13; 2 Thess 1,3; Phlm 5.7.9; 1 Petr 4,8; 5,14; 2 Petr 1,7; 1 Joh 4,7; 3 Joh 6.
B. Texte, wo für *agape* eine Entscheidung nicht möglich, die Bedeutung „Bruderliebe" aber wahrscheinlicher ist: Mt 24,12; Röm 12,9; 13,10; 1 Kor 16,14; 2 Kor 6,6; Gal 5,6; Eph 1,4; 3,17; 5,2; Phil 1,16; Kol 1,8; 2,2; 1 Thess 1,3; 3,6; 5,8; 1 Tim 1,5; 2,15; 4,12; 6,11; 2 Tim 1,7.13; 2,22; 3,10; Tit 2,2; Hebr 10,24; 2 Joh 6; Offb 2,4.19.
C. Das Verb *agapan,* mit Sicherheit in der Bedeutung „Bruderliebe": Mk 12,31.33; Mt 5,43; 19,19; 22,39; Lk 6,32; Joh 13,34; 15,12.17; 2 Kor 11,11; 12,15; Gal 5,14; Eph 5,25.33; Kol 3,19; 1 Thess 4,9; Jak 2,8; 1 Petr 1,22; 2,17; 1 Joh 2,10; 3,10.11.14.18.23; 4,7.8.11.12.19.20.21; 5,2; 2 Joh 1.5; 3 Joh 1; Jud 1.

[141] Gut beleuchtet wird der wirkliche Sprachgebrauch des Neuen Testaments von C. Spicq, Agapè dans le Nouveau Testament I–III, Paris 1957–1959, und H. Montefiore, Thou shalt love the Neighbour as thyself: NT 5 (1962) 157–170.

[142] Joh 13,34; 15,12.17; Röm 13,8; 1 Thess 4,9; 1 Petr 1,22; 1 Joh 3,11.23; 4,7.11.12; 2 Joh 5.

[143] 1 Joh 3,14.

[144] 1 Joh 2,10; 3,10; 4,20.21.

[145] 1 Petr 2,17.

[146] 1 Joh 5,2.

[147] 1 Thess 3,12; 2 Thess 1,3; 1 Petr 4,8; vgl. Röm 12,10.

[148] Eph 1,15; Kol 1,4.

[149] Entscheidend ist Röm 15,2; vgl. nachpaulinisch Eph 4,25.

[150] H. Weinel, Paulus. Der Mensch und sein Werk: Die Anfänge des Christentums, der Kirche und des Dogmas, Tübingen [2]1915, 188.

[151] H. Preisker, Das Ethos des Urchristentums, Gütersloh [2]1949, 184.

[152] Zur Behandlung des Feindes im Alten Testament verglichen mit dem jesuanischen Gebot der Feindesliebe: N. Lohfink, Unsere großen Wörter. Das Alte Testament zu Themen dieser Jahre, Freiburg i. Br. 1977, 232–238.

[153] Vgl. auch Eph 4,25; Jak 2,8; 4,12; stets bezeichnet der „Nächste" den Glaubensgenossen.

[154] Richtig gesehen von H. Montefiore, Neighbour (s. oben Anm. 141) 161. Exegeten wie H. Lietzmann, O. Michel, E. Käsemann und H. Schlier haben das Problem ebenfalls gesehen und suchen es in ihren Kommentaren zum Römerbrief auf ihre Weise zu lösen.

[155] Vgl. N. Lohfink, Unsere großen Wörter (s. oben Anm. 152) 236–237.

[156] So mit Recht F.-J. Ortkemper, Leben aus dem Glauben (s. oben Anm. 138) 183.

[157] Vgl. zum Ganzen auch G. Lohfink, Was meint das Liebesgebot? in: Ders., Gegen die Verharmlosung Jesu (s. oben Anm. 45) 98–112.

[158] Vgl. zum Folgenden G. Lohfink, Paulinische Theologie in der Rezeption der Pastoralbriefe (s. oben Anm. 110).

[159] Vgl. K. Wegenast, Das Verständnis der Tradition bei Paulus und in den Deuteropaulinen (WMANT 8), Neukirchen-Vluyn 1962, 141.

[160] W. Schrage, Die konkreten Einzelgebote in der paulinischen Paränese. Ein Beitrag zur neutestamentlichen Ethik, Gütersloh 1961, 107.

[161] Vgl. G. Lohfink, Paulinische Theologie (s. oben Anm. 110) 111–113.

[162] Diese paradoxe Spannung von *exousia* und *diakonia* bei Paulus ist gut herausgearbeitet von W. Thüsing, Dienstfunktion und Vollmacht kirchlicher Ämter nach dem Neuen Testament: BiLe 14 (1973) 77–88.

[163] Vgl. A. Grabner-Haider, Paraklese und Eschatologie bei Paulus. Mensch und Welt im Anspruch der Zukunft Gottes (NTA 4), Münster 1968, 7–11.

[164] Vgl. Röm 16,3.9.21; 1 Kor 3,9; 2 Kor 1,24; 8,23; Phil 2,25; 4,3; 1 Thess 3,2; Phlm 1.24.

[165] W.-H. Ollrog, Paulus und seine Mitarbeiter (s. oben Anm. 123) 111–161.

[166] W.-H. Ollrog, Paulus und seine Mitarbeiter (s. oben Anm. 123) 63–72.

[167] E. Käsemann, Der Ruf der Freiheit, Tübingen 1968, 128.

[168] Zum Thema Einmütigkeit der Gemeinde vgl. Apg 1,14; 2,46; 4,24; 5,12; 15,25; Röm 12,16; 15,5–6.

[169] Überlegungen zur Kirche als dem Urwunder, das Gott wirkt, bei N. Lohfink, Alternative (s. oben Anm. 38) 49–71; ders., Kirchenträume (s. oben Anm. 76) 152–155.

[170] Die folgenden in Anführungszeichen gesetzten Wörter und Satzfragmente stammen nicht nur aus Artikeln, sondern auch aus öffentlichen Reden und sich anschließenden Diskussionen. Deshalb wurde auf Belege verzichtet. Die zitierten Aussagen näher zu belegen, wäre auch deshalb sinnlos, weil ich dann zu Einzelerwiderungen gezwungen wäre, die den hier gegebenen Rahmen sprengen würden. Verwiesen sei jedoch auf unsere Auseinandersetzung mit David Seeber. Vgl. G. Lohfink – N. Lohfink, „Kontrastgesellschaft". Eine Antwort an David Seeber: HerKorr 38 (1984) 189–192.

[171] Diese ganze Ablehnungsrhetorik scheint ein deutsches Phänomen zu sein. In den USA scheuen sich Theologen keineswegs von *contrast society* oder *countercommunity* zu sprechen. Vgl. etwa S. C. Mott, Biblical Ethics and Social Change, New York / Oxford 1982. Das 7. Kapitel ist überschrieben: The Church as Counter-Community (128). – Oder vgl. M. G. Cartwright, The Practice and Performance of Scripture: Grounding Christian Ethics in a Communal Hermeneutic: The Annual of the Society of Christian Ethics 1988, Washinton 31–53, dort 49. – Bei Stanley Hauerwas kommt der Begriff „Kontrastgesellschaft" nicht vor; die Sache allerdings durchzieht viele seiner Schriften. Vgl. etwa „The Peaceable Kingdom" (1983), „Against the Nations" (1985), „A Community of Character" (1991).

Hauerwas plädiert für eine christliche Gegenkultur der Versöhnung und der Gewaltlosigkeit.

[172] P. L. Berger / Th. Luckmann, Die gesellschaftliche Konstruktion der Wirklichkeit. Eine Theorie der Wissenssoziologie (Fischer Taschenbuch 6623), Frankfurt am Main 1982, 136.

[173] Zu dem Begriff „Kontrastgesellschaft" wurde ich durch meinen Bruder Norbert angeregt. Vgl. vor allem seine beiden Bücher „Kirchenträume" (s. oben Anm. 76) und „Die messianische Alternative" (s. oben Anm. 38). Wir stimmen in der Sache, um die es dabei geht, völlig überein.

[174] Dass Gott selbst heilig ist, heißt zunächst einmal: Er ist unnahbar. Er ist der ganz Andere, Unfassbare, Unverfügbare, Unantastbare. Wenn dann das Volk Gottes heilig genannt wird, so ist das bereits ein abgeleiteter Gebrauch.

[175] Vgl. Röm 5,8–11; 6,15–23; 11,30–32; 1 Kor 6,9–11; Gal 1,13–17.23; 4,3–7.8–10; Eph 2,1–22; 5,8; Kol 1,21–22; 2,13; 3,7–11; 1 Tim 1,13; Tit 3,3–7; Phlm 11; 1 Petr 2,10; 2,25; 2 Klem 1,6–8.

[176] Ausführlich: P. Tachau, „Einst" und „Jetzt" im Neuen Testament. Beobachtungen zu einem urchristlichen Predigtschema in der neutestamentlichen Briefliteratur und zu seiner Vorgeschichte (FRLANT 105), Göttingen 1972.

[177] 1 Kor 14,22; vgl. 1 Kor 6,1–2.6.

[178] W. Klaiber, Rechtfertigung (s. oben Anm. 102) 60.

[179] Vgl. Röm 15,25.26.31; 1 Kor 16,1; 2 Kor 8,4; 9,1.12.

[180] Vgl. Röm 1,7; 16,15; 1 Kor 1,2; 2 Kor 1,1; 13,12; Phil 1,1; 4,22.

[181] A. von Harnack, Mission und Ausbreitung (s. oben Anm. 120) 388–389.

[182] Vgl. J. N. D. Kelly, Altchristliche Glaubensbekenntnisse. Geschichte und Theologie, Göttingen [3]1972, 381–390. Wichtig ist das Zeugnis des Niketas von Remesiana.

[183] R. Riesner, Apostolischer Gemeindebau. Die Herausforderung der paulinischen Gemeinden, Gießen / Basel 1980, 86.

[184] Vgl. H. Braun, Qumran und das Neue Testament I, Tübingen 1966, 201–204.

[185] G. Jeremias, Der Lehrer der Gerechtigkeit (StUNT 2), Göttingen 1963, 350.

[186] Etwa im Epheserbrief. Vgl. J. Gnilka, Der Epheserbrief (HThK X2), Freiburg i. Br. 1971, 27–29.

[187] Apg 6,1.2.7; 9,1.19.25.26.38; 11,26; 13,52 u. ö.

[188] J. Munck, Paulus und die Heilsgeschichte (Acta Jutlandica 26,1), Kopenhagen 1954, 266.

[189] Vgl. die ausgezeichneten Überlegungen bei R. J. Sider, Jesus und die Gewalt, Maxdorf 1982, 53.66–74. Nicht nur in Lateinamerika, sondern auch in einer Reihe nordamerikanischer Kirchen gibt es seit einiger Zeit Versuche zu einer Synthese von Befreiungstheologie und Gemeindeerneuerung, die bei uns noch kaum zur Kenntnis genommen werden.

[190] Vgl. hierzu den wichtigen Aufsatz von R. Pesch, Voraussetzungen und Anfänge der urchristlichen Mission, in: K. Kertelge, Mission im Neuen Testament (QD 93), Freiburg i. Br. 1982, 11–70, hier 45–54.

[191] Vgl. im Einzelnen G. Lohfink, Die Sammlung Israels. Eine Untersuchung zur lukanischen Ekklesiologie (StANT 39), München 1975, 17–32.

[192] Vgl. Jes 40,5; 42,6; 46,13; 49,6; 52,10.

[193] Paulus sagt wörtlich: „Sobald die Vollzahl der Heiden hineingelangt ist" (11,25). Mit der „Vollzahl" ist das eschatologische Maß gemeint, das Gott selbst festlegt, nicht etwa die numerische Totalität.

[194] U. Wilckens, Der Brief an die Römer (EKK 6,2), Zürich / Neukirchen-Vluyn 1980, 254–55.

[195] Aus M. Kämpchen, Indisches Christentum zwischen Ideal und Wirklichkeit: Orientierung 46 (1982) 91–94, dort 91.

[196] J. A. Fischer, Die Apostolischen Väter, München 1956.

[197] A. von Harnack, Mission I (s. oben Anm. 120), 115–135.

[198] Origenes, Contra Celsum I 67; II 33; III 28; VIII 58.

[199] H. J. Vogt, Das sichtbare Reich Gottes in abendländisch-patristischer Deutung, in: B. Ludger – Th. Michels (Hrsg.), Reich Gottes – Kirche – Civitas Dei. 16. Forschungsgespräch des Internationalen Forschungszentrums Salzburg, Salzburg 1981, 77–102, dort 80.89–90.

[200] A. Schröder, Des heiligen Kirchenvaters Aurelius Augustinus zweiundzwanzig Bücher über den Gottesstaat (BKV), Kempten / München 1911–1916.

[201] Vgl. etwa Origenes, Contra Celsum III 28–30.

[202] A. von Harnack, Mission I (s. oben Anm. 120) 213.

[203] C. Becker, Tertullian, Apologeticum, München [2]1961.

[204] Vgl. 1 Klem 1,2; Polykarp, Phil 6,1; Justin, Apologie I 14.67; Aristides, Apologie 15,7–9; Tertullian, Apologeticum 39; Cyprian, Ep. 62,4; Eusebius, Kirchengeschichte IV 23,10.

[205] Vgl. H.-J. Drexhage, Wirtschaft und Handel in den frühchristlichen Gemeinden (1.–3. Jh. n. Chr.): RQ 76 (1981) 1–72, dort 35–40.

[206] G. Rauschen, in: Frühchristliche Apologeten und Märtyrerakten I (BKV), Kempten / München 1913.

[207] H. Kraft, Eusebius von Caesarea. Kirchengeschichte, Darmstadt 1967.

[208] H.-J. Drexhage, Wirtschaft (s. oben Anm. 205) 40.

[209] Vgl. etwa Brief an Diognet 5–6; Theophilus, Ad Autolycum III 14.

[210] Vgl. J. A. Fischer, Die Apostolischen Väter (s. oben Anm. 196) 129–130.

[211] B. Kytzler, M. Minucius Felix, Octavius, München 1965.

[212] Vgl. etwa Origenes, Contra Celsum I 9.26; 1 Klem 59,2.

[213] Vgl. Tacitus, Annalen XV 44. – Dass mit dem Vorwurf des *odium* gerade auch das Gemeinschaftsverhalten der Christen charakterisiert werden soll, zeigt sehr schön die Parallele in den Historiae V 5, 1 (wo es allerdings um ähnliche Phänomene bei den Juden geht): „Untereinander herrschen treuer Zusammenhalt und hilfsbereites Mitleid, aber allen anderen gegenüber feindseliger Hass."

[214] P. Koetschau, Des Origenes acht Bücher gegen Celsus (BKV), München 1926f.

[215] K. Julius, in: Frühchristliche Apologeten und Märtyrerakten I (BKV), Kempten / München 1913.

[216] E. Ermatinger / K. Hönn, Lukian. Parodien und Burlesken (Bibliothek der Alten Welt), Zürich 1948.

[217] Julian, Epistula ad Arsacium, bei Sozomenos V 5–6.

[218] A. von Harnack, Mission I (s. oben Anm. 120) 169.

[219] Vgl. Athenagoras, Presbeia 35; Theophilus, Ad Autolycum III 15; Tertullian, Apologeticum 38,4–5; 42,7; Minucius Felix, Octavius 12,5; 37,11–12.

[220] Vgl. Minucius Felix, Octavius 12,5; 37,11; Origenes, Contra Celsum VIII 21.

[221] Vgl. Tertullian, Apologeticum 35,1; 42,4; Minucius Felix, Octavius 12,5.

[222] Vgl. Origenes, Contra Celsum VIII 55; An Diognet 5; Tertullian, Apologeticum 9,8; Minucius Felix, Octavius 7,4; 31,5.

[223] Tertullian, Apologeticum 38,3: *nec ulla magis res aliena quam publica.*

[224] An dieser Stelle wäre über die Vorstellung von den Christen als dem „dritten Geschlecht" zu handeln. Vgl. A. von Harnack, Mission I (s. oben Anm. 120) 238–267.

[225] Vgl. vor allem Augustinus, De civitate Dei, an vielen Stellen. Ferner Tertullian, Adv. Marcionem 3,23.

[226] A. von Harnack, Mission, Bd. I (s. oben Anm. 120) 257.

[227] So mit Recht M. Hengel, Christus und die Macht. Zur Problematik einer „politischen Theologie" in der Geschichte der Kirche, Stuttgart 1974, 12.

[228] Zu den Konflikten, die sich dabei ergeben können, vgl. G. Lohfink, Der ekklesiale Sitz (s. oben Anm. 86) 250–253.

[229] M. Hengel, Christus und die Macht (s. oben Anm. 227) 48–49.

[230] K. A. H. Kellner, Tertullians private und katechetische Schriften (BKV), Kempten / München 1912.

[231] Vgl. N. Brox, Zur christlichen Mission in der Spätantike, in: K. Kertelge, Mission im Neuen Testament (s. oben Anm. 190), 190–237, dort 192–207.

[232] N. Brox, Zur christlichen Mission (s. oben Anm. 231) 226.

[233] F. Zeller, Die Apostolischen Väter (BKV), Kempten / München 1918.

[234] Vgl. N. Lohfink, Die messianische Alternative (s. oben Anm. 38) 49–71.

[235] Ausnahme: De civitate Dei 20,9!

[236] So auch H. J. Vogt, Das sichtbare Reich Gottes (s. oben Anm. 199) 86.

[237] Vgl. Augustinus, De civitate Dei 12,28; 15,1; 17,1.

[238] Vgl. die Einleitung dieses Buches: „Das Erbe des Individualismus".

[239] Soliloquien I § 7; Übersetzung: H. Müller, Aurelius Augustinus, Selbstgespräche über Gott und die Unsterblichkeit der Seele, Zürich 1954.

Weiterführende Literatur

Berger, P. L. – Luckmann, T., Die gesellschaftliche Konstruktion der Wirklichkeit. Eine Theorie der Wissenssoziologie (Fischer Taschenbuch 6623), Frankfurt a. M. 1982.

Bosold, I., Pazifismus und prophetische Provokation. Das Grußverbot Lk 10,4b und sein historischer Kontext (SBS 90), Stuttgart 1978.

Büchele, H., Christlicher Glaube und politische Vernunft. Für eine Neukonzeption der katholischen Soziallehre, Wien / Düsseldorf 1987.

Cartwright, M. G., The Practice and Performance of Scripture: Grounding Christian Ethics in a Communal Hermeneutic: The Annual of the Society of Christian Ethics 1988, 31–53.

Dahl, N. A., Das Volk Gottes. Eine Untersuchung zum Kirchenbewusstsein des Urchristentums, Darmstadt 1963.

Ebel, E., Die Attraktivität früher christlicher Gemeinden. Die Gemeinde von Korinth im Spiegel griechisch-römischer Vereine (WUNT II / 178), Tübingen 2004.

Feldmeier, R., Die Christen als Fremde. Die Metapher der Fremde in der antiken Welt, im Urchristentum und im 1. Petrusbrief (WUNT 64), Tübingen 1992.

Harnack von, A., Die Mission und Ausbreitung des Christentums in den ersten drei Jahrhunderten, Bd. I, Leipzig [3]1915.

Harnack von, A., Das Wesen des Christentums (Gütersloher Taschenbücher / Siebenstern 227), Gütersloh 1977.

Hengel, M., Christus und die Macht. Die Macht Christi und die Ohnmacht der Christen. Zur Problematik einer „Politischen Theologie" in der Geschichte der Kirche, Stuttgart 1974.

Hengel, M., Die Zeloten. Untersuchungen zur jüdischen Freiheitsbewegung in der Zeit von Herodes I. bis 70 n. Chr. (AGJU 1), Leiden / Köln 1976.

Hengel, M. – Schwemer, A. M., Jesus und das Judentum (Geschichte des frühen Christentums Bd. 1), Tübingen 2007.

Hermann, E., Ecclesia in Re Publica. Die Entwicklung der Kirche von pseudo-staatlicher zu staatlich inkorporierter Existenz (Europäisches Forum 2), Frankfurt a. M. 1980.

Jeremias, J., Jesu Verheißung für die Völker, Stuttgart [2]1959.

Jeremias, J., Neutestamentliche Theologie, Gütersloh [2]1973.

Klaiber, W., Proexistenz und Kontrastverhalten. Beobachtungen zu einer Grundstruktur neutestamentlicher Ekklesiologie, in: Volk Gottes, Gemeinde und Gesellschaft (JBTh 7), Neukirchen-Vluyn 1992, 125–144.

Klaiber, W., Rechtfertigung und Gemeinde. Eine Untersuchung zum paulinischen Kirchenverständnis (FRLANT 127), Göttingen 1982.

Klauck, H.-J., Hausgemeinde und Hauskirche im frühen Christentum (SBS 103), Stuttgart 1981.

Klein, R. (Hrsg.), Das frühe Christentum im römischen Staat (WdF 267), Darmstadt 1982.

Kraus, W., Das Volk Gottes. Zur Grundlegung der Ekklesiologie bei Paulus (WUNT 85), Tübingen 1996.

Lohfink, G., Das Vaterunser neu ausgelegt, Stuttgart [3]2014.

Lohfink, G., Die Sammlung Israels. Eine Untersuchung zur lukanischen Ekklesiologie (StANT 39), München 1975.

Lohfink, G., Gegen die Verharmlosung Jesu. Reden über Jesus und die Kirche, Freiburg i. Br. 2013.

Lohfink, G., Jesus von Nazaret. Was er wollte, wer er war, Freiburg i. Br. [3]1912.

Lohfink, G., Wem gilt die Bergpredigt? Beiträge zu einer christlichen Ethik, Freiburg i. Br. 1988.

Lohfink, G. – Lohfink, N., „Kontrastgesellschaft". Eine Antwort an David Seeber: HerKorr 38 (1984) 189–192.

Lohfink, N., Die messianische Alternative. Adventsreden, Freiburg i. Br. [2]1981.

Lohfink, N., Kirchenträume. Reden gegen den Trend, Freiburg i. Br. 1982.

Lohfink, N., Unsere großen Wörter. Das Alte Testament zu Themen dieser Jahre, Freiburg i. Br. 1977.

Lohfink, N. – Pesch, R., Weltgestaltung und Gewaltlosigkeit. Ethische Aspekte des Alten und Neuen Testaments in ihrer Einheit und ihrem Gegensatz. Düsseldorf 1978.

Lubac de, H., Glauben aus der Liebe. „Catholicisme". Übertragen und eingeleitet von Hans Urs von Balthasar, Einsiedeln 1970.

Merklein, H., Die Gottesherrschaft als Handlungsprinzip. Untersuchung zur Ethik Jesu (Forschung zur Bibel 34), Würzburg 1978.

Mott, S. C., Biblical Ethics and Social Change, New York / Oxford 1982.

Müller, K., Die Aktion Jesu und die Re-Aktion der Kirche. Jesus von Nazareth und die Anfänge der Kirche, Würzburg 1972.

Ollrog, W.-H., Paulus und seine Mitarbeiter. Untersuchungen zu Theorie und Praxis der paulinischen Mission (WMANT 50), Neukirchen-Vluyn 1979.

Pesch, R., Der Anspruch Jesu: Orientierung 35 (1971) 53–56.67–70.77–81.

Pesch, R., Voraussetzungen und Anfänge der urchristlichen Mission, in: Kertelge, K., Mission im Neuen Testament (QD 93), Freiburg i. Br. 1982, 11–70.

Rebell, W., Gemeinde als Gegenwelt. Zur soziologischen und didaktischen Funktion des Johannesevangeliums (BET 20), Frankfurt a. M. 1987.

Reck, R., Kommunikation und Gemeindeaufbau. Eine Studie zu Entstehung, Leben und Wachstum paulinischer Gemeinden in den Kommunikationsstrukturen der Antike (SBB 22), Stuttgart 1991.

Reiser, M., Der unbequeme Jesus (BThSt 122), Neukirchen-Vluyn 2011.

Reiser, M., Die Gerichtspredigt Jesu. Eine Untersuchung zur eschatologischen Verkündigung Jesu und ihrem frühjüdischen Hintergrund (NTA 23), Münster 1990.

Riesner, R., Apostolischer Gemeindebau. Die Herausforderung der paulinischen Gemeinden, Gießen – Basel 1980.

Riesner, R., Formen gemeinsamen Lebens im Neuen Testament und heute (Theologie und Dienst), Gießen 1977.

Schnackenburg, R., Gottes Herrschaft und Reich. Eine biblisch-theologische Studie, Freiburg i. Br. 1959.

Schrage, W., Ethik des Neuen Testaments (GNT 4), Göttingen 1982.

Schürmann, H., Der Jüngerkreis Jesu als Zeichen für Israel, in: ders., Ursprung und Gestalt. Erörterungen und Besinnungen zum Neuen Testament (KBANT), Düsseldorf 1970, 45–60.

Sider, R. J., Jesus und die Gewalt, Maxdorf 1982.

Stott, J. R. W., Reich Gottes und Gemeinschaft: Theologische Beiträge 8 (1977) 1–24.

Stuhlmacher, P., Biblische Theologie des Neuen Testaments. Band 1. Grundlegung. Von Jesus zu Paulus, Göttingen 1992.

Stuhlmacher, P., Biblische Theologie des Neuen Testaments. Band 2. Von der Paulusschule bis zur Johannesoffenbarung, Göttingen 1999.

Stuhlmacher, P., Jesu vollkommenes Gesetz der Freiheit. Zum Verständnis der Bergpredigt: ZThK 79 (1982) 283–322.

Theißen, G., Soziologie der Jesusbewegung. Ein Beitrag zur Entstehungsgeschichte des Urchristentums (TEH 194), München 1977.

Theißen, G., Studien zur Soziologie des Urchristentums (WUNT 19), Tübingen 1979.

Thüsing, W., Dienstfunktion und Vollmacht kirchlicher Ämter nach dem Neuen Testament: BiLe 14 (1973) 77–88.

Wenzelmann, G., Nachfolge und Gemeinschaft. Eine theologische Grundlegung des kommunitären Lebens (CThM C/21), Stuttgart 1994.

Gerhard Lohfink
im Verlag Katholisches Bibelwerk

Der neue Atheismus
Eine kritische Auseinandersetzung
144 Seiten, gebunden, mit Leseband
3. Auflage 2015
ISBN 978-3-460-30031-6

Das Vaterunser – neu ausgelegt
128 Seiten, gebunden
3. Auflage 2015
ISBN 978-3-460-32126-7

Heute – wann sonst?
Unangepasstes über Gott und die Welt
288 Seiten, gebunden, mit Leseband
2. Auflage 2014
ISBN 978-3-460-30032-3

Der letzte Tag Jesu
Was bei der Passion wirklich geschah
120 Seiten, gebunden, mit Leseband
4. Auflage 2013
ISBN 978-3-460-33179-2